职业教育与成人教育论丛

丛书主编　徐国庆　高志敏

职业教育课程、教学与教师

Zhiye Jiaoyu Kecheng
Jiaoxue Yu Jiaoshi

徐国庆　著

本书获华东师范大学教育学部高峰学科建设项目资助

丛书总序

这是华东师范大学职业教育与成人教育研究所与上海教育出版社的第二次合作。第一次合作正好是10年前，当时由我做主编，陆续完成了"现代职业教育研究丛书"的出版。这套丛书在业界很受关注，获得了同行的高度肯定，在推动职业教育学科建设方面发挥了重要作用，2011年获得上海市第十届教育科学研究成果奖（教育理论创新奖）一等奖，其中我与徐国庆教授合著的《职业教育课程开发技术》一书又获第四届全国教育科学研究优秀成果奖一等奖。那套丛书的成功，一方面与作者们深厚的学术功底及辛勤的研究工作密切相关，另一方面与责任编辑高超的编辑能力及对待出版工作的严谨态度也是分不开的，因此这套由徐国庆教授与高志敏教授主编的"职业教育与成人教育论丛"仍然选择了与上海教育出版社合作。我想这套丛书的出版一定会获得同样的成功。

"职业教育与成人教育论丛"有一大特点，那就是涵盖了职业教育与成人教育两大学科，这是两大学科深度融合的一次尝试。在教育学的学科体系中，我们常常把职业教育与成人教育归类在一起。既然归在一起，就应该积极地促进这两大学科的协同发展。从研究问题来看，这两大学科的确存在许多关联之处。比如，现代职业教育体系的设计必须基于终身教育的理念，因为职业教育不仅要帮助个体就业，而且要促进个体的生涯发展，这是当前职业教育的国际发展趋势；而在职业教育中，尤其是职业培训中，很大一部分对象是成人，成人职业培训的展开无疑要同时结合职业教育与成人教育的原理。对成人教育来说，其学科的发展也离不开职业教育的支持。比如，社区教育中便包含职业技能培训的内容。这两大学科最重要的交叉领域是企业人力资源开发。企业人力资源开发就对象而言属于成人教育，就内容与方法而言属于职业教育。可见，当我们对这两大学科进行深入分析时，会发现它们的确是两个相辅相成的学科，努力促进它们的融合，对这两大学科的发展来说都是有益的。

这套丛书的作者都是在所从事的领域较有造诣的研究者，所收录的著作都是作者多年在该领域辛勤耕耘的结果，代表其最高学术成就。高志敏教授的《成人教育学科体系论》博大恢宏，作为一位在成人教育领域耕耘数十年的资深学者，他倾毕生所学，从历史、反思、前瞻三个维度，用批判的眼光、饱含深情的语言，对成人教育学科体系进行了系统的反思与重构。这部著作的出版将对成人教育学科体系发展产生深远影响。《职业教育课程、教学与教师》是徐国庆教授在职业教育领域的又一部力作。徐国庆教授在职业教育课程、教学及教师教育领域享有盛誉，他的这部著作内容新颖，与实践贴合得非常紧密，几乎包含了当前该领域最为关键的问题。他的研究风格是直指问题中心，直接寻求问题的答案；同时他又善于把问题的实践表现与深度的理论思考结合起来，将实践性与思想性融为一体；文字简练与犀利也是其著作明显的风格。张永副教授的《社区教育内涵发展论》可以说是社区教育研究中具有开拓意义的一部著作。近年来，社区教育在我国发展非常迅速，实践发展需要理论研究的支持，这部著作的及时出版正好满足了社会的这一需求。这部专著结构严谨，内容实用，是该领域具有重要价值的力作。朱敏博士的《国际终身学习政策推展模式研究》旨在为国际终身学习政策推展提供理论分析框架，深化相关基础理论研究，同时为我国终身学习政策推展的进一步优化提供国际参照与现实借鉴。这部著作综合了国际上关于终身教育政策最为前沿的研究成果，实用性强，是该领域难得的力作。以上是这套丛书第一批推出的四部著作，随着这套丛书的滚动出版，我相信后面的著作会更加精彩。

无论是职业教育还是成人教育，都是教育学科中非常重要的研究领域。实践的快速发展急需理论研究的支撑。然而由于这两大学科的研究群体规模相对较小，因此其研究成果的数量相对基础教育、高等教育等领域来说也要少，研究推进的速度相对较慢。期望这套丛书的出版能为致力于这两大领域研究的学者提供参考，同时更期望能引出更多、更有价值的研究成果。

最后，特别感谢上海教育出版社教育学编辑室为这套丛书的成功出版所付出的辛勤劳动！

华东师范大学职业教育与成人教育研究所所长、终身教授、博士生导师
2015 年 7 月 31 日

前　言

建设现代职业教育是当前我国职业教育发展最重要的使命。什么是现代职业教育？现代职业教育的关键要素应当包含哪些方面？这是仁者见仁、智者见智的话题。人们提出了各种各样的指标，比如实训设备的装备水平、信息化水平、人才培养模式的特色、职业教育体系的完善程度等。这些方面的确都很重要，然而更为重要的还应当是紧紧围绕人才培养的那些关键方面。教育界当前有种强烈的声音，那就是要求教育回归其自身，这一思想的提出很有针对性，也很及时。从这个角度看，现代职业教育的建设，应当紧贴人才培养过程来展开，而其中最为关键的要素就是课程、教学与教师。只有这三个方面建设好了，我们才会真正拥有现代职业教育。

首先是课程。之所以把课程作为首要因素，是因为课程是现代教育的基石，是教育中的基础设施。如果没有高质量的课程体系，职业教育的很多建设工作都会事倍功半，甚至劳而无功。比如实训基地建设，不以课程功能为依据的实训基地建设是盲目的；再比如教育质量，如果没有完善的课程体系，那么提升教育质量的依据是什么？凭借什么对教育质量进行测评和监控？

当前我国职业教育课程建设最紧迫的任务是国家课程体系建设。西方发达国家职业教育之所以能全面进入现代化阶段，就是因为他们在20世纪90年代至21世纪初，已基本完成职业教育的国家课程体系建设，如英国的国家职业资格证书（National Vocational Qualification，简称NVQ）体系、澳大利亚的培训包体系、德国的学习领域课程体系（其培训条例早就非常完善）、美国各州的职业教育内容标准体系等。那么我国的情况如何呢？这些年来，有关课程改革的各种理念层出不穷，职业院校的课程建设也一直处于较为活跃的状态，然而成效并不显著，这是为什么？就是因为我国缺少一套科学、系统的职业教育国家课程体系。这套课程体系的缺失，已成为影响当前我国职业教育发展的主要障碍。我国要实现现代职业教育的建设目标，首先必须深入研究，系统规划，建设一套处于国际领先水平的职业教育国家课程体系。

职业教育课程建设是一项极为复杂的工程，其中有大量理论和方法问题需要研究。国外在这一领域的研究起步比我们要早，其许多理论和方法可以为我们所借鉴，比如能力本位课程思想与开发技术就应该成为我国职业教育课程建设的基本理念与方法支持。但此外还有许多研究需要深化：（1）我国职业教育课程建设面临许多具有本土特征的问题，对这些问题需要建立相应的理论框架予以解释，否则新的课程理念就很难为人们所坚信并践行。（2）我们正处于技术与社会形态快速发展的阶段，职业教育课程建设的外部需求一直处于变化之中，如果不对这些变化的实质作出深入的理论分析，所开发的职业教育课程很可能落后于现实需求。比如智能制造，这是当代对技术技能人才需求影响最大的技术革新，那么在这种技术条件下，职业知识的结构将发生什么变化？这是在课程开发过程中确定课程目标与内容体系前必须研究清楚的问题。（3）在课程开发的技术问题上，国外其实也存在不完善的地方，这使得其开发的课程标准还存在较大改进空间。比如尽管能力本位课程主张职业教育要培养学生的职业能力，但它并没有对职业能力的内涵及开发方法作出深入研究，而是把任务直接等同于职业能力，这显然是有缺陷的。所有这些方面都要求我们对职业教育课程建设继续展开基础理论研究，归纳起来主要有心理学基础研究、知识论基础研究、方法论基础研究等。

职业教育课程开发实践涉及课程宏观体系构建以及教材设计与课程资源开发两个层面。

就课程宏观体系构建而言，其面临的最重要的问题有两个，即课程组织模式改革与课程衔接体系构建。课程组织模式改革是自20世纪90年代初我国开启职业教育课程研究以来的核心课题，所谓打破学科课程，建立基于岗位任务的职业教育课程，所指的就是这一问题。对这一问题的研究进行到今天，既有必要对其中的重要研究结论做一归纳，也有必要继续深化对该问题的研究，尤其有必要深入研究职业知识的内部结构，然后在此基础上设计职业教育课程的内部组织模式。如果对该问题的研究只停留在课程的外部组织结构，那么课程开发与教学实施中知识逻辑层面的问题就没法解决，这样开发出来的课程就只会是一个多种知识的大杂烩，而不是一个逻辑严密的知识体。课程衔接体系构建则是近年来职业教育中的热点问题，它包括横向衔接与纵向衔接两个方面。横向衔接是指双证融通，纵向衔接是指中高本（指中职、高职和本科）课程的衔接。职业教育课程近年来在这些方面的建设主要凭借的是经验，急需构建相应的理论模型来深化对其问题实质的认识，并为行动提供指导。比如基于中高职衔接的课程体系构建，目前多数院校或者只是把原有的课程做些整合，或者试图依据能力发展的阶梯模型来构建，然而对工作任务的实证研究发现，职业能力发展所遵循的并不是阶梯模式，而是碗形模式。这一结论对基于中高本衔接的课程体系建设具有重要指导价值。

　　课程建设进一步深化就会面临教材设计与课程资源开发这两大任务，这是推动课程实施必须解决的问题。在职业教育课程建设中，近年来对这两大问题给予了极大关注。我国职业教育规模大、师资力量较为薄弱，高质量的教材与课程资源对于课堂教学质量的提高具有非常重要的支撑价值。然而遗憾的是，理论研究显然远远落后于这两个领域的实践发展，以致乱象丛生，质量低下，不仅造成了巨大的社会浪费，而且严重影响了教育质量的提升。教材开发是一项极为复杂的活动，要开发一部高质量的教材，不仅要有大量素材的积累，而且要对教材设计模式进行深入研究，职业教育教材的多样化特征使得对这一研究的需要更加迫切。教材设计模式构建需要从职业、知识与学习三大维度进行。课程资源库开发问题可归结为素材类型的系统分析与基于教学逻辑的平台设计两个方面。课程资源库既不能成为教师个人教学资源的汇聚，也不能成为显示职业院校课程建设水平的工具，而是必须紧紧围绕改变课堂教学形态与提升课堂教学质量这两大功能来进行开发。

　　其次是教学。大家非常关注教育质量，围绕这一问题也展开了很多研究，采取了很多行动，但要明确的一点是，教育质量的关键是课堂教学质量。我们常常用一些条件性指标去评估一所职业院校的教育质量，比如，实训设备如何、师资如何等。要知道，如果这些要素没有在课堂教学层面真正发挥作用，那么评估的结果就可能是不准确的。但目前这种情况恰恰存在，甚至比较普遍。比如，一些比较有能力的职业院校教师并没有把主要精力用于课堂教学，而是热衷于各种竞赛，或是其他外部活动。我们有时还会用一些代表少数学生教育质量的指标去评估整体教育质量，如技能大赛的获奖数等，但有时两者之间几乎没什么关系，有时甚至是负相关。真正能体现教育质量水平的是课堂教学质量，因为它是直接与所有学生密切相关的，而且是日常性的。只有狠抓课堂教学，使每个学生真正感受到现代职业教育带来的益处，才能说我们拥有了现代职业教育。但这是目前职业教育极为薄弱的环节，很多学生不愿意到职业院校学习，就是因为他们感觉受益不大。

教学当然是与课程密不可分的。我们所开发出来的课程，本身便已经包含了对教学模式与方法的基本假设，对教学模式的广义研究其实已包含在以上那些课程问题的研究中。比如，一门课程如果是纯粹的理论课程，那么这门课程的教学模式就很难甚至不能以项目教学法为主体；如果一门课程是按照理论与实践一体化模式进行设计的，那么其教学模式必须是理论与实践一体化的。在狭义上，职业教育教学最需要研究的问题是项目教学法。项目教学法目前在职业院校中非常受欢迎，然而很少有教师能真正驾驭好这一教学模式。这一方面是因为这一教学模式不是按照固定程序展开的，其各种教学要素的展开需要教师根据教学状态来灵活把握；另一方面是由这一教学模式本身的特征所致，即项目教学法是借助活动间接地产生学习的，而不是像讲授法、问题法等教学模式那样依据认知过程直接产生学习，这就使项目教学法隐含了一个潜在的质量风险，即很容易陷入忙碌却无学习效果的状态。因此，项目教学设计最根本的问题是，如何借助项目活动真正促使学习发生。

再次是教师。教师对于教育的重要性毋庸置疑，本书关心的问题不是我们拥有什么样的职业教育师资队伍，而是我们拥有什么样的建设优质师资队伍的职业教育教师培养体系。只有有了一个规范、系统的职业教育教师培养体系，我们才会源源不断地获得优秀的职业教育师资，才能建设好现代职业教育。如果缺少这样一个体系，总是采取项目化的方法去突击性地解决教师能力不足的问题，职业教育便不可能获得持续发展。那些拥有现代职业教育的西方发达国家，都有一个稳定、系统的职业教育教师能力获取路径。这正是我国职业教育所缺少的。在我国，人们一想到职业教育教师培训，马上联想到的就是申报培训项目，办培训班。这个培训项目结束了，不知道是否还有下一个项目，这批教师培训完了，不知道另一批教师是否还有机会接受培训。

职业教育教师培养体系构建中，美国的模式有许多值得我们借鉴的地方。比如俄亥俄州，该州职业教育教师培养工作的绩效一直在美国居首位，已形成了一个富有特色的体系。其一，其职业教育教师培养过程是与教师资格证书的获取过程紧密联系在一起的，而且其教师资格证书的获取是一个过程，而不是一次性行为。这不仅使得教师培养工作有了坚实的制度保障，而且可以解决教师培养中的一系列复杂问题，比如如何让教师自主规划接受培养的时间，如何促进教师能力的持续发展等。其二，其职业教育教师培养是由高校与教师任职的学校共同完成的，是一种双元制的教师培养模式，这保障了教师在教育理论与教学能力两方面的共同发展，能有效地培养出专业化的教师。其三，其培养内容不仅紧贴职业教育教师实际工作，非常实用，而且很有职业教育特色。比如，让教师理解贫困学生的思维状态，让教师熟悉劳动法等。

要提升我国职业教育教师培养的实效，首先要致力于开发科学的职业教育教师能力标准，同时要把培训与教师资格证书的获取统一起来。其次要努力改革培训内容。当前教师对培训的不满，主要源于许多培训内容不实用。设计培训内容时，一定要明确一个问题，即所要进行的是教师基本能力培训还是专家型教师培训？很多培训总是期望按照专家型教师的要求来设计培训内容，以致内容过于抽象、学理化，离教师实际工作较远。在现实中，我们不可能要求每位教师都成为专家型教师，一所学校中只有部分教师能达到专家水平，这些是在专业建设与课程开发中发挥骨干作用的教师。因此，现有的职业教育教师培训内容需要进行较大幅度的改革，建立起贴近教师工作，符合教师需要的职业教育学知识体系。这是一项庞大的工程，因为它涉及整个职业教育学科研究范式的转型。

要提升职业教育教师培训的实效，还要彻底改革培训方法。目前的教师培训仍然以讲座为主要方法。谈到教师培训，我们总是想到讲座，最多在此基础上增加一些现场考察。我们一面向教师传播"做中学"的教学思想，一面却在用"满堂灌"的形式进行培训，这完全是一个悖论！其实对教师而言，真正有效的培训方法也是"做中学"。我们并不否认专家讲座的重要价值，但对教师基本能力的培训而言，"做中学"的方法是一个更好的选择。事实上，教师在实际工作中存在许多困惑，比如，如何开发课程标准、如何设计课堂教学、如何处理教学中的一些特殊问题、如何撰写教改论文、如何准备教学资料、如何评价学生的学习效果等。如果我们围绕教师实际工作中的困惑来设计培训模块，把要培训的理论知识融入其中，运用"做中学"的方式进行培训，一方面让教师获得新的能力，另一方面又帮助教师解决实际工作中遇到的问题，这种培训教师怎么会不欢迎呢？这种培训方法的实施对培训专家是个严峻挑战。就像职业教育需要"双师型"教师一样，职业教育教师培训也需要"双师型"培训专家。

以上分别分析了我国职业教育课程、教学与教师三大领域中的突出问题与解决思路。要看到，课程、教学与教师作为教育学研究中最为重要的三大领域，它们相互之间是密切相关的。课程是教育活动的基础，属于教育改革与发展的基础工程，其建设水平对于整个教育体系的顺利运行与质量提高有重大影响。教学则是教师通过其活动使课程为学生所掌握的过程，只有有了扎实实施课程的教学活动，课程对学生来说才真正具有意义。而无论是课程开发还是教学实施，都需要由教师来完成，教师的能力水平对两者来说极为关键。反之，教师能力的提升又需要通过课程开发与教学实施活动来进行。

随着教育学的学科分化，这三大领域逐渐演变成了教育学的三大独立学科。独立学科的形成有利于深化对这三大领域的研究，但同时也产生了非常突出的问题，即实践中的问题解决策略缺乏一贯性。把这三大领域综合起来研究，能获得整体化的理解。比如课程问题的研究与教学问题的研究就很难分开，它们总是交织在一起，并且在许多时候有着共同的理论基础。如果不把两者结合起来研究，就不可能在课程与教学改革中获得一致的理论体系。当课程理论与教学理论相互脱节时，课程与教学改革如何能够彻底？教师问题的研究也与课程、教学问题的研究密切相关，确立教师能力的要求以及构建相应的培养模式，一定是基于特定课程与教学模式的。本书内容体系的设计，便是力图从这一三角关系出发，在这三大领域相互作用的视野中获得对它们的系统理解。

目 录

第一章 职业教育课程建设的意义：国家政策的视角 ···1
- 第一节 职业教育课程在国家政策中的地位缺失 ···2
- 第二节 课程是国家教育政策的核心内容 ···5
- 第三节 在国家政策层面确立职业教育课程的地位的必要性与紧迫性 ···11
- 第四节 国家层面职业教育课程开发的行动要领 ···14
- 本章小结 ···17

第二章 职业教育课程改革的心理学基础：现实主义能力观 ···19
- 第一节 从要素的能力到行动的能力 ···20
- 第二节 基于现实主义能力观的职业教育课程组织模式 ···23
- 第三节 基于现实主义能力观的职业教育课程内容 ···26
- 第四节 基于现实主义能力观的职业教育教学模式 ···30
- 本章小结 ···35

第三章　职业教育课程改革的知识论基础：新职业
　　　　主义时代职业知识的存在范式　　　　　　　…37
　　第一节　新职业主义与职业知识存在范式的转换　…38
　　第二节　传统职业知识的存在范式　　　　　　　…40
　　第三节　新职业主义下工作任务确定性状态的销蚀　…45
　　第四节　工作任务不确定性中的增量知识　　　　…53
　　本章小结　　　　　　　　　　　　　　　　　　…56

第四章　职业教育课程改革的方法论基础：有效的工作
　　　　任务分析　　　　　　　　　　　　　　　　…59
　　第一节　职业岗位定位及其与工作任务的对应关系　…60
　　第二节　分析专家在工作任务分析过程中的角色　…63
　　第三节　工作任务分析中逻辑关系的处理　　　　…67
　　第四节　职业能力分析的关键作用　　　　　　　…72
　　本章小结　　　　　　　　　　　　　　　　　　…77

第五章　职业教育课程与教学组织设计：基于职业
　　　　知识结构的分析　　　　　　　　　　　　　…79
　　第一节　实践知识在学校课程中的合法性确认　　…80
　　第二节　职业知识的结构　　　　　　　　　　　…82
　　第三节　职业知识结构与职业教育课程和教学组织的关系　…91
　　第四节　基于职业知识结构的职业教育课程和教学
　　　　　　组织模式　　　　　　　　　　　　　　…96
　　本章小结　　　　　　　　　　　　　　　　　　…100

第六章　职业教育课程衔接体系构建：模式与方法　…103
　　第一节　课程衔接体系在现代职业教育体系建设中的
　　　　　　关键作用　　　　　　　　　　　　　　…104

第二节　课程横向衔接体系设计　　…106
　　第三节　课程纵向衔接体系设计　　…114
　　第四节　课程衔接体系建构的保障机制　　…134
　　本章小结　　…136

第七章　职业教育教材设计：三维理论　　…139
　　第一节　职业教育教材设计模式的多样化特征　　…140
　　第二节　职业教育教材体系分析三维理论的构建　　…142
　　第三节　基于三维理论的职业教育教材设计　　…149
　　本章小结　　…153

第八章　职业教育教学资源库开发：定位、要素与结构　　…155
　　第一节　职业教育教学资源库开发的产品定位　　…156
　　第二节　职业教育教学资源库中素材的结构　　…160
　　第三节　职业教育教学资源库的平台设计　　…165
　　本章小结　　…168

第九章　职业教育项目教学设计模型：学习分析的视角　　…169
　　第一节　项目教学中的几种扭曲现象　　…170
　　第二节　项目教学的本质　　…172
　　第三节　项目教学中的学习模型　　…176
　　第四节　项目教学设计的基本模式　　…181
　　本章小结　　…185

第十章　职业教育教师培养的国际经验：美国的体系与模式　　…187
　　第一节　美国职业教育教师培养的制度基础　　…188
　　第二节　美国双元制职业教育教师培养的模式　　…200

第三节　美国职业教育教师培养的内容　…208
　　本章小结　…215

第十一章　我国职业教育教师培养体系设计：从项目化
　　　　　　到制度化　…217
　　第一节　我国职业教育教师培养体系的项目化特征
　　　　　　及其问题　…218
　　第二节　制度化职业教育教师培养体系的设计思路　…221
　　第三节　制度化职业教育教师培养体系的基本框架　…228
　　本章小结　…231

第十二章　我国职业教育教师培养模式改革：能力取向　…233
　　第一节　当前职业教育教师培养模式的困境　…234
　　第二节　职业教育教师的能力结构　…239
　　第三节　能力取向的职业教育教师培养方案设计　…249
　　本章小结　…258

参考文献　…260

第一章
职业教育课程建设的意义：国家政策的视角

"课程"是近年来职业教育中非常时髦的一个词。许多人明确主张，职业教育内涵建设的关键环节与核心内容就是课程建设。然而在实践中，课程又往往被视为操作性的学校教育环节而被有意无意地置于办学模式、运行机制等所谓宏观问题之下。事实上，许多时候我们对课程重要地位的承认，只是基于学生学习这一视角，即认为教育最为核心的问题是如何促进学生学习，而只有有了合适的课程，才可能激发学生学习兴趣，并让他们获得有用的知识和技能，却没有在更深层面认识到课程在现代职业教育体系中扮演的关键角色。因此，如何理解课程在现代职业教育体系中的作用，以更好地用好课程这一工具来发展职业教育，成为职业教育课程理论首先必须研究的重要问题。

第一节 职业教育课程在国家政策中的地位缺失

在我国的职业教育发展中,尽管课程问题在国家政策层面不可谓不受关注,但实质性的课程建设行动却远远不够。这其实有着深刻的观念上的原因。我国职业教育要实现现代化发展,首先必须在观念上处理好课程问题与其他职业教育问题的关系,构建新的战略发展思路。

一、职业教育课程在国家政策中地位缺失的现实表现

对我国职业教育课程发展状况可以做一个基本判断,即课程建设还没有真正获得其在职业教育国家政策中的应有地位,以下现象足以说明这一点。

首先,我国至今还没有在国家层面建立起一套统一、规范、科学、严谨的职业教育专业教学标准体系。专业教学标准是对一个专业的职业能力标准、课程框架、课程内容、实施要求等专业教学要素的制度化规定。专业教学标准开发是课程建设中最为基础的方面,专业教学标准体系的建设情况是评价一个国家职业教育课程建设水平的重要标志。然而,一个无法回避的事实是,尽管人们在普遍谈论课程建设的重要性,也的确在课程建设方面采取了一些重要行动,比如依托各级示范性职业院校建设行动所进行的课程建设、各级精品课程建设,教育部发起的在部分专业进行课程资源库建设等,然而我国连最基本的职业教育专业教学标准体系也没有。没有专业教学标准体系,无论其他方面的课程开发活动进行得多么深入,也不能说我国已建立起了现代职业教育课程体系。

其次,至今还没有形成职业教育国家专业教学标准开发的有效支持体系。也就是说,现在的问题不仅是缺乏专业教学标准体系,更为重要的是还看不到国家层面专业教学标准开发的有效支持体系。客观地说,我们虽然还没有国家专业教学标准体系,但相关的规划与开发活动是存在的。2011年,《教育部关于推进中等和高等

职业教育协调发展的指导意见》已提出,要"逐步编制中等和高等职业教育相衔接的专业教学标准";2012年,教育部启动了100个国际水平专业教学标准开发,而在此之前也进行过许多类似的开发活动,如83个紧缺人才培养方案的编制。遗憾的是,从总体上看,这些开发活动更多的是经验层面的,既缺乏对理论与技术方法的足够研究,也缺乏庞大资金的支持,因而不可能开发出高水平、可长期使用的国家专业教学标准。这至少可以说明,尽管职业教育课程建设的重要性受到国家层面的关注,但它还没有进入国家政策的核心。

再次,高水平职业教育课程开发的国家队伍的形成遥遥无期。要建设职业教育国家课程体系,首先必须有一支职业教育课程开发的国家队伍。这支队伍:(1)必须非常专业,因为职业教育课程开发是一项专业性非常强的活动;(2)数量要多,因为职业教育专业种类繁多。可是在我国,不仅熟悉职业教育课程开发的专业人员屈指可数,就教研机构设置而言,也只有少数省/直辖市,如上海、北京、江苏、浙江、重庆等,以及少数地级市,如杭州、宁波、广州、沈阳等,建有较为规范的职业教育教学研究室,而且即便是在这些教学研究室中,研究人员同样极为匮乏。专业门类如此多样的职业教育,其教研队伍相对于普通教育竟如此薄弱,真是令人费解。对这一观点,有人或许会反驳,许多发达国家的课程体系是由行业协会开发的,相应地我们也建立了"行业职业教育教学指导委员会"。可是,问题在于,建立一个机构并非难事,要使其具备专业性才是真正的困难。专业的职业教育课程开发人才如此匮乏,不能不说我们在职业教育课程建设的规划上缺乏高瞻远瞩。

对于这些判断,也许有人会有不同看法——以上现象只能说明我们对在国家层面如何建设职业教育课程体系这一问题理解不够深入,甚至可以说存在偏差,但近年来所进行的许多重大课程建设行动,说明国家层面对职业教育课程建设不可谓不重视。这种说法只对了一半,即我们对职业教育课程建设核心任务的理解的确存在偏差,比如耗费巨资进行课程资源库建设,而作为课程资源库建设根本依据的专业教学标准的建设经费却捉襟见肘。我们同时也看到,当遇到办学模式、质量保障等问题时,课程建设往往就要让路。此外,许多所谓的重大课程建设行动,恰恰是依附在其他建设行动中进行的,如示范性中高职建设。对这些所谓的重大课程建设行动来说,其重要性的获得往往只是由于被视为达到其他建设目标的有效手段,而课程在职业教育国家政策中独立的核心地位仍然是缺失的。

二、职业教育课程在国家政策中地位缺失的理念因素

课程建设是一个投入不大、容易见效且作用深远的领域。首先，课程建设的投入远没有其他领域那么巨大。以专业教学标准为例，如果在国家层面进行课程开发，粗略估算，一份专业教学标准投入100万元足矣。而同样额度的经费如果投在其他地方，很可能是微不足道的。其次，课程建设的成果容易见效。课程已成为影响职业教育发展的关键因素，是职业教育许多问题的根源，改革课程往往可以迅速解决职业教育中的许多重大问题。最后，课程建设的影响非常广泛和深远。通过课程建设，可以有效地改变学校课程形态，提升教师教学能力，促进产学合作向深度发展，从而达到提高教学质量的目的。

问题在于：为什么课程这样一个非常需要系统建设，国家也有能力进行系统建设的领域，在国家层面却始终缺少一个系统规划的行动方案？这恐怕与人们对课程含义的一个误解不无关系，那就是人们尽管普遍肯定课程建设的重要性，但又普遍认为它只是中观层面的问题。既然是中观层面的问题，而到底中观到什么程度又难以准确界定，因此往往出现课程建设责任层层往下推的现象。教育部会认为这是地方教育行政部门的事情，地方教育行政部门会认为这是学校的事情，学校会认为这是教师的事情。推到教师这一层面当然是无法再往下推了，然而教师个人所掌握的资源与责任权限是远不足以支持其进行系统的课程开发的。这就必然导致课程建设裹足不前，难以在体系建设上有重大突破。

课程真的只是中观层面的问题吗？绝非如此。课程的确有许多中观层面的问题，如课程编制、课程类型等，但课程的很多问题是宏观层面的，如课程模式与开发技术路径的选择、课程开发程序的整体规划、课程开发工作的组织等。此外，课程中还有微观层面的问题，如职业能力的表达格式等。而且，中观或微观问题就一定不需要宏观层面的领导和组织吗？并非如此。问题本身的宏观性、中观性与微观性，与该问题是需要放在微观、中观还是宏观层面上予以解决，并不是绝对的对应关系。比如职业能力标准的呈现形式，这应当是课程开发中非常微观的问题，但如果课程开发是教育部发起的，那么这一问题就必须在教育部层面予以解决，因为它涉及职业能力标准内容开发的广度与深度问题，而这一问题又和教育部层面开发的职业能力标准的功能定位密切相关。

随着教育理论研究的日益深入，教育学的分支学科越来越多。面对众多的分支学科，人们习惯于把某些学科归入宏观理论，某些学科归入中观理论或微观理论，然而在更多情况下，当我们从完整实践的视角来分析教育问题时，会发现不同问题领域更多的是内容的不同，而不是宏观、中观与微观的不同。事实上，我们很难用宏观、中观与微观对教育问题进行分类。比如职业教育办学模式改革，这是大家公认的职业教育中的宏观问题，然而当我们真正致力于建立校企合作的职业教育办学模式时，就必须深入研究其中的许多细节，如校企合作形式的设计等。当然，这里要讨论的问题并不是理论上是否存在宏观、中观与微观之分，而是认为不能因为某个问题被主观地认为属于中观、微观层面而排除在教育政策的视野之外。教育政策的内容筛选依据应当是其社会影响的广度与深度。正是基于这一认识，20世纪以来，课程逐渐成为西方发达国家教育政策的核心内容，而这同时也包含了人们对课程内涵理解的进一步深化。

第二节　课程是国家教育政策的核心内容

审视20世纪90年代以来西方发达国家职业教育的发展路径，可以发现其重要内容就是职业教育国家课程建设。迄今为止，他们的这一体系已基本建设完成，并在职业教育的现代化进程中发挥着极为重要的基础性作用。因此，可以说课程是现代教育中国家政策的核心内容，对课程的重视程度是一个国家教育现代化程度的重要标志。课程在国家政策层面的战略地位的确立，不仅和它自身的重要作用相关，而且和它在现代教育制度构建中的基础性作用相关。

一、发达国家在国家层面的课程建设

在普通教育领域，20世纪以来，课程越来越成为西方国家教育政策的核心内

容，课程建设越来越成为由政府发起的国家行动。比如20世纪60年代在普通教育领域，就曾出现过世界性的在国家层面进行课程改革的热潮。这场改革"不是一门学科，也不是仅限于一个国家的特殊问题，而是以科学技术的前所未有的发展为其特征的20世纪后半叶的教育改革的中心课题之一"①。其中最著名的有美国和苏联的课程改革。美国的课程改革是在联邦政府层面推行的，发起时间是20世纪50年代末，目标是试图建立学科结构理念引领下的自然科学课程体系，以培养优秀的科技人才。苏联在1965年前后，也开始进行了课程现代化改革，陆续推出了新的教学大纲和实验用教科书。我国普通教育中的国家课程建设行动是大家所熟悉的，比如2001年启动的"新课程改革"。这次改革历时10年，无论从社会参与面还是对学校课程实践影响的深度看，都是一次规模宏大的课程改革。

在职业教育领域，政府层面的课程建设案例也不少，著名的有美国的职业教育标准体系建设、英国的国家职业资格证书（NVQ）体系建设与德国的学习领域课程开发。

美国职业教育标准体系建设源于20世纪80年代的标准构建热潮。《国家在危急之中》发表后，各州纷纷开发了学术课程内容标准。尽管美国中等职业教育有着不同于学术教育的历史脉络和联邦法律依据，但其标准构建在当时同样受到了重视。1990年的一个重要报告《美国的选择：高技能还是低工资》则有力地推动了这一进程，它认为：(1) 工作与技术的性质正在发生改变，它要求一线工人具有更多的判断能力和责任心，从而对工人的知识、技能和态度提出了挑战；(2) 然而，美国缺乏清晰的职业教育标准，这是阻碍高技能工人培养的主要因素之一；(3) 只有有了强大的标准与评价体系，职业教育才能更好地满足雇主需要。1990年的《帕金斯法案Ⅱ》则明确要求各州开发职业教育标准体系及成就水平测验。

在一系列法案的推动下，至2006年底，50个州和哥伦比亚地区中，共有31个已建立州层面的中等职业教育标准体系，其他州或者正在建立过程中，或者已经有了地方标准。这些标准主要是针对中等职业教育的，中学后职业教育建立统一标准的州相对较少，因为各学校往往有着自己的标准。从财政支持、与学术课程和中学

---

① 钟启泉. 现代课程论 [M]. 上海：上海教育出版社，1989：26.

后课程的整合以及评价实施方面看，路易斯安那州、密西西比州、北卡罗来纳州和俄亥俄州是走在最前面的，其次是俄克拉何马州、得克萨斯州和犹他州①。当然，其州与州之间也是不平衡的，这与各州的教育管理理念、教育财政投入等因素相关。

英国 NVQ 体系建设其实也是一个国家层面的职业教育课程建设行动，因为职业资格证书是必须用课程模块形式来表达的（通常一个职业资格证书包括 8~12 个模块）。这样，建立职业资格证书体系的同时，也就建立了职业教育课程体系。英国于 1986 年开始实施国家职业资格证书制度，它首先按照国家制定的职业技能标准或任职资格条件，通过政府认定的考核鉴定机构，对劳动者的技能水平或职业资格进行客观公正、科学规范的测评和鉴定，然后对合格者授予相应的国家职业资格证书。英国的职业资格证书已涵盖了工程、海洋、汽车、电子、机械等众多行业中的 17 000 个职业，涉及工业、商业、服务业的各个领域。

德国学习领域课程方案的出台，源于 20 世纪 90 年代进行的一场全国性的大辩论。面对知识社会的挑战，企业职业教育现代化进程的加快，学习与工作一体化趋势的增强，企业继续教育日益扩展等情况，职业学校教育该如何跟进成了许多德国人思考的问题。德国职业教育界许多人士认识到，德国职业学校 20 世纪 70 年代的课程大多数是以科学性和基础性的学习为出发点的，这一模式使得行业和企业意见纷纷，认为职业学校培养的学生脱离企业的实际需要，学非所用。通过激烈的辩论，具有思辨传统的德国社会各界，包括教育、经济、科技领域以及工会、雇主协会最终获得共识：德国职业教育面临着自 1969 年联邦政府颁布职业教育法以来的"第二次教育改革"压力，要使双元制职业教育在 21 世纪仍然具有强大生命力，职业学校教育必须改革。

1996 年 5 月 9 日，德国文教部长联席会议颁布了新的《职业学校职业专业教育框架教学计划编制指南》，提出用学习领域课程方案取代沿用多年的以分科课程为基础的综合课程方案。1996 年 11 月开始按照新的编制指南制定框架教学计划。至

---

① Castellano M., Harrison L. & Schneider State S. Secondary career and technical education standards: Creating a framework from a patchwork of policies [J]. Career and Technical Education Research, 2008, 33 (1): 25-44.

1998年3月，完成了32个基于学习领域的教学计划。1999年2月5日，各州文教部长联席会议通过并颁布了新编制指南的最终文本。自1996年以来，《职业学校职业专业教育框架教学计划编制指南》共做过三次重大修订，目前这项改革仍在进行之中。

课程问题同时也是许多国际组织关注的重要内容。联合国教科文组织1972年出版的《学会生存——教育世界的今天和明天》对课程内容改革提出了许多极有启发性的思想，比如"培养创造性""培养承担社会义务的态度""培养完人"等[①]。这些思想在今天看来很平常，但在当时是极富引领性的。同时期的另一部重要文献《从现在到2000年教育内容发展的全球展望》，则专门勾勒了20世纪末世界教育内容的发展变革趋势。

在职业教育领域，国际组织进行课程开发的著名案例是就业技能模块组合（Modules of Employable Skill，简称MES）课程开发。20世纪70年代初，国际劳工组织经过调查发现，当时的职业教育课程存在以下五个方面的问题：(1) 教学大纲不能灵活地适应科学技术和产业的迅猛发展；(2) 教学大纲的内容已经不符合就业与雇佣的需求；(3) 没有形成一个科学的职业教育系统；(4) 没有体现个性教育、终身教育等现代教育思想；(5) 教师缺乏合适的材料。为此，国际劳工组织根据大多数成员国的建议，先后召开了两次国际会议，研究世界职业技术教育同经济发展对人力资源需求之间不相适应的问题及其对策，决定开发一种既能适应经济发展需求，又能适用于不同经济环境的就业技能模块组合课程。国际劳工组织邀请70多位专家经过14年努力，终于开发出了这套课程体系，并于1983年开始逐步推广。

以上这些案例说明，教育发展到今天，课程建设已成为政府乃至国际组织的政策及其行动的核心内容。为什么会发生这一重大转变？这一方面是因为课程改革本身是一项非常复杂的社会工程，需要投入大量的社会资源，大范围地调动社会力量参与才可能真正影响实践；另一方面人们日益认识到，课程所涉及的不仅仅是教什么、如何教等技术问题，它还涉及制度方面、系统方面的问题，它在现代教育体系中扮演着重要角色。只有深刻认识到课程的制度方面的问题，才可能全面理解课程

---

① 联合国教科文组织国际教育发展委员会. 学会生存——教育世界的今天和明天 [M]. 华东师范大学比较教育研究所, 译. 北京：教育科学出版社, 1996：186—192.

的内涵。正是基于这一意义，课程通常被认为是职业教育体系的三大构成要素之一（另外两个要素是学校体系和管理体系）。

二、课程与制度之间的互动关系

在我国近年来的职业教育发展中，至少有两大事件可以充分说明课程建设在职业教育体系发展中的重要作用，一是两年制高等职业院校（高职）学制改革，二是高职的高等性发展。

2004年，教育部曾推出两年制高职学制改革。后来的事实证明这项改革是不成功的，最终由于高职院校的强烈抵制不了了之，而其改革的最初目的似乎也一直是很模糊的。笔者关心的不是这项改革是否应该进行，而是想说明，两年制高职在国外社区学院中其实是普遍存在的，而这种存在可能和其课程模式有密切关系。美国、加拿大等国家的社区学院的课程编排思路，不是我们通常采取的从基础理论到实践应用的三段式，而是从实践应用到基础理论的反三段式。这种反三段式课程编排模式，按照职业能力从简单到复杂的路径编排能力训练课程，按照理论知识从简单到复杂的路径编排专业理论课程，使得两年制与三年制在课程上的完全对接成为可能。这样，他们就不是把两年制与三年制看成是相互对立、互不相融的两种学制，而是可以并存与对接的两种学制。这种课程模式彻底改变了两年制在社区学院中的生存状态，使其成为一种可供学生选择的重要学制而普遍存在。如果教育部在推出两年制学制改革的同时推出高职课程模式改革，两年制学制改革的命运很可能就不是今天这样的了。更为糟糕的是，几乎与两年制学制改革推出的同时，教育部还推出了一年顶岗实习的课程改革，这对两年制学制无疑是雪上加霜，因为实行一年顶岗实习后，如果继续实施两年制，专业课程将几乎无法安排，对工科专业来说尤其如此。由此可见，忽略了课程思维，教育体系发展很可能受阻。

高职的高等性是2011年以来受到广泛关注的话题，学者们就如何提升高职的高等性发表了许多见解。有人主张应当让高职专注于教授学生技术，而中职专注于教授学生技能，技术与技能属于两个层次，这样，高职的高等性就体现出来了。这种观点接近于荒唐。首先，技术与技能并非两个层次的能力，它们本身是密不可分的；其次，高职的高等性不能通过降低中职的课程目标水平来实现。另有人主张高职应通过强化专业理论的教学来体现高等性，这种观点有一定合理性，因为高职课程的确应当包含较为完整的技术理论知识，但它也是不全面的，因为这些年高职课程改革的重要理念恰恰是打破过于学科化的课程体系，突出对学生职业能力的训练。这里所关注的不是这些观点正确与否，而是这些似乎抓住了高职发展中重要问题的激烈争论，其实都是没有必要的，而且无助于高职高等性发展。这些观点看似在讨论课程问题，而其所缺乏的恰恰是课程本身的思维，即并没有真正深入到课程内部思考课程问题，进而通过课程建设来体现高职的高等性。事实上，在课程开发技术中，实现高职课程的高等性早已不是什么难题，只需在引导企业专家进行岗位、任务与能力分析时加上一个引导语："企业在用人过程中，会把高职学生放到哪些岗位，让他们承担哪些任务，为了完成这些任务需要他们具备哪些能力？"这个问题便可得到很好的解决。大量课程开发实践已充分说明了这一点。如若我们一直在遵循这一思路，高职的高等性发展恐怕早已不是问题了。

因此，课程与教育制度并不是宏观与中观、上位与下位的关系，而是相互作用的辩证关系。人们通常把课程理解为教育制度的下位概念，而且认为只有在制度形成后才有必要，也才能够进行课程建设。然而在发展教育制度时，不仅需要同时对相关课程问题进行深入思考，有时甚至还可以用课程的方法来思考教育制度的发展策略。当我们把课程问题与教育制度发展问题结合起来辩证地思考时，才真正具备了教育学的思维方式。

课程在现代教育制度中扮演着重要角色。其一，规范教育教学行为，使不同教育机构的教育教学达到基本质量要求。人类的教育活动越来越丰富，办学机构的种类和数量越来越多。为了使这些教育机构的教育教学活动的基本方面存在一致性，并达到基本的共同质量要求，需要用课程来对其教育教学活动进行规范。比如，在职业教育中，如果某两所职业学校汽车维修专业的课程完全没有相同之处，那么如何保证他们能具备共同的教育质量基础呢？其二，在教育机构之间建立联系。现代教育体系并非由众多教育机构简单相加而成，而是这些教育机构按照某种联结关系所构成的一个庞大系统，而课程就是这种联结关系的主要提供者。如果没有课程，中高职衔接便成了空中楼阁，只是中高职之间的一种利益联系，全无教育的内在本质需求。其三，在教育机构与社会之间建立联系。社会对教育的了解和确认，也是以课程为媒介的。比如，某公司在审核一位学习酒店服务专业的学生是否符合其招聘要求时，很可能首先分析其所学课程，努力从中找到所需要的信息。因为课程结构是学生知识与能力结构形成的基础。

第三节　在国家政策层面确立职业教育课程的地位的必要性与紧迫性

在我国，对于职业教育课程是否要纳入国家政策范围，或者说是否要全部纳入国家政策范围，人们可能还存在一些疑虑。有学者会主张：(1) 职业教育与普通教育不同，普通教育的功能是构建公民的共同素质基础，因而其课程开发应当受到国家的控制，而职业教育是服务生产、服务第一线的，其课程要根据劳动力市场需求的变化及时调整，因而不能用国家统一的课程要求去规范职业院校；(2) 与西方发达国家不同，我国地域辽阔，地区经济、技术与职业教育水平差距大，无法建立统一的职业教育课程体系。

所幸，近年来国家层面已有了一些重大的职业教育课程建设行动，它们折射出人们对课程在现代职业教育体系中的重要角色的认识有了重大提升。为了更好地推动职业教育课程建设的进程，使其建立在更加理性的基础上，需要在国家政策层面确立职业教育课程的地位。

一、职业教育课程开发的复杂性决定了它需要国家政策平台

职业教育课程开发是一项理论与技术均极为复杂的活动，一般省市和职业院校难以承担。比如劳动力需求分析，要做到数据准确、对课程建设有实际价值，就需要非常复杂的理论与技术做支持，而且需要投入大量的人力和财力。再比如，作为职业教育课程开发基础的工作任务与职业能力分析，这两个概念对于职业教育理论与实际工作者来说已不陌生，然而要真正做出高质量的工作任务与职业能力分析是非常复杂的，需要以对不同岗位工作任务的结构模式、职业能力的理论与描述技术等问题的深厚研究为基础。若不能进行到这一层面，工作任务与职业能力分析对学校课程建设的实际价值其实并不大。当然，以省市为单位进行职业教育课程开发也是一个重要选择，但目前全国职业教育课程研究队伍分布处于极不平衡状态，大多数省市几乎没有课程研究人才，只有在国家层面才可能集中大量专家对职业教育课程开发中的重要理论与技术进行研究，促进全国职业教育课程水平的整体提升。

二、整合职业教育课程开发力量，提升开发效益需要国家政策平台

近年来，随着国家对职业教育课程建设越来越重视，职业院校承担了越来越多的课程开发工作，一些省市也尝试性地在部分专业进行了课程开发，如上海、江苏、浙江、北京等，然而我国职业教育课程建设的整体水平还没有获得根本性提升，这是为什么？就是因为其中存在大量的重复性课程建设行为。如果建立了职业教育课程开发的国家平台，整合职业教育课程开发力量，则可以有效地解决这一问题，快速提升我国职业教育课程建设水平。另外，虽然职业院校在一定范围内进行一些课程开发活动有利于提升其内涵水平，然而目前这种开发活动已近乎泛滥，成了严重影响教学质量的一个因素。比如，许多教师常年忙于编教材，建设精品课程，分配到教学上的精力却大大减少了；又由于课程开发的成果是显性的，有些职业院校热衷于课程开发，却不重视课程开发成果的实施，从而进一步恶化了这种状态。要扭转这种状态，急需国家在职业教育课程建设中发挥主导作用。

三、职业教育课程实施的复杂性决定了它需要国家政策平台

职业教育课程开发的成果要付诸实施，往往需要伴随大量的师资培训、实训设备设施投入、课程评价改革等措施。任何课程改革要取得实效，都必须进行系统设计。比如，若课程评价指标不改革，那么对学校来说，课程改革的成效可能是适得

其反的。而这些支持性措施的实施本身也是极为复杂的，需要国家层面的系统组织。如果不由国家系统组织，可能还会导致地方课程实践与国家政策要求之间的矛盾，以致极大地阻碍课程改革的推进。近年来不乏这种案例，比如理实一体化改革就曾出现这种问题，许多职业院校自主地进行了理实一体化课程改革，教育部却要求一年级学习理论，二年级学习技能，三年级进行顶岗实习，如此一来，矛盾必然产生。对我国来说，职业教育课程改革尤其需要在国家层面进行。可以说，除了大量的试点外，我国基本上尚未进行过国家层面的整体性职业教育课程改革。这一事实所导致的结果是，现有课程的问题积累很深，要进行深度的改革，需要付出极大的努力，其中有大量共性问题需要集中解决，大量矛盾需要进行整体性协调，这就更加需要国家层面的系统组织。

然而，对于国家层面的职业教育课程开发，人们存在矛盾心态。当发现课程开发任务繁重时，当担心院校、地方行政部门自行开发可能导致课程缺乏统一性时，人们便会主张这类工作应由国家承担；而当国家开始着手统一进行课程开发时，他们又会基于一系列理由反对这种开发行动，主要理由是担心统一的课程设置与课程标准限制了其在课程实践中的自由。然而当这种自由变成了随意，进而严重影响到了职业教育的质量时，那我们就应当坚决剔除这种"自由"。

职业教育国家课程是否会对地区、院校课程实践形成过强的制约作用？这个问题的症结不在于是否需要这种课程，而在于我们用什么态度看待这种课程，如何使用这种课程。不应把职业教育国家课程看作是为了统一而限制地区、院校职业教育课程实践的手段，而应把它看作地区、院校职业教育课程发展的支持资源。当我们用这种态度对待职业教育国家课程时，上述担心也就自然消散了。有些人既希望保留这种自由，又希望能在国家层面给其提供纲要性课程方案，以简化其课程开发行为。这种思路看似合理，其实不然。首先，纲要性课程方案很容易变成事实上的无用方案。当课程文本中的语言过于概括和抽象时，其包含的实际信息就会很少，对课程实践的指导价值也就会很弱。而这正是传统课程文本的"毒瘤"，是课程改革中要坚决避免的。其次，如果说纲要性课程方案对于教研能力强的地区与院校来说还有些参考价值的话，那么对于教研能力弱的地区与院校来说则几乎没什么价值，因为他们并无能力对纲要性课程方案进行实施性开发。

第四节　国家层面职业教育课程开发的行动要领

我国国家层面的职业教育课程开发行动，应着力解决以下问题。

一、研究并发布技术技能型人才需求与职业院校专业发展状态数据

这是国家层面职业教育课程开发的首要行动。发达国家以及欧盟每年都发表这类数据。职业教育培养的学生不可能像高等教育培养的学生那样具有非常弹性的就业适应能力，如果不能找到专业对口的工作，所学专业对他们来说很可能就是无用的。因此人才需求是职业教育专业设置及确定招生规模的基本依据，人才需求调研的重要性不言而喻。黄炎培先生曾引用美瑟娄博士的话："苟予我六十万金办中国职业教育，我必以二十万金充调查费。"[①] 由于缺乏准确、有用的人才需求数据，职业院校的专业设置事实上处于极为混乱的状态，这种状态会造成专业结构与人才需求结构的严重失衡，从而造成极大的教育资源浪费与毕业生失业现象。

然而人才需求调研又是一项技术性极强，需要耗费大量人力、财力的工作，这是个别职业院校，甚至多数省市职业教育研究机构所无法承担的工作，因此应该尽快纳入国家层面职业教育课程开发的行动框架。需要顺便指出的是，目前对人才需求调研与预测的研究报告很多，但这些报告几乎都是以"产业发展对人才的需求"为逻辑出发点的。人才需求的变化的确是由产业发展变化引起的，但一个产业的发展变化，往往影响的是一组职业人才需求的变化，而不仅仅是某个专业的人才需求变化。因此，人才需求的调研与预测应以职业、岗位的人才需求变化为基本分析点。

---

① 中华职业教育社. 黄炎培教育文选 [M]. 上海：上海教育出版社，1985：54.

二、开发职业教育国家专业教学标准

如前所述,专业教学标准是课程的基础性文件,它对规范专业教学、促进专业建设、提高教学质量具有极为重要的基础性意义。目前职业教育发展状态的混乱,很大程度上可归结为缺乏具有权威性、科学性的国家专业教学标准。即使一些重大的制度性改革也因此而受到了制约。比如中高职衔接,目前的做法只是在作为不同教育实体的中职学校与高职院校之间通过签订协议的方式进行衔接,然而真正的中高职衔接,既不仅仅是某些办学机构之间的衔接,也不仅仅是"某所中职学校与某所高职学院的课程的衔接,而是整个职业教育课程体系的衔接"[①]。要实现这一点,首先需要基于中高职一体化的国家专业教学标准。

如前所述,教育部已启动了国家专业教学标准开发工作,并且正在开发的专业的覆盖面已经很广。但是,从国际经验来看,我们更愿意把目前的行动看作是我国国家专业教学标准开发的开始而不是结束。比如在德国,一个培训条例(类似于我们的专业)的开发需要三年时间,由此可见这项工作的复杂。国家专业教学标准开发要取得实际效果,需要深入研究其基础理论、技术方案与呈现形式,且不能忽视对开发过程组织与质量控制方法的研究。

三、建设体现国家专业教学标准的职业教育精品教材

专业教学标准开发一旦完成,其实施就需要包括教材在内的立体化课程资源的支持。仿真训练软件、工作场景视频等课程资源应交由市场去开发,而从目前的情况来看,教材开发应纳入国家政策范围,要调动人力和财力,系统地开发出全覆盖的精品教材。因为教材是教学过程中最为基本的课程资源,是教学过程展开的直接依据,高质量教材的极度匮乏已成为当前阻碍我国职业教育质量提高的重要因素。一线教师在教学过程中非常苦恼的一件事情就是,市场上教材很多,却找不到一本

---

① 徐国庆,石伟平. 中高职衔接的课程论研究[J]. 教育研究,2012 (5).

理念、质量均符合要求的教材。职业教育教材市场看似繁荣，实则多数教材或者编写理念陈旧，或者表述粗糙，内容极不严谨。

职业教育精品教材除了要求在内容与组织方式上体现国家专业教学标准要求，内容表述精练、严谨，设计规范外，特别要注意处理好教材与知识和学习的关系：(1) 教材一定要精选理论知识，系统描述工作知识。传统职业教育教材的一大缺陷是对工作知识的描述非常不足，而现有研究已充分说明了工作知识在职业能力发展中的核心作用。工作知识的系统描述非常困难，因为它是零散地存在于工作情境中的。要系统地获得工作知识，不仅需要投入大量开发精力，而且需要建立其开发技术。(2) 要注意根据技术知识的学习原理开发教材，把教材的叙述方式由陈述式变为对话式，并把知识学习、实践操作、问题反思、自我评价等多种学习方式有机结合起来。

四、构建职业教育课程开发的国家队

要把职业教育课程纳入国家政策视野，全面进行职业教育课程的研究与开发，极为紧迫的任务是要建立职业教育课程研究的国家机构与人才队伍。我们常常称赞德国职业教育的发达，然而别忘了德国联邦职业教育研究所有 500 多位研究人员。相比之下，拥有十几亿人口和最大规模职业教育的我们，职业教育的研究力量真是薄弱之极。当然，也有由行业技能委员会承担职业教育课程开发任务的国家，如英国、澳大利亚，然而在我国要由行业协会承担课程开发任务显然是不现实的。我国人力资源与社会保障部门的职业资格证书开发也包含了课程开发的要素，但其内容无法替代完整的专业教学标准开发。因此，要在国家层面有力地推进职业教育课程建设，必须尽快建立职业教育课程研究的国家机构与人才队伍，其中既要包括一批职业教育课程研究的理论专家，更要包括大量深刻全面理解各专业岗位任务实际情况与专业课程内容体系，熟练掌握职业教育课程开发技术的开发专家。后者可在现有各专业教学指导委员会人员框架的基础上形成，但显然需要对现有人员进行系统培训。

本 章 小 结

人们通常都把内涵建设作为当前我国职业教育发展的主要任务,而且通常认为课程是职业教育内涵建设的关键内容。这一判断抓住了当前我国职业教育发展的关键问题,无疑是正确的。的确,我国职业教育发展仍然面临许多制度障碍。比如,目前职业教育的在校生规模很大程度上是靠给学生提供更加便利的升学路径在维持,还没有找到与我国职业教育发展原动力相适应的职业教育办学模式。但是,只有提高教育质量,才可能使职业教育在根本上吸引学生。而要提高教育质量,课程建设当然是重要基础。

课程建设不仅是学校的行为,它包括从国家到学校直到教师一系列层面的行动。没有国家的规划与领导,学校的课程建设不可能有实质性进步。审视国际环境,整个20世纪90年代,西方发达国家基本上都在致力于国家层面的职业教育课程建设,至20世纪90年代末,这些国家已基本完成了职业教育课程国家框架的构建。显然,相对于他们来说,我们又慢了一拍。这慢的一拍有现实困难的原因,但更多的还是观念所致。

在我们的认识中,总是把课程看成是相对于制度的另一个教育要素,而且通常认为只有完全彻底解决了制度问题,才能致力于课程建设。然而我们一定要看到课程与制度之间的密切互动关系,课程的确需要良好的制度做保障,但课程往往又是许多制度建设必不可少的基石。对我国来说,在职业院校的课程意识已被唤醒的今天,在国家层面构建我国职业教育课程框架,整体规划职业教育课程建设行动,已显得非常必要与紧迫。

第二章
职业教育课程改革的心理学基础：现实主义能力观

  对课程的重视是基于这样一个基本观念：构建岗位任务导向的课程体系是职业教育内涵发展的关键内容。职业教育课程改革到底要改什么、建什么？改革的核心环节是什么？为什么要这样改？其核心理念是什么？实践进展到今天，需要对这些基本问题作出回答。事实上，由于改革核心理念模糊不清，实践中已出现了许多偏差，而理论界也往往因此陷入不具实质意义的争论。这次改革是从课程组织、课程内容到教学模式的全面改革，要准确理解这些具体层面的改革理念，并获得真正有效的开发技术，使新课程模式的建立取得实质性突破，必须深刻理解整个改革的基本理论出发点，而作为职业教育课程目标的现实化职业能力，便是其中的理论出发点之一。

第一节 从要素的能力到行动的能力

在心理学中，能力是界定得比较含糊的一个概念。然而，当我们试图使能力理论真正有效地指导教育实践时，对能力的内涵做准确、深入的理解就十分必要。职业教育主张培养学生的职业能力，然而在"能力"前面加上"职业"二字，绝不仅仅意味着这种能力是适用于职业情境的，而是指包含了职业内容的能力，这是与通常所理解的普通能力观所不同的另一种能力观。只有深刻理解了这种能力观，才能深入理解职业教育课程开发中的一系列复杂问题。

一、课程观分歧的实质

顾名思义，职业教育是为了职业的教育，因此尽管职业教育课程目标需兼顾多方面要求，然而毫无疑问应当把职业能力作为其核心目标。更为有效地培养职业能力，是多年来职业教育的核心价值追求，本次课程改革为此确立了一系列重要理念，如依据工作结构确定课程结构，突出工作诀窍知识的学习，以具体项目为载体组织教学等。尽管这些理念具有浓厚的职业特色，显示了其在职业能力培养中的有效性，然而针对这些理念，仍然形成了另一种完全相反的课程主张，即强调职业教育课程应当突出基础知识的学习，以增强学生可持续发展的能力。这也就是当前著名的学科论与职业论之争。

学科论与职业论之争，使我们把视点放到了"知识的重要性"这一问题上。对学科知识价值的评价成了职业教育课程观的基本分歧点。这些争论蒙蔽了我们的眼睛，使我们难以看到此次课程改革理念的本质内涵。其实，对知识的处理只是课程改革的具体问题之一，而此次课程改革有着比之更高的理念追求，那就是从传统的基于抽象能力观的课程转向基于现实能力观的课程。导致课程观分歧的真正原因在于能力观的分歧。职业教育课程的所有命题，都应当从职业能力这个重要概念中获得理解。

二、能力分析的两种范式

能力观的分歧源于我们分析能力的两种范式,即要素范式和行动范式。心理学中的能力有两种含义,即实际能力与潜在能力。"个人在某方面所表现的实际能力,乃是由于他的先天遗传基础,加上后天环境中努力学习的结果"①,"能力表现在人所从事的各种活动中,并在活动中得到发展"②。因此,从最根本的意义上说,能力都是和活动相关的,是人在执行活动时达到的水平差异所表现出来的个性心理特征,离开了活动,我们无法知道能力的具体内容。然而这里仍然存在着问题,即活动的性质是什么?是一般的活动还是具体的活动?能力分析的这两种范式,便是对活动性质的理解不同所致。正如斯腾伯格(R. J. Sternberg)所说:"有关智力本质的争论也一样:顽固的情境论学家坚持智力在本质上从属于环境;极端的心理论学家坚持只从个体的心理结构和心理过程理解智力。"③

要素范式是一种概括的能力分析范式,它主张在人类纷繁复杂的具体活动中,通过抽取行动的基本能力要素来获得对能力本质的理解;行动范式则把能力看作人在现实情境中行动的力量,能力的内容是和人类的具体活动相关的,一项能力要能存在,必须在现实中有与其对应的实际活动。基于这一基本假设,要素范式把能力要素,如记忆、思维、想象作为能力分析的基本单位,而行动范式主张依据完整的行动单元进行能力分析,如"能收集、整理和准确分析用户的网络业务需求"。它们导致了完全不同的能力描述,即基于抽象要素的能力描述和基于现实任务的能力描述,这也会进一步导致完全不同的教育观和课程的具体开发方法。

当然,强调能力的情境维度也是当前心理学对能力研究的重要理论取向,但即

---

① 张春兴. 现代心理学 [M]. 上海:上海人民出版社, 1994:403.
② 彭聃龄. 普通心理学 [M]. 北京:北京师范大学出版社, 1988:537.
③ 斯腾伯格. 超越 IQ:人类智力的三元理论 [M]. 俞晓琳, 等, 译. 上海:华东师范大学出版社, 2000:312.

使这样，它所强调的也只是能力要素与情境的联系，行动范式则主张完整依据实际任务进行能力描述，如"设备故障的排除"这项行动，其中有思维和想象的要素，也有记忆的要素，但对行动范式的主张者来说，这都不重要，重要的是能否整体地完成这项任务。

对能力分析来说，行动层面的分析和要素层面的分析均是存在的，也都是必要的。要素能力最终要整合到具体任务中，而行动能力的内部必然是由基本要素能力所构成的。采取哪种范式取决于我们的目的。心理学为了探索能力的本质，开发能力的测试量表，往往力图分析出能力中的共同要素；教育学要培养学生现实的能力，则必须描述现实情境中的能力，即在与具体行动的联系中分析和描述能力。当我们只是停留于要素层面的能力描述时，教育的内容与过程便从具体的行动中抽象出来，成了凌驾于现实之上的抽象物，由此很可能培养出一些看似掌握了规律，却并不具有实际执行力的人。

三、转向现实主义能力观

职业教育要构建能有效培养学生职业能力的课程体系，在能力分析上必须选择行动范式。只有依据任务，用行动观点所描述的职业能力，才能给我们提供清晰的课程内容与教学方法设计路径。这种教育观称为能力本位教育观。但是，人们在理解能力本位教育时，往往只看到这是一种强调能力培养的教育思想，却没有从能力性质的层面深入理解其内涵，以致在实施过程中往往并没有很好地把握其关键方面。能力本位教育所主张的能力自然是现实的能力，因此它的核心思想不仅主张教育要培养人的能力，而且主张要通过一个个微小的、界定清楚的、有实际工作成果产生的学习结果的积累，来真正实现人的能力培养。因此，CBE（competency-based education，基于能力的教育）有时又称 OBE（outcome-based education，基于结果的教育）或 PBE（performance-based education，基于表现的教育）。

然而在职业教育领域，长期以来人们对职业能力的理解和描述并没有摆脱要素的能力理解范式。尽管近 20 年的课程改革一直把目标指向更为有效地培养学生的职业能力，但是人们往往习惯于停留在高度抽象的层面进行职业能力描述，如问题解决能力、设备操作能力、市场调查能力、合作能力、表达能力等。这种描述既不能清晰地告诉我们能力的具体内容，也无法准确地界定能力要达到的标准，因而事实上无法依据它进行具体的课程开发。这正是当前许多职业教育课程改革只停留于"浅层修饰"的重要原因。

高度抽象的能力描述直接导致了学科课程牢不可破的地位。因为当我们把这种高度抽象的、要素取向的思维范式投射到课程内容中去时，人们便不可避免地赋予抽象的理论知识以更高价值，并把职业能力的形成仅仅看成是这些知识直接演绎的结果。人们看不到具体的实践知识开发的重大意义，也寻找不到开发实践知识的有效技术路径。因此，多年来所强调的职业教育课程改革主导理念"知识要与任务相关"，只不过是在知识与任务之间建立了一些松散联系，并没有进入到更具实质意义的改革层面。

然而，职业教育要有效地培养学生职业能力，就必须在行动的层面理解职业能力，即实现职业能力的现实化。正如杜威所指出："在我们能够把这些本能和倾向转化为它们的社会对应物之前，我们不知道他们所指的是什么。"① 职业能力的社会对应物就是职业，当我们把职业作为能力的定语时，意味着关注的不再是抽象的要素能力，而是依据职业的具体内容所定义的行动能力。因此，我们只有具体地探索职业的内容，才能够在行动层面具体地把握职业能力的内容，并确立起基于行动的职业教育课程与教学理论框架。

第二节　基于现实主义能力观的职业教育课程组织模式

依据现实主义能力观，要有效培养学生职业能力，首先必须按照现实的原理，而不是抽象的原理进行职业教育课程组织。所谓现实的原理就是行动的逻辑，抽象的原理则是知识的逻辑。知识不能只是天上的白云，而是要成为渗入土壤的雨水，

---

① 约翰·杜威. 学校与社会·明日之学校 [M]. 赵祥麟, 等, 译. 北京: 人民教育出版社, 1994: 4.

只有把白云变成雨水，它才能有效地滋润花草树木，使它们茁壮成长。如果知识只是白云，那么虽然它看似洁白，姿态婀娜，位置很高，但它离实际是何等遥远！它一旦飘走，就成了和我们没有什么实质关系的影子。知识要对我们有意义，必须在课程组织模式上把知识融入行动的逻辑。

一、实践的行动逻辑

循着能力的现实化思路，我们首先要审视的问题是如何组织职业教育课程。传统职业教育课程往往在知识与技能两大要素之间徘徊，即或者强调知识学习的重要性，或者强调技能训练的重要性。在这种思想框架中，当前职业教育课程改革的最高目标被理解为提升技能水平。而事实上，技能与知识均只是行动的一个构成要素，其在课程中所占比重并非关键问题；改革的最高目标应当理解为解决围绕什么组织课程并进行教学的问题，即围绕知识教实践，还是围绕实践教知识。传统职业教育课程最根本的问题在于企图从理论中演绎出实践，从而达到培养职业能力的目的，而真正有效的职业能力培养路径在于如何使学生进入实践的行动逻辑。把握这一观念的前提，是要深刻认识到行动领域的完整性、整体性特征，理解其逻辑的独特性与复杂性。

在社会组织中，行动领域是有别于学科领域的完全不同的另一个领域。尽管我们非常强调理论与实践的结合，但就社会实体而言，行动领域是独立存在的，且有着自身的逻辑特点。比如，个体在行动时，首先想到的是要做成什么，该如何做，要达到什么技术标准。知识是伴随着行动的。在行动者看来，知识只有有助于行动才有意义。而在学科领域，人们更为习惯的是一种在知识之间建立复杂联系的思维，它更多关注的是这些知识本身，而不是这些知识能被演绎成哪些行动。理论家们往往鄙视行动逻辑，而事实上，只有在大量目标清晰的练习基础上，才可能掌握这一逻辑。

二、依据行动重组课程

行动逻辑的特殊性及形成过程的复杂性，要求职业教育课程组织模式不应当按照从理论到实践的演绎模式进行构建,而要按照行动本身的逻辑结构进行构建;不应当从储备其所需要的知识开始,而是一开始就要把学习者置身于行动领域,并让其在行动中逐渐构建知识。这是培养现实的职业能力唯一有效的途径。学科课程模式试图先培养职业能力的各个能力要素,然后在实践中通过应用过程实现各能力要素的组合,以达到职业能力培养的目的。其问题不仅在于没有意识到组合过程的复杂性,更为重要的是它没有认识到行动逻辑的独特性。在这些观念中,尽管人们很强调实践,但只是把实践理解为理论应用的结果,并没有在课程设计中把实践本身置于核心地位。

随着课程组织模式的转变,任务或行动就从传统课程模式中知识演绎的产物提升为课程组织的中心。按照这一理念,职业教育课程首先不是关注学生应当先学习哪些知识,而是要求先分析学生应当能做什么,然后依据它去分析学生应当知道什么,理解什么。行动不再仅仅是教学要达到的目标,而且是课程组织的核心。这是岗位任务导向课程的首要理念,也是教学思想的根本变革。行动必然有结果,结果对于主体的价值将使行动成为主体愿意主动参与的活动;当我们把岗位任务导向的课程理解为工作成果导向的课程时,便能最大限度地把职业能力培养从抽象层面落实到现实层面。

三、课程组织职业化的开发策略

如何依据行动领域组织职业教育课程?首先要区分职业行动领域的两个基本层面,即岗位任务层面和项目行动层面。岗位任务是每个岗位规定要完成的职责,它是依据组织管理要求对工作进行划分的结果,与从事岗位的个体无关。项目行动是就职于特定岗位的员工所完成的具体操作,也可称之为日常任务。项目行动是岗位任务的具体化。职业行动领域的这两个层面应分别对应于职业教育课程开发的两个层面,即岗位任务是课程组织的依据,而项目行动是教学设计的依据。联系岗位任务与项目行动的中间纽带是职业能力,它是课程内容开发的依据。这应当是职业教育课程开发的基本原理(见图2-1)。

课程组织职业化的开发,应当在岗位任务这一层面进行,即依据岗位任务组

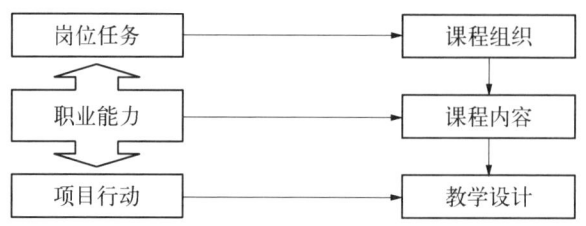

图2-1 职业行动领域与课程要素的对应模式

织课程，它要求在课程设置和内容编排两个层面，均以实际岗位任务为中心进行课程组织。实现这一开发的前提是获得岗位任务，这就需要充分运用工作任务分析技术。当然，这并非意味着职业教育课程与岗位任务是一一对应的。依据任务组织进行职业教育课程组织设计只是一条基本原则，遵循这一原则可以有效地解构传统的学科课程，但毕竟工作组织不能等同于课程组织：(1) 岗位的重要性不完全等同于课程的重要性，因为工作岗位考虑的是工作体系能否有效运行，而课程考虑的是是否有教育价值；(2) 岗位的任务组织方式不完全等同于课程的任务组织方式，因为前者关注的是岗位之间的分工，而后者必须关注学生的能力发展顺序和教学组织的方便。只有把工作岗位的任务组织规律与学习规律、教学规律结合起来，才可能设计出职业特色明显且能有效促进学生学习的、可实施的职业教育课程体系。

第三节 基于现实主义能力观的职业教育课程内容

知识是能力的细胞。要培养学生现实的职业能力，能否只给学生提供具有普遍性的抽象知识？许多研究说明，抽象知识只是行动能力形成所需要的知识之一，除此以外还需要许多情境性的实践知识。比如，要培养一个学生维修电器的能力，那么学生除了需要掌握电器的原理知识以及一般维修逻辑外，还需要掌握各种各样电器故障的表现形式及维修方法，同时还需要通过维修实践积累进行故障判断的维修经验，后面的知识称为实践知识。对现实的职业能力形成来说，实践知识的价值绝不亚于抽象的知识，甚至更为重要。这就给职业教育课程改革带来了一个非常重要的课题，即基于现实主义能力观的课程内容改革。这一环节的改革难度要大于课程组织模式改革。

一、知识阶层性的解构

课程组织改革是实现课程模式转换的关键环节。我国近20年职业教育课程改革实践说明，如果没有课程组织的根本转换，课程内容是不可能取得根本性突破的。然而课程内容毕竟是学生要学习的实际内容，不触及课程内容的改革是不可能改变课程的实质的。要进行课程内容改革，首先面临的问题是：什么知识更有价值？我们该如何在职业教育课程中评估学科知识和实践知识的价值？不同的知识价值取向将导致完全不同的课程内容重心。

在学科课程占主体的课程模式中，学科知识显然被置于更为重要的地位。其知识价值的评估标准是基础，即越是基础的知识越重要，因而应用知识虽然有很强的实践价值，但其在课程中的价值则是有限的。按照基础性的不同，知识被从基础到应用分割成不同的阶层，基于这一阶层构建课程体系，便形成了所谓的三段式课程。在这一知识论框架中，当实践知识被置于极为次要的地位时，所谓职业能力的培养便只能停留于非常抽象的层面。事实上，知识本无地位高低之分，其在课程中的地位取决于课程目标。要培养现实的职业能力，必须解构知识的阶层性，确立实践知识，尤其是实践知识中非常重要的一个部分——工作诀窍知识——在职业教育课程中的核心地位。

二、工作诀窍知识有效累积机制

（一）工作诀窍知识有效累积机制的缺失

工作诀窍知识是指工作者遭遇工作问题时自我建构的能有效解决该问题的策略知识。工作诀窍知识的形成，可能是创造性应用科学原理的结果，也可能是基于试误的经验总结。但这不是其价值的判断依据，判断依据只在于解决具有普遍性的工作问题的有效性。工作诀窍知识不同于一般的经验知识，它是经验知识中的精华，是在解决关键的工作问题中最为现实而有效的知识。工作诀窍知识尽管是个体自我建构的，但完全可以通过显性化描述，使之成为可普遍学习的知识。

那么我们是否建立了工作诀窍知识的有效累积机制？多年来关于职业教育课程内容改革的主流观点是根据工作任务选择有用、实用、够用的知识。这一观点的前提假设是，我们已拥有了支持任务完成所需要的所有知识，现在要做的只是按照某种原则对知识作出更加合理的选择。然而改革实践显示，我们并不拥有工作任务所需要的全部知识，甚至不拥有其中的大多数知识。知识体系中的内容主要是概念或原理等学科知识，而工作中的方法、程序、标准等知识，尤其是非常有利于工作任务完成的诀窍知识，已用文字形式呈现的很少。结果，改革的实际情况是，人们只是在用任务简单地剪裁原有的学科知识，课程内容改革并无实质性突破。

可见，在已有的知识体系中，学科知识与实际行动之间存在一个巨大的断层。它反映了人类知识开发中的一个重大缺陷，即已形成了学科知识保存与连续构建的机制，而诀窍知识保存与连续构建则由于其形成过程的个体性、非意识性、零散性等特征，目前几乎处于空白状态（除中医等少数领域外），这是人类智慧的巨大浪费。然而诀窍知识的价值并不亚于学科知识，对行动而言其价值甚至高于学科知识。工作领域的诀窍知识以零散的、个体的形式大量存在，如果能有效地把这些知识组织起来，将大大缩短个体职业能力的发展历程。这意味着职业教育课程内容开发，并非简单地按照新的逻辑重新筛选和组织原有学科知识，而是要通过工作诀窍知识的开发，建立职业教育所特有的基于行动的知识体系。

(二) 工作诀窍知识的开发策略

工作诀窍知识的开发需要从三个层面依次进行，即首先寻找到并描述出现实的职业能力，然后依据现实的职业能力确定工作诀窍知识，最后依据工作诀窍知识点归纳和描述出具体的工作诀窍知识。

1. 现实性职业能力的确定

如前所述，通常把工作任务作为知识分析的依据，而事实上这是一个极为错误的观点，真正可作为知识分析依据的是职业能力。工作诀窍知识是在行动中以能力形式体现出来的，这些知识往往是一种默会性存在，个体自身通常也不能对之有清晰意识，职业能力则是表明其存在的重要线索。基于要素范式所获得的职业能力描述，如加工能力、维修能力、读图能力等，是无法为我们找到这类知识提供线索的。只有现实化的职业能力描述，如电子商务专业的一项职业能力——"能通过倾听，分析客户通过电话/网络所反映的最主要的问题，并给出最有效的解答"，才具备这一功能。因此，确定现实性职业能力是获得工作诀窍知识的第一步。

2. 工作诀窍知识点的确定

通过对现实性职业能力的确定，寻找并确定工作诀窍知识点，这是一个非常关键的环节，因为一旦确定了知识点，就可以较为轻松地依据它来描述出有关知识。但这也是非常困难的环节，因为传统的学科课程思维不利于我们寻找到工作诀窍知识点。比如，"能从资料中筛选出用于劳动力需求预测的数据"。我们给学生提供什么样的知识才能培养他们的这一能力呢？传统教学中根本没有这一设计，而是盲目地让学生自己去练习。事实上，每个人在进行数据筛选时，其内心必然是有标准的，这个标准便是数据与研究预期结论的关系模式。我们正是依据不同的相关模式进行数据筛选的。确定工作诀窍知识点的方法是，彻底突破学科知识框架，在最为现实的层面反复思考实现这一行动到底需要什么知识。

3. 工作诀窍知识的描述

即描述出所确定的工作诀窍知识点的具体内容。它可以通过专家型员工的自我反省，对专家型员工的访谈或问卷调查等途径来获得。专家型员工是这类知识的生产者，但只有在课程开发专家的引导下才能有效地"诱导出"这类知识。用于诱导的基本问题是：实现这一行动的某知识的具体内容是什么？尤其要注意描述超越常规的有效策略。教师到企业进行锻炼，也是他们收集工作诀窍知识的重要途径；充分利用这一途径，可大大提高双师型教师的培养效率。

要特别注意的是，无论是现实性职业能力的确定，还是工作诀窍知识点的确定，以及具体内容的描述，都要在课程开发专家的引导下，由专家型员工完成，以获得最为真实的能力和知识描述。

第四节　基于现实主义能力观的职业教育教学模式

要有效地培养学生的职业能力,还必须彻底转变教学模式,即从以知识为中心的教学转向以行动为中心的教学。这一层面改革的难度极大,因为教师的教学观念往往是根深蒂固的。然而这一改革又是大势所趋,这一大势从工业革命以后就已经开始,而我们还在追赶西方的过程中。工业革命给现代教育带来了两个革命性的变化:(1)教育必须培养学生实际的能力,而不是给学生以装饰的符号和身份;(2)教育普及以及由教育普及带来的教学模式的变化,因为过去的教学模式是适合少数精英群体的,而普及教育需要有适应大众群体的教学模式。这种教学模式就是"做中学"。因此,杜威的研究实际上是在探索适合现代社会大众群体的教学模式,他把这种社会称为民主社会,并且认为最适合民主社会的教学模式就是"做中学"。然而,就目前的教学改革实践而言,有必要对"做中学"这一概念的本质作深入探讨。

一、实践的教学价值

课程改革成果的实施最终要落实到教学层面。在这一层面,最为重要的问题不再是实践是否重要,而是该如何进行实践,以及职业教育实践教学的形态是什么。这就涉及一个更为根本的问题,即实践教学的目的是什么。通常把实践教学和学生的"做"仅仅理解为一种使操作技能更加娴熟的途径,这是一个严重的观念误区,它直接影响到对实践教学内涵与形态的把握。形成这一认识的根源还在于把能力从现实情境中剥离出来进行抽象理解的观念。杜威认为:"只有当我们在更大范围的经验情境中意识到它的功能,作为有计划探究的'知道'才能被正确理解。"[1] 同

---

[1] Bernstein R J. Praxis and action: Contemporary philosophies of human activity [M]. Philadelphia: University of Pennsylvania Press, 1971: 203.

样，只有在产生工作成果的组织化情境中，实践教学的价值才能被正确理解。

基于这一观念，我们将获得对实践教学价值丰富得多的理解：（1）以"做"为中心组织课程，是使学生快速进入能力生长，有效培养其现实职业能力的最佳路径。通过纯粹知识的学习，学生虽能快速积累知识，却始终游离于能力发展的路径之外。（2）"做"是学生获得形成职业能力所需要的大量细节知识的唯一有效途径。职业能力构建不仅需要逻辑严密的学科知识，更需要大量零散性的实践知识，获得这些知识唯一有效的途径是现实性行动。（3）"做"给学生提供了直接体验工作价值及知识实践应用的机会，有利于学生更深入地理解任务及知识的含义，并激发知识学习的动机。（4）"做"能有效地促进学生对知识的主动建构，并使理论知识与实践知识、公共知识与个人知识、概念知识与经验知识以"做"为中心，在学生认知结构中形成有机组织，使学生形成灵活适应新情境的能力。（5）"做"的成果即产品，是评价学生能力水平的最为重要和有效的手段。

二、行动的项目形态

相应地，当前急需重新思考职业教育实践教学的内涵及形态。把实践教学等同于技能训练是极其错误的。职业教育的确需要纯粹技能训练的教学，如金融专业的点钞技能训练、电子专业的焊接技能训练等，但实践教学绝不等于技能训练，正如职业教育的目的绝非仅仅是获得职业技能。职业教育的目的是促进学生对工作任务的理解，在对工作成果的把握中获得处理复杂工作情境的职业能力，而技能仅仅是这个情境中的一个要素。对实践教学的偏狭理解，正严重影响职业院校基于完整行动的课程及其支持体系的构建。如实训基地仅仅基于技能训练目的进行建设，而不是基于产生工作成果的整体情境进行构建。生产性实训基地建设思想的提出所针对的应当是这一问题，其本身的问题在于如何体现教学原理。

因此，职业教育的实践教学，应当彻底突破狭隘的技能训练观，在现实的行动中把握其内涵。只有通过现实的行动，才可能培养现实的能力。行动是基于项目而展开的，因此项目行动应当是职业教育实践教学的基本形态。所谓项目，就是一件完整的真实的事情，这件事情可以理解为一件产品的设计与制作、一个故障的排除或一项服务的提供，也就是说，项目必须有明确工作成果的产生。有了项目，实践教学便有了可操作的载体，现实职业能力的培养才有了有力的支点；围绕具体项目逐渐构建知识、训练技能、养成意识，应当成为职业教育的主要教学模式。以往在应用情境教学、任务驱动教学的过程中，人们往往忽视了教学载体设计这一环节的重要性，以致极具价值的教学模式流于形式。

这样，我们就把职业教育的教学重心从普遍知识的掌握下移到具体项目的学习，多样化项目的重要性取代了繁琐理论解释的重要性。这就挑战了传统教学理论的基本假设：（1）普遍能力比具体能力更有价值；（2）具体能力是在掌握普遍能力的基础上通过应用而形成的。这种基于习俗的流行观点毫无事实依据。深刻洞察了能力生长机制的学者所持的观点则是："除非能体现在特定活动中，否则这些普遍能力是毫无意义的。"[1] 人们总是习惯地担心项目教学会制约学生的能力迁移，但事实正如德国学者克劳瑟教授所说："对知识获取的应用研究表明，传统的关于概念、原理、方法和策略等知识的学习，恰恰阻塞了迁移的通道，因为概念或原理的定义以及方法的描述越普适，学习者要在现实中寻求例证，或者在专门的情境和状态下应用原理与方法就越困难。"[2]

三、项目课程的本质

当然，项目课程已是我们非常熟悉的概念，职业教育界对它的热情有增无减。但同时项目课程在实施中也产生了不少问题，对这些问题进行反思和剖析，有助于项目课程改革的深化。这里涉及如何准确理解项目课程的本质这一关键问题。

首先，项目课程是否就是借助典型项目或服务这一载体进行教学的课程模式？与传统课程模式不同，项目课程主张以典型产品或服务为载体进行教学。因为只有

---

[1] Billett S. Vocational curriculum and pedagogy: An activity theory perspective [J]. European Educational Research Journal, 2003, 2 (1).
[2] Klauser F. Deklatives, prozedurales, strategisches Wissen und metakonition als Leitkategorien der Lernfeldgestaltung [M] // Bader R., Sloane P F E. (Hrsg). Lernen in Lernfeld. Eusl-Verlag, Markt Schwaben, 2000: 111-122.

有了这种载体，学习过程才能产生工作成果，有了工作成果，才能真正形成职业能力。任何以知识积累为特征的课程模式，都只是帮助学生获得了形成能力所需要的条件，而没有形成能力本身。但"以典型产品或服务为载体"只是项目课程的表现形式，在理解项目课程的本质时我们更要充分理解作为其理论基础的"做中学"，否则很可能"做"了没有"学"。"做中学"的"做"不仅仅是为了训练学生技能，更是期望通过"做"发展学生具有综合性质的职业能力，包括实际的操作能力、运用资源完成操作任务的能力、对知识的理解与记忆能力、对工作问题的思考能力，以及相关职业素养。这意味着项目课程把"学"与"做"、"理论"与"实践"的关系颠倒了过来。传统教学模式是先让学生进行知识积累，然后期望通过应用所积累的知识形成能力；而"做中学"是让各种学习要素在"做"的过程中发生，"做"成了"学"的手段，而不是"学"的结果。因而项目课程实施的关键是如何运用好"做"这个手段去促使学习发生。如果把项目当成了目的，项目实施过程只是在实施项目，项目完成则学习也就完成了，那么这种项目课程就只是表面化的项目课程，它只会成为传统职业教育课程的一种补充，而不可能成为职业教育课程体系的主体模式。这样的话，职业教育的人才培养模式不会有根本性变化。

其次，是否有了好的项目就有了好的项目课程？项目课程开发中，人们往往非常重视项目的选择。当然，不仅选择什么项目很重要，而且按照什么模式进行项目选择也很重要。比如有的课程可以用一个大项目贯穿教学的整个过程，有的课程则需要一系列构成并列或递进关系的项目才能完成教学任务，有的课程的项目则只能是一个个微小的教学情境。然而，如上所述，项目课程的实质是"做中学"，而"做中学"的关键问题是学了什么。因而项目课程开发中还有比项目选择更为重要的问题，那就是通过工作任务与职业能力的分析，深刻理解要教的内容。如果教师头脑中的知识只是停留于传统的学科知识，那么他就不会深刻认识到项目课程实施的重要意义，即使实施了项目课程，也很难把知识学习与项目实施过程有机地融合起来，他们所实施的项目课程，就很容易成为一种表面化的项目课程，这种项目课程有项目活动的形式，却无项目学习的实质。要深刻理解职业教育的教学内容，必须超越教材上的学科知识，深入挖掘工作知识，并真正理解学科知识在工作情境中的实际意义。项目课程改革的深入，是随着教师知识观的深入而深入的。而促进教师知识观深入的抓手就是工作任务与职业能力分析。通过召集资深的岗位专家系统进行工作任务与职业能力分析，我们可以强烈地感受到实际情境中的知识结构与学科知识结构的重大差异，理解行动对于获得这些知识的重要价值，以及通过行动来获得这些知识的方式，从而深化对项目课程及其实施策略的理解。工作任务与职业能力分析的重要性为一线教师广泛认同，目前存在的突出问题是分析的科学性、规范性及深入程度，以致分析结果还没有在课程建设中发挥实质性作用。

再次，有了项目是否就会产生所需要的教学活动？目前项目教学实施得好的课程通常都是实践性强的课程。项目课程似乎成了实训课程改革的一种形式。这与项目课程的初衷是不一致的。理想中的项目课程应当是基于理论与实践一体化的。这一问题的发生，与其说是由于人们把项目课程误解为主要适用于实训课程的课程模式，不如说是由于教师未能充分开发项目的教学功能所致。选择好了项目，如果不充分挖掘项目的教学功能，那么就不能促使多样化的学习活动发生，以致项目课程仅仅成了训练学生实践能力的一种课程模式。然而依托项目实施过程的教学活动是不会自动发生的，它需要教师主动进行设计。因此，项目课程开发，要在确定项目的基础上深入地进行项目的学与教的活动设计。在进行项目教学设计时，教师要清晰地知道，借助项目实施过程的哪个环节可以进行相关概念与原理的讲解，借助哪个环节可以组织学生进行讨论、深化对知识的内涵及其应用方式的理解，借助哪个环节可以进行相关职业素养的教育等。只有当项目实施过程中产生了丰富的学与教的活动，项目才具备了完整的教学功能，这种教学才是项目教学。

四、项目教学设计策略

项目教学设计要重点把握以下两点策略。

（一）选择项目与任务的对应模式

项目教学设计的目的是把抽象的岗位任务转化为可行动的项目，转化中要注意把握的一个重要问题是项目与任务的对应模式，因为项目与任务并非一一对应关系，而是可以跨任务进行项目教学设计的。具体地说，可以针对任务一一对应地进行项目设计，也可以把多个任务集中到一个项目中，甚至可以用一个项目贯穿全部任务。按照不同的对应模式，便形成了不同的项目设置模式，针对局部任务的项目设置模式为小项目制，针对整体任务的项目设置模式为大项目制。模式选择的基本依据是任务本身是否存在逻辑联系，要尽量把有联系的任务整合到一个项目中。

(二) 以任务书为抓手深入设计项目学习过程

如上所述，项目教学设计有一个误区，即重项目选择，轻项目学习过程设计。然而项目本身并不会产生教学意义，项目的教学价值要充分发挥，关键在于能否围绕项目设计出富有意义的学习过程。事实上，项目教学设计最为复杂、最具创造性的环节不在项目选择，而在项目学习过程设计。这可分三步进行：(1) 确定学习点，即仔细分析项目执行程序，寻找并确定可能产生学习的点及相应学习内容；(2) 设计学习情境，即设计能包含学习内容，达到学习目标的学习情境；(3) 设计任务书，即设计用以引导学生行动，展示工作成果，引发学习情境的表格资料。学习情境应当是过程生成的，能有效生成学习情境的教学手段是任务书，因此任务书是项目教学模式得以固化的重要载体，项目学习过程设计要重视任务书的开发。

本 章 小 结

职业教育课程改革的深入发展需要一个完整的理论框架。对职业能力本质的理解是构建这一理论框架的重要视角之一。职业能力是一种现实的能力，它与以往我们所理解的抽象的能力有本质区别，其间的不同不仅是内容方面的，而且有分析模式方面的。如果我们对职业教育持现实主义的能力观，那么现有的职业教育课程就必须在课程组织模式、课程内容以及教学模式等层面进行根本性改革。在课程组织模式上，必须突破按照静态的知识关系组织课程的传统学科模式，把知识融入行动过程，用行动的逻辑进行课程组织。在课程内容上，则必须给予实践知识的作用以恰当的评估。职业教育课程不仅要围绕行动教给学生理论知识，还要教给学生经过整理的行动本身的实践知识。系统地积累实践知识，甚至是我们社会的知识构建的重要组成部分。在教学模式上，必须确立起以行动为中心的项目教学模式。然而，这些转变对教师的挑战极大，它是目前职业教育课程改革的瓶颈。障碍在于，教师只擅长按照知识的逻辑进行知识教学，按照行动的逻辑进行技能教学，却不善于按照行动的逻辑综合地进行知识与技能的教学。

第三章
职业教育课程改革的知识论基础：
新职业主义时代职业知识的存在范式

课程问题一半是学习论问题，另一半是知识论问题。对职业教育课程问题的理解是伴随着相关知识论研究的深入而深入的。当我们着手该领域的研究时，面临的问题是用什么概念来描述作为职业教育课程内容的知识。可供选择的概念有实践知识、技术知识、工作知识、职业知识等。实践知识有广义与狭义之分，狭义的实践知识仅指伦理学、政治学知识；广义的实践知识指一切实践活动所涉及的原则、方法、工具、诀窍等知识。人们通常取后一含义，但这一含义的外延比我们讨论的概念要宽泛。技术知识包含技术本身给我们的知识与运用技术所需要的知识两部分，技术在生产、管理中的广泛应用，的确使技术知识在职业活动中的含量得以大大提升，但并非所有的职业活动都在运用技术。工作知识仅指工作中的规则、方法、诀窍等知识，其内涵也不足以涵盖我们所要讨论的概念，因为职业活动通常还会涉及理论知识。最为可取的是职业知识，它包含了人们从事职业活动所需要的一切类型的知识，不管这种知识是理论的还是实践的、是技术的还是技艺的。按照广义的知识定义，技能与态度也可纳入其范畴。

第一节　新职业主义与职业知识存在范式的转换

职业教育课程的开发已出现一些矛盾的现象，这些现象警示我们有必要对课程开发中的一些基础性理论问题进行再思考。到目前为止，人们所信奉的职业教育课程开发方法还是根据岗位任务进行课程内容的选择和组织。课程开发的逻辑起点在岗位任务而不是知识，其基本逻辑是先确定要求学生能做什么，再根据要求他们能做的推定要求他们知道的，而不是让他们先知道什么知识，然后通过运用所知道的知识形成实践。但是，运用这一开发方法已遇到一些困惑。人们发现，有些知识虽然不与岗位任务直接相关，但若学生不学习这些知识，必然会影响到他们完成工作任务。能力本位课程思想似乎只适合某些课程内容，对其他课程内容则不适合。我们很难想象一个缺乏基本化学知识的学生可以学好医药类专业，缺乏基本物理知识的学生可以学好机械类专业，缺乏基本地理知识的学生可以学好旅游专业，缺乏基本食物营养知识的学生可以学好烹饪专业。再比如关于项目课程。项目课程是目前职业教育课程改革中非常盛行的一种课程模式，这是因为在课程开发实践中，人们强烈地体验到，对许多职业能力的培养而言，仅仅有工作任务的概念是不够的，还必须引入项目概念。那么其中的原因是什么？为什么有了工作任务还要有项目？项目与工作任务之间是什么关系？项目概念存在的基础是什么？对于这些问题，我们从来没有从知识论的角度作出阐述。

这两个问题表面上看毫不相关，但事实上有着共同的问题根源，那就是新职业主义时代工作任务性质的变化所带来的职业知识性质的变化。我们知道，今天的职业教育已不再是30年前的职业教育，30年前的职业教育基本上有训练主义就可以了，工人只需通过反复训练使技能达到娴熟程度，就足以适应工作要求。因此，那个时代职业教育课程开发的基本思路是对工作任务的穷尽式分解，把工作任务一直分解到可直接操作的工作步骤为止，然后就以工作步骤为课程内容。这一理念充分体现在 MES 课程中。然而，20 世纪 80 年代以来的重大技术革新、生产组织模式变化、对质量精益求精等，使工人的职能呈现出全新概念，职业型人才与专业型人才在工作中的知识含量差距在缩小。在一个车间，工人的重要程度有时并不低于工程师；在一个酒店，前台服务人员同样需要掌握相关知识，以解答客人可能提出的各种各样的问题。联合国教科文组织正在倡导通过高质量的职业教育让学生"体面地就业"，"体面地就业"一词的深刻含义就在于此。

针对这一变化，西方国家自 20 世纪 80 年代以来，就一直在以新职业主义为核心理念对职业教育模式进行根本性改革，把培养从事单一的、刚性的和细琐任务的工人这一泰勒主义（Taylorism）和福特主义（Fordism）的教育模式，转变为培养高技能的、弹性的、富有合作精神的工人这一全新的职业教育体系，其中产生了许多我们耳熟能详的新概念，如生涯与技术教育、新学徒制、核心技能、就业适应等。这些概念的直接含义是对知识尤其是理论知识的强调。然而要将它们落实到课程开发层面，仅仅停留于此是远远不够的。我们必须深入研究清楚：新的工作形式为什么会对知识提出更高要求；其需要增加的是什么类型的知识；所增加的知识和专业人才需要的知识是否有区别；这些知识应该以什么方式去增加。面对这些变化，我们需要为今天的职业教育建构一个新的知识论框架。

那么，如何去探明今天的职业知识的性质？假想式、概念式的讨论对于把握职业知识的真实状态无多裨益。我们需要一些实证研究，即先要客观地描述职业知识的存在范式，看看在哪里能够找到职业知识，找到哪些职业知识，这些知识是以什么方式存在的。然后从职业知识存在范式的角度对其性质进行归纳。由岗位专家完成的大量工作任务与职业能力分析材料积累起来，为客观描述当前职业知识的存在范式提供了丰富的资料条件。由于这些分析材料是按照知识使用的方式，由岗位专家根据对他们工作过程的回忆客观地进行描述的，因而这些材料对职业知识的描述方式便是职业知识的存在范式。

第二节 传统职业知识的存在范式

新职业主义是相对于传统职业教育而言的，新职业主义时代职业知识的存在范式是在传统职业知识存在范式的基础上拓展而来的，要理解新职业主义下职业知识的存在范式，需要从传统职业知识存在范式的分析入手。而对传统职业教育课程开发原理与专业教育（指培养医生、教师、工程师、律师等专业人才的教育）课程开发原理进行比较，是获得这一问题答案的重要路径。

如上所述，职业教育课程开发最为基本的原理是根据职业岗位的工作任务选择和组织课程内容，这是与专业教育完全不同的课程开发原理。它包含两个基本观点：(1)职业教育课程先要学习的内容是工作任务，而专业教育课程先要学习的内容是知识。当然，职业教育课程内容也包括知识，但其首要内容是工作任务，因为其目的是训练学生胜任工作岗位的能力。职业教育课程的任务必须系统，知识则不必系统。专业教育课程内容当然也会包括任务，但这种任务只被视为巩固或检验知识学习效果的方法，因为其目的是要让学生掌握能适应各种工作情境的高度概括化的知识。专业教育课程的知识必须是系统的，任务则不必系统。(2)职业教育课程中的知识是以与任务相关的方式进行选择和组织的，而不是按照自身的逻辑关系组织的，它们附属于工作任务，其学习也是伴随任务学习而进行的。事实上在传统职业教育课程中，基本上不存在关于某个事物的完整知识，而只有关于做某件事情的完整知识。在专业教育课程中，知识与任务的关系则没有明确限定，知识是按照其自身的逻辑关系组织在一起的，当在实践中需要运用知识时，往往需要同时运用多项知识去解决问题。

为什么职业教育课程需要以工作任务为首要学习内容，并且可以在工作任务与知识之间建立明确联系？这种联系不是课程开发者人为添加的，而是因为在职业活动中，知识与工作任务之间本身就存在明确联系：(1)职业活动中的工作任务是相对确定的。比如一位产品质量检验员，他每天要进行的检验项目、检验过程中可能出现的问题都有高度重复性。相比较而言，一位工艺开发工程师，其工作任务的不确定性就大多了，尽管其工作的环节可能基本不变，但面对不同产品，其工作结果是完全不同的。（2）工作任务的确定性程度决定了其所需知识的确定性程度。在职业活动中，由于任务基本是确定的，因而其所需的知识也就可以确定，即从业者可以明确地知道完成什么工作任务时需要运用什么知识，而只要恰当地运用了这些知识，工作任务就可以顺利完成。比如产品质检员，我们完全可以根据他所从事的工作，确定其所要知道的关于检验程序、工具使用方法、检验所依据的标准的知识。工艺开发工程师则由于其所要从事的具体任务很难确定，因而保证他具备从事该岗位工作所需能力的有效方法是给他系统而广泛的专业知识，尤其是专业基础理论知识。

观察一些由岗位专家完成的工作任务与职业能力分析材料可以明显地看到这一关系。表3-1、表3-2、表3-3选取了三个岗位的部分工作任务与职业能力。表3-1是一个装配工的部分工作任务与职业能力，表3-2是一个维修技术员的部分工作任务与职业能力，表3-3是一个现场工程师的部分工作任务与职业能力。按照严格的职业活动与专业活动的区别，装配工的活动属于职业活动，现场工程师的活动属于专业活动，维修技术员的活动性质应该介于两者之间。当我们要求维修技术员完成复杂的维修项目时，他的活动性质就成了专业活动，而如果只要求他完成常见的故障维修，则他的活动性质就属于职业活动。从这三个岗位的职业能力表述方式，可以清晰地看到其知识与工作任务之间联系的确定性程度的差异。比如产品装配工职业能力的每条表述内容都很明确，我们可以通过这些表述清晰地知道其知识的具体内容。维修技术员职业能力的多数条目的内容很明确，但也有些条目的内容很不明确，如"能快速分析和确定产品或半成品的故障原因，对故障产品作出维修方案判断"，若进一步分析这条职业能力所包含的知识，其内容是非常丰富的。现场工程师的职业能力表述则是另一个完全不同的特点，其职业能力表述条目不多，内容却极为丰富，比如"能应用各种控制理论"，根据这条职业能力的要求基本上可设置一门课程。

表3-1 光电子技术（LED）产品装配工工作任务与职业能力（生产线装配部分）

工作领域	工作任务	职 业 能 力
生产线装配	1-1 投料	● 能熟练识别物料编码。 ● 能识记各器件的品质要求，正确投放物料。 ● 能掌握投料节奏，使生产效率最高。
	1-2 部件检验	● 能正确识记本部件的品质要求。 ● 能正确运用相关工器具及设备进行检测并判断部件品质。 ● 能将品质状况正确反馈给相关人员，使其提高装配品质。
	1-3 部件装配	● 能根据 IPC-610 及作业指导书规定，正确完成装配。 ● 能正确运用相关工器具及设备进行操作。 ● 能正确掌握本工序的核心内容，快速完成装配。
	1-4 产品总装	● 能识记各部件的品质要求，选择合格品进行装配。 ● 能根据产品总装的作业指导书装配出完整的产品，使其效率最高。 ● 能自查装配好的产品，保证产品的一次通过率。
	1-5 成品检验	● 能正确识记本产品的品质要求。 ● 能正确运用相关工器具及设备进行检测并判断产品品质。 ● 能将产品品质状况正确反馈给相关人员，使其提高装配品质。

表3-2 光电子技术（LED）维修技术员工作任务与职业能力（产品维修部分）

工作领域	工作任务	职 业 能 力
产品维修	1-1 生产线维修	● 能独立完成成品、半成品的组装和调试，清楚产品或半成品的工艺细节。 ● 能快速分析和确定产品或半成品的故障原因，对故障产品作出维修方案判断。 ● 能操作产品或半成品维修的所有工具，使得维修完成的故障产品品质达标。 ● 能独立完成各种封装 IC 及大型 IC 的拆、装焊接。 ● 能填写维修报表。

续　表

工作领域	工作任务	职业能力
产品维修	1-2 工程现场维修	● 能利用现场条件独立完成成品的组装和调试，快速进行维修。 ● 能独立完成供电系统、控制系统及部分钢结构等的问题判定，并形成维修建议方案。 ● 能有效地与客户进行沟通，获得产品的真实运行状况，获得客户的支持。 ● 能独立完成简单的通用零件市场采购。 ● 能填写现场维修报表。
	1-3 工位维修	● 能独立操作本工序段内所有工位，清楚半成品的工艺细节。 ● 能快速分析和确定半成品的故障原因并快速处理。 ● 能熟练操作本工序段内维修的所有工具。 ● 能填写维修记录。

表3-3　电气工程及其自动化现场工程师工作任务与职业能力（集成系统实施部分）

工作领域	工作任务	职业能力
集成系统实施	1-1 集成方法研究	● 能应用各种控制理论。 ● 能识记常用的集成产品。
	1-2 集成方案细化	● 能识记各种电气控制信号的类别、采集、控制、通讯的原理和方法。 ● 能理解各种电气控制原理图。 ● 能利用各种制图工具（如AutoCAD、Visio等）绘制原理图、流程图。
	1-3 硬件平台搭建	● 能识记常用硬件设备的特点。 ● 能设计系统原理图、布置图、接线图。 ● 能识记并理解基本机械结构知识（设计控制柜、设备支架等）。
	1-4 软件程序编制	● 能识记并理解软件设计基本知识（方法、结构）。 ● 能运用多种软件的编写方法（VC、VB、图控软件、PLC、单片机等）。
	1-5 现场系统调试	● 能识记基本的接线知识、信号测量技术。 ● 能进行初步问题分析与技术总结。
	1-6 项目资料整理	● 能按ISO及项目特点总结实施各阶段的技术资料（分析、设计、实施、总结）。

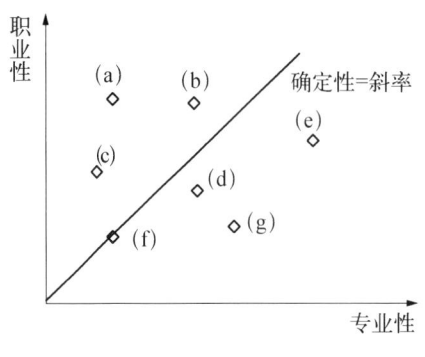

图3-1 工作任务性质的关系函数

这样，我们基本上可以认定，工作任务与职业知识关系的确定性联系是传统职业知识的基本存在范式，而这也是职业活动与专业活动中知识性质的本质区别，这种区别决定了职业教育课程开发原理与专业课程开发原理的本质区别。工作任务与职业知识关系的确定性随着工作任务的职业性特征的增强而提升，随着工作任务的专业性特征的增强而降低。确定性可看作图3-1中通过某一工作任务所在位置点与原点之间的直线的斜率。这一直线的斜率越大，说明其工作任务的职业性特征越高，专业性特征则越低，因此这种工作任务应该归入职业性任务；直线的斜率越小，说明其工作任务的专业性特征越高，职业性特征则越低，因此这种工作任务应该归入专业性任务。并不存在完全职业性的工作任务和完全专业性的工作任务，工作任务的确定性程度的变化是一个连续过程。

知识与工作任务关系的确定性，基本上是区分职业活动与专业活动中知识性质的唯一维度，其他维度均难以成立。比如综合性，这是人们容易认可的维度，因为专业活动中的知识运用方式基本上都是综合的，比如工艺开发工程师在进行产品生产工艺开发时，需要综合大量关于产品设计原理、产品生产程序、产品检验标准与方法、产品故障分析与处理的知识。而职业活动中许多工作任务在运用知识时的确是比较单一的，比如质量检验工作可能只需要运用到关于质量检验的方法与标准的知识。然而我们会发现职业活动中也有许多工作任务需要高度综合地运用知识，比如数控零件加工，每一个哪怕是最简单的零件的加工，都会涉及图纸、工艺、编程、机床操作、机床保养、质量检验、安全与规范等多方面知识。在职业活动中还可以找到大量类似例子。这充分说明综合性不能作为区分职业活动与专业活动中知识性质的维度。但综合性应该是区分职业教育内不同职业活动之间知识性质的重要维度，而这种区分会导致不同专业课程设置思路之间的区别。

再比如对理论知识的依赖。通常我们会把对理论知识要求的差别作为区分职业教育与专业教育的重要维度。直觉的确告诉我们，专业性人才需要比职业性人才掌握更多的理论知识。毫无疑问，一位建筑工程师比一位建筑工人需要掌握的建筑理论知识要多得多，一位医生比一位护士需要掌握的人体解剖知识、病理学知识也要多得多。但是专业性工作对理论知识的高要求，是由知识与工作任务关系的不确定引起的。正是由于难以在知识与工作任务之间建立清晰的联系，因此往往只有让学生掌握抽象的、普适性的知识，以解决这一问题。从因素分析理论看，可以把专业性工作对理论知识的高要求这一特征归入确定性这一关键维度。

第三节 新职业主义下工作任务确定性状态的销蚀

以上分析得出结论，传统职业活动中职业知识的基本特征是它与工作任务的关系存在确定性，这种职业情境中的职业知识是以附属于工作任务的形式而存在的。然而以上分析所选取的"生产线装配"这一职业活动的例子，在当前的职业情境中已经不多见了。如果我们深入分析一些职业的工作任务与职业能力的特征，就会发现人类的职业活动的性质正在发生根本性变化，职业活动中的工作任务越来越具有不确定性，且这种不确定性已使得职业活动与专业活动之间的界限逐渐变得模糊。即使是电子产品在线装配这样的工作任务，如果细看其职业能力，也会发现它包含了专业成分，比如，要求从业者能判断部件或成品的品质。

表3-4至表3-7选取了职业教育中四个较有代表性的专业的工作任务为分析对象。为了使得分析结果具有更高信度，选取的这四个专业都是中职教育的专业，如果我们能得出结论：中职教育中大多数专业的工作任务已不具有确定性，那么无疑这一结论一定会适用于高职教育。表3-4代表的是传统服务类专业的工作任务，表3-5代表的是传统工业类专业的工作任务，表3-6代表的是现代服务类专业的工作任务，表3-7代表的则是创意类专业的工作任务。表3-4中的工作任务除某些环节需要在判断、分析的基础上进行行动外，大多数工作任务的步骤基本上是确定的。表3-5中的工作任务也是一样，除图纸识读、产品检验等少数环节的工作任务需要判断、分析等技能外，大多数工作任务的步骤应该是确定的，这种工作任务对从业者的要求只

是如何把每个步骤操作准确。针对这些工作任务的教育就是传统的职业教育。这些工作任务的名称便给我们非常直观地呈现了传统职业教育的形象。

然而，观察表3-6中的工作任务不难看出，除了制单等少数工作任务存在确定的步骤外，绝大多数的工作任务都需要灵活地运用知识对工作任务进行分析、判断，然后做出行动。对表3-7中的工作任务来说这一特点就体现得更为明显了，其中许多工作任务的完成不仅需要灵活运用知识，还要求创造性地完成工作任务。比如"场景透视图设定"，虽然我们可以用语言描述出这一工作任务，但其工作内容其实是极具不确定性的。在机电类专业中，比如机电一体化、数控技术应用、模具设计与制造等专业，其工作任务同样具有这些特征。搜索一下职业院校的专业设置，分析这些专业的工作任务描述会发现，内容为确定性任务的专业已不多见，大多数专业的工作任务已具有明显的不确定性。且不说动漫设计、装潢美术设计等创意类专业，以及汽车运用与维修、生物制药技术、化学工艺等高技术应用专业，即便一些传统专业，也由于技术的改进而大大增加了工作任务的不确定性，比如建筑类专业。

表3-4　酒店服务与管理专业主要的工作任务

工作领域	工 作 任 务	工作领域	工 作 任 务
1. 前厅服务	1-1 礼宾服务	3. 中餐服务	3-4 休息区服务
	1-2 客房预订服务		3-5 茶水服务
	1-3 前台服务		3-6 点菜
	1-4 宾客关系服务		3-7 小毛巾服务
	1-5 总机服务		3-8 上菜、分菜服务
	1-6 行政楼层服务		3-9 撤换骨碟服务
	1-7 商务中心服务		3-10 酒水服务
2. 客房服务	2-1 楼层服务		3-11 甜品、水果服务
	2-2 房务中心服务		3-12 食物打包服务
	2-3 洗衣房服务		3-13 结账服务
	2-4 公共区域服务		3-14 送客服务
3. 中餐服务	3-1 餐具、杯具擦洗		3-15 收餐服务
	3-2 摆台	4. 西餐服务	4-1 餐具擦洗
	3-3 餐巾折花		4-2 落台清理

续　表

工作领域	工作任务	工作领域	工作任务
4. 西餐服务	4-3 摆台	6. 会议服务	6-2 会议台型布置
	4-4 西餐菜品介绍		6-3 会议台面布置
	4-5 西餐用餐服务		6-4 会议演讲台、白板纸、白板布置
	4-6 西餐酒水服务		6-5 话筒、投影仪等会议设施布置
	4-7 早餐服务		
	4-8 自助餐服务		6-6 会场植物、鲜花布置
5. 宴会服务	5-1 餐具擦洗		6-7 会场灯光、空调等检查
	5-2 摆台、布置餐台		6-8 会议过程中服务
	5-3 桌椅布置		6-9 会议结束后清理会场
	5-4 套椅套、椅结	7. 酒吧服务	7-1 备货
	5-5 布置工作台		7-2 酒吧清洁整理
	5-6 酒水服务		7-3 开档前准备
	5-7 上菜服务		7-4 摆台
	5-8 撤换骨碟		7-5 酒水服务
	5-9 收餐		7-6 杯具清洗
	5-10 清理台面及工作台		
6. 会议服务	6-1 桌椅布置		

表 3-5　机械制造专业主要的工作任务

工作领域	工作任务	工作领域	工作任务
A. 工艺文件识读	A-1 工艺流程图识读	B. 图纸识读	B-1 图纸编号及产品名称识读
	A-2 作业顺序书识读		B-2 金属材料分析
	A-3 作业指导书识读		B-3 图纸比例识读
	A-4 作业要领书识读		B-4 几何形状识读（视图、剖视、剖面等）
	A-5 工艺关键参数校对		
	A-6 生产自主检查表确认		B-5 尺寸分析

47

续 表

工作领域	工作任务	工作领域	工作任务
B. 图纸识读	B-6 表面粗糙度识读	E. 磨削	E-1 平面磨削
	B-7 形位公差识读		E-2 外圆磨削
	B-8 其余技术要求识读		E-3 内孔磨削
C. 车削	C-1 异形件加工		E-4 无心磨削
	C-2 细长轴车削	F. 镗削	F-1 组合镗削
	C-3 薄类零件车削		F-2 浮动镗削
	C-4 仿形车削		F-3 箱体类镗削
	C-5 黑色金属车削	G. 钳工	G-1 装配钳工
	C-6 有色金属车削		G-2 工具钳工
	C-7 螺纹车削（蜗杆车削）		G-3 机修钳工
	C-8 车偏心	H. 安全防护	H-1 电的安全防护
	C-9 车锥度		H-2 火的安全防护
	C-10 硬车		H-3 化学品的安全防护
D. 铣削	D-1 顺铣		H-4 机械设备安全操作
	D-2 逆铣		H-5 安全防护用具使用
	D-3 面铣	I. 设备工装维护保养	I-1 规范操作设备工装
	D-4 铣槽（型腔、键槽、铣台阶）		I-2 点检设备工装
			I-3 清洁设备工装
	D-5 铣花键轴		I-4 润滑设备工装
	D-6 黑色金属、有色金属铣削	J. 产品检验	J-1 产品外观检验
			J-2 产品尺寸检验
	D-7 硬铣		J-3 产品粗糙度检验
	D-8 组合铣		J-4 产品形位公差检验

表 3-6 国际贸易专业主要的工作任务

工作领域	工 作 任 务	工作领域	工 作 任 务
A. 排单	A-1 转换客户合同	F. 报关报检	F-2 商品编码核实
	A-2 寻找货源		F-3 报关单证制作、审核
	A-3 产品采购询价		F-4 进料、来料加工手册办理
	A-4 签订采购合同		
B. 生产进程监督	B-1 审核工厂的生产时间安排表		F-5 报关、报检的年审
		G. 国内储运安排	G-1 货物仓储
	B-2 生产过程跟踪		G-2 运输转换监督
	B-3 出货日期监督		G-3 国内运输
C. 品质管理	C-1 初期原辅材料检验	H. 货运单据制作	H-1 托运单制作
	C-2 中期半成品检验		H-2 报关单证制作
	C-3 后期成品、包装检验		H-3 运输单据制作
	C-4 专业机构检验		H-4 账单制作
D. 出货	D-1 通知订舱	I. 审证	I-1 审核信用证
	D-2 安排进仓		I-2 修改信用证
	D-3 确认进仓	J. 制单	J-1 制作出运单据
E. 订舱安排	E-1 和客户落实出运内容		J-2 制作结汇单据
	E-2 核实各项成本和卖价	K. 单据归档	K-1 出运单据归档
	E-3 选择运输公司、订立出运合同		K-2 结汇单据归档
		L. 贸易关系建立	L-1 市场分析
	E-4 确认国外合作伙伴		L-2 参加展会
F. 报关报检	F-1 商品检验检疫		

表 3-7 动漫设计专业主要的工作任务

工作领域	工 作 任 务	工作领域	工 作 任 务
1. 美术设计	1-1 场景透视图设定	1. 美术设计	1-3 人物转面图设定
	1-2 场景平面图设定		1-4 人物性格设定

续　表

工作领域	工作任务	工作领域	工作任务
1. 美术设计	1-5 道具设定	8. 三维贴图	8-1 道具贴图
	1-6 色彩设定		8-2 场景贴图
2. 二维人物设计制作	2-1 人物造型制作		8-3 人物贴图
	2-2 人物结构制作	9. 角色绑定	9-1 生物绑定
	2-3 人物16视转面制作		9-2 道具绑定
	2-4 人物色彩搭配制作		9-3 特效绑定
	2-5 人物性格制作	10. 三维动画制作	10-1 动作模型测试
	2-6 人物表情制作		10-2 肢体动画制作
3. 二维场景设计制作	3-1 场景色彩制作		10-3 表情动画制作
	3-2 场景角度制作		10-4 动作过渡调整
	3-3 道具设定		10-5 配件与布料添加
	3-4 线稿上色、调整	11. 灯光渲染	11-1 场景灯光渲染
4. 二维原画设计	4-1 分镜动作表演		11-2 人物灯光渲染
	4-2 关键动作、表情设计	12. 后期特效制作	12-1 人物动作特效制作
	4-3 角色运动节奏把握		12-2 场景环境特效制作
	4-4 轨目编写		12-3 风格校色
5. 二维动画制作	5-1 线稿绘制		12-4 人物动作场景合成
	5-2 表情动画制作	13. 三维后期合成	13-1 合成序列
	5-3 中间帧制作		13-2 色彩调试
6. 三维人物建模	6-1 生物建模		13-3 音效合成
	6-2 服饰建模		13-4 渲染输出
	6-3 道具建模	14. 影片剪辑制作	14-1 镜头整合
7. 三维场景建模	7-1 道具建模		14-2 音效添加
	7-2 场景建模		14-3 字幕添加

工作任务的不确定性首先表现为工作结果的不确定性，即工作任务的名称表述虽然相同，但其工作结果可能不同，甚至每次的工作结果都不一样。创意类专业的

工作任务基本上都具有这一特征,比如上面所举的动漫设计专业,在每条工作任务下,由于动漫设计的主题不同,其工作结果是完全不同的,甚至同一主题由不同从业者来设计,其工作结果也完全不同。其他许多专业中的工作任务,如国际贸易中的"排单""订舱安排",机械制造专业的"图纸识读",也都属于这一性质的工作任务。"排单"这一工作任务,其工作结果会因产品内容与当时情境的货源情况差异而完全不同。"图纸识读"同样如此,不同的加工零件有不同的图纸,不同图纸的识读结果自然就完全不一样了。工作结果不确定,必然需要工作方法不确定,存在两种情况:(1)需要根据工作情境判断工作方法的恰当性并进行选择;(2)需要根据工作情境判断如何具体运用某种工作方法。比如在与客户谈判时,我们会遇到需要根据客户特点选用谈判技巧的情况,也会遇到需要根据谈判情境具体运用谈判技巧的情况。后者的创造性要大于前者。

工作结果与工作方法存在不确定性,且这种不确定性达到相当程度后,就使许多职业性工作任务具有专业性成分,从而使职业性工作任务与专业性工作任务呈现交叉融合状态,见图3-2。但一般来说,在职业性工作任务中,工作方法本身是确定的,不确定性主要体现在对工作方法的选用和对运用技巧的设计上。当某个工作任务需要对工作方法本身进行设计时,它便具有完全专业性了。我们之所以把医生、工程师、教师、律师等工作看作是专业性工作,那就是因为其中许多工作任务的完成,需要从业者根据原则、原理灵活地设计工作方法。因此,专业教育的核心内容是工作原理与原则,而职业教育的核心内容是工作方法。

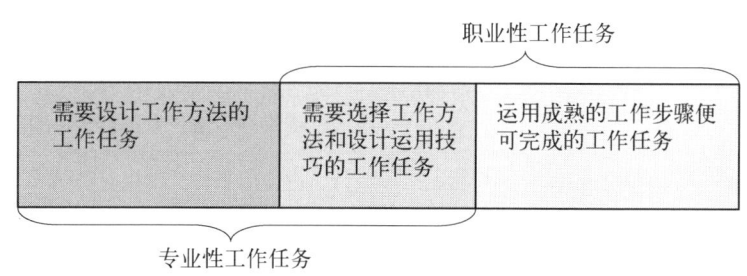

图3-2 职业性工作任务与专业性工作任务在当代的交叉融合

工作任务的不确定性,通常要求从业者掌握与该工作任务相关的更为广泛的知识,而通过对工作任务相关知识的描述也可反过来进一步看出工作任务所具有的不确定性特征。我们在引导岗位专家分析工作任务时，会进一步引导他们描述个体胜任每条工作任务所需要的职业能力。限于篇幅，这里不呈现所有工作任务的职业能力，而只是随机选取了四条具有典型意义的工作任务（见表3-8）。"安排进仓"是一项确定性较高的工作任务，我们可以清楚地看到其职业能力描述是较为明确和清晰的，后面三项则属于不确定性较高的工作任务，岗位专家在描述这些工作任务的职业能力时，不约而同地采用了"各国""各种""各类"等范围极广的限定词汇，这使得在要求学生获得完成这些工作任务所需要的职业能力时，应给他们提供较为广泛的知识。

表3-8 确定性水平不同的工作任务中职业能力描述的差异

工 作 任 务	职 业 能 力
安排进仓（国际贸易专业）	● 能确定进仓时间。 ● 能核定进仓数据。 ● 能合理安排进港时间。 ● 能计算装箱数量并合理制定装箱图。
市场分析（国际贸易专业）	● 能描述各国的风俗习惯、消费能力以及大概的市场规模。 ● 能通过各种途径获取目标市场对本公司经营产品的要求及标准。 ● 能通过各种信息分析本公司产品对目标市场的适应性。 ● 能获取信息分析同类产品的竞争状况，从而制定适合本公司的营销方式。 ● 能够制订出营销的目标。
场景透视图设定（动漫设计专业）	● 能理解各种透视原理，准确绘制场景效果图，要求场景透视、结构、比例符合逻辑，人物与场景的比例合理。
行车设备的监护与操作（城市轨道交通运营管理专业）	● 能识记各类行车设备的名称、位置、功能及操作方法。 ● 能够对各类行车设备的故障现象做出准确描述，对影响作出判断，并报修及处置。 ● 理解信号系统功能，能熟练操作工作台（ATS、6502、PMI、MMI等）。

进一步的问题是：这种知识的性质是什么？是经验知识还是理论知识？工作任务具有不确定性，并不一定说明该工作任务的完成需要更多的理论知识做支持。依

托经验完成的工作任务同样会具有不确定性，甚至是很高的不确定性。比如，中医就是一个很典型的例子。

第四节　工作任务不确定性中的增量知识

工作任务不确定性对知识要求的扩充体现在三个方向上，即水平方向、纵向往上和纵向往下（见图3-3）。自然，这三个方向的扩充性质是不一样的。

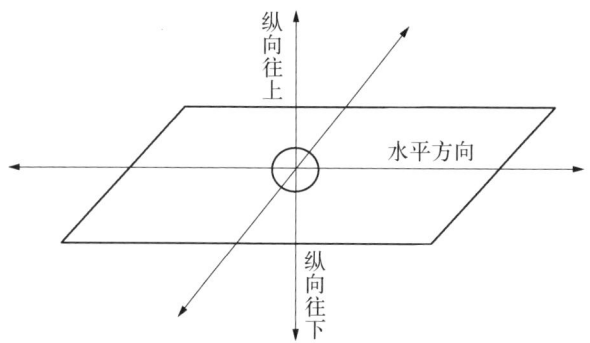

图3-3　工作任务不确定性条件下知识增量的形成方向

一、水平方向的知识增量

工作任务的不确定性对知识增量的要求，首先会在横向上表现为对广泛的事实性知识的要求。比如表3-8中工作任务"市场分析"的职业能力描述："能描述各国的风俗习惯、消费能力以及大概的市场规模"，工作任务"行车设备的监护与操作"的职业能力描述："能识记各类行车设备的名称、位置、功能及操作方法"。表3-8中其他几条职业能力的描述也具有这一特征，这里不一一列举。在我们所积累的工作任务与职业能力分析资料中，这种特征的职业能力描述非常普遍。再比如中职教育汽车运用与维修专业的工作任务中的一些职业能力描述："能准确掌握各车型适合的油品及用量、更换周期","能安装调试各种汽车资料数据及配件软件,能快速准确找到急需的元器件参数标准值、零件互换查询,及时解决问题,并能及时升级更新这些软件"。在护理、机电一体化等专业性更强的专业中,这种描述应该更为普遍。

水平方向职业知识增量的形成,主要源于现代职业活动的复杂性和工作范围的宽泛性,而知识在水平方向形成增量,必然会提升工作任务与职业知识关系的不确定性程度,因为从业者在完成工作任务时,需要根据具体的职业情境选择相关知识。除了流水线生产方式上的工作任务外,如果对我们周围的职业稍微进行些观察,不难发现那种工作任务具有高度重复性的职业已经不多了。人类职业活动范围的扩大与内涵的加深,使工作的性质已经且仍然在发生根本性变化。现代的大多数职业,即使是操作技能成分比较多的职业,从业者的工作范围也都比较广泛,在同一工作任务名称下,要求他们能够应对各种不同的具体情境。这就必然会使职业知识形成水平方向的增量。

职业知识水平增量无论规模多大,这些知识都是和具体工作任务相关的,其不确定性不是体现在某个知识与工作任务的联系中,而是体现在工作任务下的工作情境与职业知识的关系中。

二、纵向往上的知识增量

我们在进行工作任务与职业能力分析时,还注意到一个现象,即工作任务的职业能力描述中,往往都有对原理性知识要求的描述条目。比如表3-8中的工作任务"场景透视图设定",其职业能力包含"能理解各种透视原理"。此外的例子还有,工作任务"网络系统配置与规划"需要"掌握以太网交换机原理及配置";工作任务"表面粗糙度测量"需要"了解粗糙度测量仪的工作原理,会根据其测量结果判断零件加工粗糙度";工作任务"周期性价格调整"需要"熟悉行业周期市场,了解影响价格波动因素"。事实上,在目前人类的职业活动中,如果要把工作任务真正完成好,大多数情况下都会要求学习相关原理性知识。

以上的原理性知识是和特定工作任务相关的,在工作任务与职业能力分析中,有些职业知识是所有工作任务均需要的，没法把它归入哪项工作任务。这些职业知识包括两类：一类是职业素养知识，以及和工具、仪器、材料相关的知识；一类则是原理性知识。前一类知识的存在是职业教育课程开发中的正常现象，这种知识通常称为"核心知识"，在职业能力标准呈现时它们是单列的。后一类知识则是职业教育课程开发中的新现象，这些知识是作为所有工作任务的基础知识而存在的。

这两类知识都是职业知识在"纵向往上"的方向上增长的结果。职业知识在这个方向的增长是技术应用的结果。技术对于我们这个时代的生产、服务来说其意义已毋庸赘述。除一些传统工艺外，现代的大多数生产活动都应用了相关技术。使用这些技术的从业者当然最好掌握相关技术的原理性知识。尤其是当具体的职业情境可能多样化时，从业者掌握相关理论知识就会显得非常必要。服务活动虽然往往没有明显地运用某种技术，但人们对服务活动的理论认识也有了很大提升，这也会提升从业者对理论知识的要求。

三、纵向往下的知识增量

当职业知识往水平方向、纵向往上等方向扩充时，必然带来对经验知识的更多的要求，也就造成职业知识纵向往下的扩充。因为职业教育的目标是培养能完成实际任务的职业型人才，其所要训练的职业能力是非常现实而具体的，当职业知识与工作任务的关系越有弹性，就越需要经验知识以填补这些知识与工作任务之间的缝隙。

传统职业知识不仅结构比较简单，与工作任务之间的关系非常明确，而且这些知识往往是比较标准化的，即无论什么时候、什么地点、什么对象，只要是相同的工作任务，这些知识都是适用的。凡是在以标准化为基本工作方式的职业场景中，其职业知识都具有这一性质。然而在新职业主义的职业场景中，这种情况发生了很大变化。无论是知识增量发生在水平方向还是纵向往上方向，这些职业知识与工作任务的关系都变得不再那么明确和固定，工作任务越是不确定，越需要从业者具备更多的经验知识。当然这种经验知识主要是与具体情境相关的经验知识，这是其不同于专业人才的经验知识的重要之处。专业人才的经验知识往往是针对普遍情境的经验知识，因为他们的工作任务是要能解决普遍性问题。

在大多数专业的工作任务与职业能力分析材料中，都能看到对特定情境的知识要求的表述。比如工作任务"服装陈列"的职业能力"能根据服装的不同系列、主题、色彩进行不同区域内的陈列"，"能根据当季流行、主推新品等对橱窗陈列进行及时调整"；工作任务"船舶操纵"的职业能力"能够掌握本船操纵性能（旋回圈、冲程等），完成船舶掉头等操纵作业"；工作任务"图纸识读"的职业能力"能确定图纸对加工精度、位置度、尺寸公差、粗糙度、预留余量等的要求"等。这些职业能力似乎没有明确指出对特定情境的知识的要求，但其陈述已明确表达了这一含义。比如服装陈列，如果不获得关于服装的具体系列、主题、色彩的知识，便不可能进行不同区域的陈列；如果不能准确把握当季的流行款式与新品，也不会具备对橱窗陈列及时进行调整的能力。然而服装的主题、流行款式都是不断变化的，因而其知识具有极强的情境性。

本 章 小 结

对于职业教育的人才培养定位，我们依旧在借助传统的人才类型理论。人才类型理论是在企业科层制管理模式下产生的，然而，后工业时代，企业的技术状况与生产组织模式发生了根本性变化，总体趋势是技术渗透到了各个角落，几乎所有工作都越来越具有技术的性质，小批量、柔性化生产正在逐步取代流水线的大批量、标准化生产。这些变化必然使人才结构产生质的变化。国际社会把现时代的职业教育称为新职业主义。通过对近百个职业教育专业所面向岗位的工作任务与职业能力的分析发现，职业知识的存在范式在新职业主义时代发生了根本变化，即职业知识与工作任务之间的确定性联系正逐渐销蚀，职业活动与专业活动的边界在逐渐变得模糊，职业活动越来越具备专业性质。这一基本结论对于工作任务与职业能力分析方法的改进以及职业教育课程开发与教学设计思路的调整都有重要启示，进一步的研究要重点关注这一结论在职业教育课程与教学领域的运用。比如 MES 课程所采用的对工作任务进行穷尽式分析的思路看来已不再合适,英国提出的功能分析法可能更适合现时代。在职业能力分析中,需要充分关注新职业主义时代职业知识扩充的几个重要方面,以获得对职业能力的完整分析。在课程开发与教学设计中,仅仅有工作任务的概念是远远不够的,项目与情境已成为其中不可或缺的概念。

第四章
职业教育课程改革的方法论基础：有效的工作任务分析

工作任务分析是职业教育课程开发的基本技术，这已是职业教育领域的共识。虽然职业教育课程内容不是全部来自工作任务分析的结果，但至少其主要内容的确定应当以这一结果为依据，这是由职业教育的性质决定的。然而工作任务分析是一项有一定复杂性的技术，如果未能很好地理解其中的一些重要原理，并在课程开发中合理运用其结果，就很可能达不到预期效果，不能为原有课程产生增量，甚至可能陷入迷惘，使得课程设计思路愈加混乱。工作任务分析的有效性意味着并非所有工作任务分析都有助于职业教育课程开发，只有符合课程开发需要的、高质量的工作任务分析，才能有助于职业教育课程开发。关于工作任务分析的基本概念和方法，笔者在《职业教育项目课程：原理与开发》一书中已有详细阐述，这里拟从如何提高职业教育课程开发实效性的角度，探讨目前工作任务分析中遇到的一些重要问题。

第一节　职业岗位定位及其与工作任务的对应关系

工作任务分析所要分析的工作任务都存在于职业岗位，如何处理好职业岗位与工作任务的对应关系，是做好工作任务分析的第一个重要环节。有人可能会问："工作任务分析不就是分解职业岗位上的工作任务吗？这有什么复杂的呢？"问题当然没有这么简单。

工作任务分析因其用途不同，具体的操作方法也有所不同。主要有三种用途：(1) 人力资源开发与管理。由于人力资源开发与管理是在特定工作组织内部进行的，因此其分析的对象是特定工作组织的具体职位，比如某个电子产品制造企业的销售部经理。这就是说，首先，它分析的对象是某个特定职位而不是多个职位，因为在工作组织中无论是招聘、考核还是培训，都是面向特定职位进行的；其次，这种职位是存在于特定工作组织中的，该职位在其他工作组织中可能存在，也可能不存在，即使存在，其具体工作范围与能力素质要求也可能不同。(2) 职业资格证书开发。职业资格证书认定的对象是特定职业，它不可能专门认定某个工作组织的某个具体岗位，而只能认定所有工作组织所拥有的性质上接近的职位，比如护士、会计、销售员、电工、药品检验员等。它一般不会同时认定多个职业，职业资格证书设置都是按职业分门别类进行的。(3) 职业教育课程开发。职业教育课程开发中的工作任务分析则往往要面向多个职业岗位。首先，它只能面向工作组织中普遍存在的职业岗位，而不能面向特定工作组织的特定职位，否则进行的就是职业培训而不是职业教育；其次，为了提高学生的就业适应面，其课程设置还要面向多个职业岗位，即通常所说的岗位群。职业教育课程开发中的工作任务分析面向的对象最为复杂，因而其操作方法也最为复杂。

无论哪种用途的工作任务分析，分析前首先必须确定所要分析的职业岗位。然而与前两种工作任务分析不同，职业教育课程开发中的工作任务分析所面向的职业岗位本身是不确定的，这就使得确定职业岗位成了工作任务分析前必须完成的重要任务。这没有什么疑义,几乎所有按照这一原理进行过职业教育课程开发的教师都深知这一环节的重要性,而且多数情况下岗位分析不会遇到太多技术问题,但有的时候也难免。需要注意的是,职业岗位确定应当根据人才培养规律,从应然的角度,在岗位需求调研的基础上,根据专业的实质内涵合理进行,尤其要避免以下两种情况:(1)根据毕业生就业岗位进行定位。我们的职业教育还不成熟,职业教育毕业生,尤其是中等职业教育毕业生的就业岗位多种多样,就业对口率不高。为了满足学生就业的需要,学校往往会开设一些本专业外的课程,这是可行的,但这不等于要把这些就业岗位都作为该专业应该面向的职业岗位,否则其专业性就不存在了。如果该专业应该面向的职业岗位学生无法进入或不愿意进入,那么该专业就要考虑取消,而不是去扭曲它所能面向的职业岗位。(2)所确定的职业岗位过宽、过泛。确定专业所面向的职业岗位的目的是明确人才培养方向,并为后续的工作任务与职业能力分析提供依据。为了提升学生的就业适应能力,在某些专业中适当放宽所面向的职业岗位有一定必要性,但如果所确定的职业岗位过宽、过泛,就无法凸显专业的内涵,也达不到提升学生就业适应能力的目的。

另外还可能遇到的情况是,有些行业的岗位设置统一性不高。表4-1是物流专业可能面向的职业岗位,从中可以看到,该专业所能面向的职业岗位非常多。另外还可能会遇到这样的情况,即中小型企业与大型企业的岗位设置不一样,发达地区企业与欠发达地区企业的岗位设置不一样。这两种问题的解决方案是一样的,即需要对职业岗位进行归纳,否则是没法穷尽的。岗位分析的目的只是清楚地定位专业的人才培养方向,因而只要界定清楚了这一方向就行,而不必刻意追求详细和精确。

表4-1 物流专业面向的岗位

岗位类别	岗　　　　位
仓　储	保管员、理货员、叉车工、单证员、业务营销员、采购员、安全员、信息管理员、仓库主管、品质管理员、核算员。
运　输	调度员、单证员、客服专员、业务营销员、采购员、安全员、运输部主管、核算员、统计员、信息管理员。
配　送	调度员、单证员、客服专员、业务营销员、采购员、安全员、理货员、项目主管、核算员、信息管理员。
货　代	单证员、客服专员、业务营销员、物流结算员、信息管理员。

下面的问题非常关键:既然一个职业教育专业会面向多个岗位,那么工作任务分析应当按岗位逐个进行,还是把这些岗位综合在一起进行呢?在以往的职业教育课程开发中,工作任务分析是依职业岗位分别进行的,每个职业岗位要完成什么工作任务,就教什么课程内容。传统的技工学校执行的完全是这一课程模式。这种课程模式能够有效,是因为传统技工学校是以工种为基本教学单位的,即使一个工种可能面向多个职业岗位,这几个职业岗位往往也限制在非常狭小的范围内,且各自独立。然而职业教育发展到今天,其模式已发生了根本变化。现在的职业学校完全是以专业为基本单位组织教学的,即使是尚存的技工学校,也把教学单位由工种改为了专业。这一变化不仅是为了使得学生就业具有更大的弹性,其最根本的原因是工作任务的性质发生了变化,职业性工作任务与专业性工作任务的界限已经模糊。①

在目前的职业教育情境中,如果继续针对每个职业岗位分别进行工作任务分析,就会产生分析的结果之间存在严重交叉重复的问题。因为这些职业岗位之间的任务往往不是界限分明的,许多工作任务需要由多个职业岗位共同完成。这种相互之间有工作关系的岗位组合就是岗位群。比如服装设计专业(时装零售与管理方向)面向的职业岗位有"导购、店长、营运主管、督导、商品主管、客户服务员、陈列师、区域经理",这些岗位构成了一个岗位群,这个岗位群的许多工作任务需要由多个职业岗位共同完成。比如店铺现场管理、盘点及账务管理这两条工作任务会同时涉及导购和店长这两个岗位。如果分别对这些岗位进行工作任务分析,就会产生工作任务的交叉重复现象。而这正是许多课程开发面临的困境。

工作任务交叉重复会带来非常严重的问题,即无法依据分析结果进行课程设置。一般而言,如果工作任务分析结果达到了优质水平,该专业的课程设置也就很清晰了。但许多专业完成工作任务分析后仍然对课程体系毫无头绪,根源就在于工作任务分析时错误地处理了岗位与任务之间的关系。因此,当一个专业的岗位面向由多个职业岗位构成时,应当打破岗位之间的界限,综合地进行工作任务分析。这里所分析的工作任务,既不是某个个体在日常工作中完成的任务,也不是某个职业

---

① 徐国庆. 新职业主义时代职业知识的存在范式 [J]. 职教论坛, 2013: 21.

岗位的职责，而是整个岗位群的功能，为了便于理解，我们在工作任务分析文本中把它称为"工作领域"。

由此可见，对一个工作组织来说存在三个层面的工作任务，即个体层面、岗位层面与岗位群层面，如图4-1。个体层面的工作任务其实是工作项目或情境，岗位层面的工作任务是岗位职责，岗位群层面的工作任务是这个岗位群的功能。职责是功能的具体化，项目或情境是职责的具体化，但它们之间的关系不是直接对应的，我们不能说多少个项目或情境构成一条职责，也不能说多少职责形成一项功能。从项目或情境中产生工作职责需要经过概括，从工作职责中形成岗位群功能也需要经过概括。在工作任务分析实践中，岗位群功能的获得无须在获得各个岗位的职责的基础上再通过概括而成，而是可以直接通过对岗位群的分析来获取。

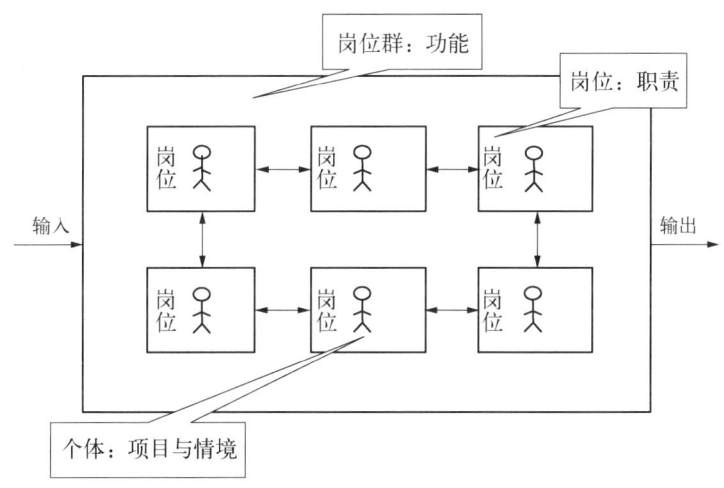

图4-1 工作组织中的工作任务层级

第二节 分析专家在工作任务分析过程中的角色

对职业教育课程开发来说，仅仅确定专业所面向的职业岗位与任务是不够的，在此基础上还必须确定胜任这些任务的从业人员需要具备哪些职业能力，具备这些职业能力需要学生学习哪些知识、技能与态度。获得这些要素是课程开发非常重要的基础。然而在获得这些要素的方法上，实践中存在一种严重的错误认识，即认为这些要素可以通过调研来获得。然而调研的基本逻辑是给调研对象提供已知的选项供其选择，而课程开发的假设恰恰是开发者对课程内容尚处于无知状态。显然，两者的逻辑是矛盾的。实践表明，对课程内容需求所进行的市场调研往往劳而无功，至少可以说调研结果对课程开发并无实际价值。

课程内容需要通过工作任务与职业能力分析来获得，而工作任务分析需要由岗位专家来完成。岗位专家是指在某工作岗位或邻近工作岗位持续工作多年（可能需要20年以上），对岗位工作内容有深刻理解的从业人员。他们对工作任务及完成工作任务所需要的职业能力的理解是学校教师无法替代的。如果把学校教师填写的工作任务与岗位专家填写的工作任务进行比较，就会发现两者在具体内容与思维方式上存在很大区别，后者与实际情况的吻合度更高。在由岗位专家完成的工作任务分析中，我们不仅能发现许多被学校教育忽视了的非常重要的课程内容，而且其描述方式与学校习惯的描述方式往往有很大区别，这对于改革传统职业教育课程思想有重要价值。因此，坚持由岗位专家客观地进行工作任务分析是职业教育课程开发的基本原则。随着职业教育课程开发实践大范围推进，人们对这一原则的理解已逐渐深刻。

然而是否有了岗位专家就能获得工作任务与职业能力分析结果？岗位专家的分析是否需要工作任务分析专家的引导？分析专家在其中的角色是什么？或者说分析专家应该承担什么职责？对这些问题的错误认知也不少，主要表现在两个方面：（1）没有充分意识到工作任务分析中分析专家的关键角色，认为所谓的分析专家只是对工作任务分析过程进行安排与组织的人；（2）认为分析专家的作用只能是客观地对岗位专家的工作任务分析过程进行引导，而不能在分析过程中加入任何个人的理解，因而甚至认为分析专家可以对岗位的工作内容处于完全无知状态。而事实上，分析专家在分析过程中承担着非常关键的角色，如果没有分析专家的科学引导，无论有多么高水平的岗位专家，工作任务分析都可能无法进行；如果有了出色的分析专家，即使岗位专家组存在一些缺陷，分析专家也会运用技巧使这些缺陷得到弥补。缺乏出色的分析专家，或者说没有充分发挥分析专家的作用，是许多课程开发实践陷入无效的工作任务分析的关键原因。

分析专家的角色之所以重要，首先是因为工作任务分析是一个艰辛的"分析"过程。工作任务分析不是对工作任务做些粗略的描述和汇总，而是必须按照职业教育课程开发的需要，对岗位群的功能进行合乎逻辑的剖解，这一过程要求：(1) 必须分层次，按特定逻辑对工作任务进行系统整理，完整、清晰地反映岗位群中工作体系的结构，分析结果既要求宏观上结构清晰，又要求细节上深入透彻，获得对职业教育课程开发有实际价值的分析内容；(2) 分析过程要按照符合职业教育课程开发的需要进行。如上所述，工作任务分析有不同用途，而不同用途的工作任务分析在操作方法上是有区别的。其次，对职业教育课程开发来说，最希望通过工作任务分析解决的问题是：(1) 理清课程体系的整体框架；(2) 更为清晰地界定职业岗位对从业人员的能力要求，使职业教育课程与职业岗位的实际要求更好地对接；(3) 促进职业知识纵向往下延伸，深入挖掘潜在的职业知识，以更加完整地训练学生的职业能力。要把握好这三点，要求对职业教育课程开发原理非常熟悉。这两个方面的要求，足以使得工作任务分析成为一项专业性极强的活动。

然而，岗位专家毕竟只是各个岗位的专家，他们对自己岗位的工作内容有着非常深刻的理解，对所采用的工作方法与技术有着全面的掌握，对从事该岗位需要的职业能力也有着准确把握，但他们可能从来没有有意识地按照某种要求，用文字形式对自己所"知道"的这些内容进行系统的梳理，这些内容在他们的头脑中尚处于无意识的混沌状态。他们每天熟练地完成着大量的工作任务，却基本上没有反思过自己所做的工作任务的结构，因为他们的意识聚焦在如何完成这些工作任务，而不知道自己是如何完成这些工作任务的。当我们对工作任务分析结果的逻辑要求与文字表述要求比较高时，便超越了岗位专家的能力范围。把岗位专家所"知道"的内容抽丝剥茧地整理出来，便是分析专家的职责范围。更何况，工作任务分析不是由一位岗位专家完成的，而是由来自整个岗位群的代表不同岗位的专家构成的专家组共同完成的。他们的分析活动如何形成合力，也依赖于分析专家的组织能力，以及对其分析结果的梳理和整合能力。由此可见，分析专家在工作任务分析过程中具有关键作用。深化职业教育课程开发的关键突破点在工作任务分析，而工作任务分析成功的关键又在分析专家的组织、引导和整合作用。因此，职业教育课程开发实践要推进，就必须高度重视分析专家的培养和选任。是否拥有熟练掌握工作任务分析技术的教师，可以成为衡量一所职业院校课程开发能力的重要指标。

这种角色定位，要求分析专家在工作任务分析过程中充分发挥其主导作用。工作任务分析不是一个岗位专家自由地提供关于工作的内容、分析专家被动地对之进行记录和整理的过程，而是一个分析专家与岗位专家相互作用的过程。关于工作任务分析，存在一种绝对的客观主义，它把职业岗位对从业人员的要求放到了至高无上的地位，认为职业教育课程应严格服从这一要求，而岗位专家是这一要求的唯一代言者，应该任其对工作任务进行自由表述，在这一过程中，分析专家不能加入任何个人意见。甚至有人主张对岗位专家描述的结果也不能进行整理，应保留其原始状态，只有这样，职业教育课程才能真正贴近职业岗位的要求。20 世纪 90 年代曾经风靡世界的能力本位课程开发思想就持这一观点。它把分析专家的职责范围限定在工作任务分析的方法引导上，因而主张分析专家不必懂得关于分析对象的业务知识，甚至主张为了确保分析结果的纯客观性，分析专家不应该懂得这些业务知识。①

工作任务分析过程中的确应该充分尊重岗位专家的观点，但任何事情都不是绝对的。任何真正参与过工作任务分析的人都会深知分析专家主导作用的重要性。分析专家的主导作用首先体现在对分析方法的坚持上。工作任务分析有特殊的操作方法，如果改变了某个操作方法，很可能不能顺利产生开发成果。比如目前工作任务分析通常采取由岗位专家组进行的头脑风暴分析法，这种方法要求以岗位专家的书写为主要工作形式，因为只有这样才能产生分析成果。无数的尝试已经表明，对这一方法稍作修改就可能严重影响到分析成果的质量。因为绝大多数岗位专家是第一次参加工作任务分析会，他们对工作任务分析的理念与方法并不能透彻理解，如果分析专家不能主导分析方法的使用，那么分析工作很可能是无效的。除此以外，分析专家的主导作用还有一个重要体现，那就是对岗位专家提交的初始分析材料进行判断和整合。这种判断和整合既包括方法论上的，也包括实际内容上的。

工作任务分析过程中经常出现的问题是，即使岗位专家已经理解了工作任务分

---

① Robert N. DACUM handbook [M]. Columbus, Ohio: National Center for Research in Vocational Education, 1997: 118.

析的操作方法与要求,他们所提交的分析材料还是很可能会存在问题,有时甚至是很严重的问题,如果没有及时提出这些问题并予以纠正,那么一旦在课程开发中应用工作任务分析结果,就可能对课程体系产生严重影响。常见问题有:(1)对工作任务的归纳、凝练不够,表述过于琐碎,不能作为教学材料,尤其是对工作领域的梳理这一环节要求对岗位群的工作任务有宏观的整体把握,而这对岗位专家来说似乎非常困难;(2)逻辑不严密,层次不分明,工作任务没有按照某种线索展开,任务之间存在严重的交叉重复现象;(3)分析结果存在严重遗漏,没有完全包括应当包括的内容,甚至存在分析方向上的错误;(4)对某些工作任务的取舍或相互关系的处理,岗位专家之间可能争执不下,难以做出判断等。究其原因,乃在于工作任务分析是一种强智力的分析活动,没有受过专门训练的岗位专家很难把握其中的许多技术要求,解决这些问题的责任便只得由分析专家承担。因此,分析专家还应介入对实质性的分析内容的讨论,这是对分析专家能力非常高的要求。一位老练的分析专家应努力深入职业岗位内部,研究其工作任务与职业能力的内容、结构与特点,以便在分析过程中在业务层面对岗位专家的分析进行实质性引导。

第三节 工作任务分析中逻辑关系的处理

影响工作任务分析结果有效性的另一个重要因素是对工作任务分析中逻辑关系的正确处理,主要包括以下两个方面。

一、工作任务的分解路径

之所以要对工作任务进行分析,是因为在日常状态下,工作任务是交织在一起的,就如同一棵大树的复杂根系。但相互交织不等于杂乱无章,体系的内部存在着清晰的结构。工作任务分析的目的便是利用我们的智慧把这个结构清理出来。然而工作任务体系与大树的根系又有所不同,大树的根系是一个自然体系,它是朝着一个方向生长的，而工作任务体系是一个由人的活动构成的体系，对它的分解可能会存在多个路径。目前在国内流行的分析路径至少有两种，而这两种路径会导致完全不同的结果。表4－2是按照典型工作任务分析路径与工作过程分析路径对动车组司机这个职业岗位进行分析所形成的结果，我们可以清晰地看到，这两种分析路径所产生的结果是完全不相同的。

表4－2 两种分析路径的对比

职业岗位：动车组司机	
典型工作任务	工作过程
（1）进行动车组换端、换乘操作。 （2）操纵动车组进行同型动车组的挂联与解编。 （3）使用列车信息控制系统和各种通信设备，根据仪表及屏幕显示信息合理驾驶动车组，确保动车组平稳运行、安全正点。 （4）根据显示器显示的故障信息进行处理。 （5）按照动车组非正常行车预案内容，处理好动车组救援、区间接触网停电、受电弓故障、恶劣天气状况下行车等非正常情况。 （6）发生行车事故后，按有关规定及时处理。	（1）出勤。 （2）接班及所内作业。 （3）出所、发车前的准备。 （4）发车、途中运行和调车作业。 （5）到达、继乘、入所、退勤。

在这个分析结果中，典型工作任务分析路径主张抓住工作任务体系中有价值的、重要的工作任务，这些工作任务之间或许没有构成清晰的逻辑关系，但各条工作任务均有很强的独立性，其中包含了丰富的教学内容。工作过程分析路径则主张抓住工作任务体系整个过程的重要环节，这些环节构成了一个清晰的流程关系，但为了保证流程的完整性，其中纳入了一些不需要由学校教育来完成的内容，而需要由学校教育来完成的内容却又没有获得实质性的分析。应该选择哪种分析路径就不言而喻了。"工作过程"这一概念源自德国，曾是高职课程建设中工作任务分析的主导思想，然而人们很快就发现它存在严重问题，即为了流程的完整性而忽略了工作任务的实质教学价值。表4－2只是"工作过程"这一概念运用过程中的一个较为典型的案例，除此以外还有大量的类似案例，这些案例中的工作任务分析似乎更多地是为了给人一种流程上的美感，而不是取得课程内容建设的实质性突破。

通过案例可以充分看到工作过程分析路径所存在的严重问题。这种分析路径借助国家示范性高职建设这个平台风靡一时后，很快便遭到教师们的广泛批评。它造成了课程内容的空心化。如果严格执行这种路径，会导致教学质量严重下滑。其实，就是工作过程概念的倡导者也从来没有阐述清楚什么是工作过程，以及在工作任务分析中该如何应用这一概念。因为我们知道，在许多工作任务体系中，工作任务之间的关系往往并不是流程式的，而是网络式的、交互式的，在有些工作任务体系中尽管存在流程关系，但从职业教育课程开发需要的角度看，用流程路径进行分析未必就是最恰当的。比如幼儿园教师这个职业岗位的工作任务分析，按照工作过程的思路，可以从小朋友入园开始到回家结束，通过对这个过程的拆解来进行分析，但这种分析的结果对课程开发有什么用呢？很可能没有什么价值，我们真正需要的是把幼儿园教师在园内的实际工作清理出来。再比如护理岗位，根据工作过程的思路，也可以按照从病人入院到出院的整个过程进行分析，但这种分析的结果可能也是价值不大的，真正需要分析清楚的是护士在病人住院和治疗中的实际护理内容。

因此，在工作任务分析过程中，完全没有必要受工作过程思路的限制。按照典型工作任务分析路径所获得的工作任务分析结果，各任务之间的逻辑关系可能不如按照工作过程分析路径所获得的工作任务分析结果那样清楚，但它让我们掌握了职业岗位的实际工作内容，因而对课程开发的价值反而要大得多。但要注意的是，这并非意味着按典型工作任务分析路径进行工作任务分析时，可以完全不顾工作任务之间的逻辑关系，只需凌乱地列出各个可独立存在的工作任务。如上所述，逻辑清晰是优秀的工作任务分析的共同特征，只不过这里的逻辑关系不一定是流程关系，而可以是其他形式的逻辑关系，比如把工作对象作为逻辑路径构建的依据。按照图4-2所示的职业行动的基本结构，可供选择的工作任务分析逻辑路径至少有：工作对象、使用的工具设备、工作过程与工作结果。但是，工作任务体系是极为复杂的，在很多情况下，单一的逻辑路径难以贯穿整个工作任务分析过程，服务类职业岗位的工作任务分析尤其如此，在这种情况下就可以不必去追求逻辑关系，而以形成了具有实质教学价值的工作任务为基本判断标准。

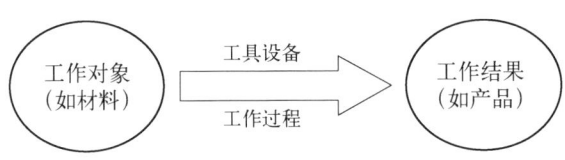

图4-2 职业行动的基本结构

工作任务分析过程中，在选择分析路径时还可能遇到工作任务之间交叉关系的处理问题。现实中的工作任务并非界限分明，往往存在复杂的交叉关系，比较常见的是有些工作任务既有单独存在的内容，也有分散在其他工作任务中的内容。这是一个非常棘手的问题。比如在各类产品的制造中，产品质量检验是个独立存在的工作任务，但在整个生产过程中往往也需要对产品质量进行在线检验，那么对这种工作任务而言，产品质量检验应当单独构成工作任务还是应把其内容分解到其他工作任务中？再比如国际商务专业，单证制作是个独立存在的工作任务，而在其他工作任务中也会存在单证制作的内容，那么单证制作应当单独构成工作任务还是应把其内容分解到其他工作任务中？这种问题在各类专业中普遍存在。从课程开发的角度看，处理这一逻辑关系的方法应当是：(1)这种工作任务由于在实际工作场所中是单独存在的，因而在分析结果中它们应当成为单独的工作任务；(2)如果这种工作任务很复杂，那么应该把其内容完全归入这条工作任务中，以便集中教学；如果不是特别复杂，那么在各个存在该工作内容的任务中还可以包含该项内容。这不会影响到整个工作任务分析结果的整体结构，恰恰相反，这种处理真实地反映了实际工作中工作任务之间的逻辑关系，并且这种处理不应该导致课程内容逻辑的混乱。

二、工作任务的分解与综合

工作任务分析中逻辑关系处理的另一个重要方面是对工作任务的分解与综合，即什么情况下应当对工作任务进行分解，什么情况下应当对工作任务进行综合。通常我们会认为，工作任务分析的基本操作方法就是分解。其实不然。可以说，如果没有综合，工作任务分析可能几乎无法进行。分解与综合是相对的，它们是一个矛盾的两个方面，有分解就必然有综合，而有综合也就必然有分解。只有通过综合的过程才可能获得分解所需要的要素，而只有把握了分解的要素才可能进行综合。工作任务分析过程中的智力活动其实并不仅仅表现为分解，它在很多时候也表现为综合。比如工作领域的形成就需要综合思维。对分解与综合的恰当把握是进行有效工作任务分析非常重要的条件。

工作任务分析的总体思路是对工作任务体系进行分解，其一贯逻辑是，工作任务分解得越细致，对工作任务的内涵就把握得越准确深入，所得到的结果对课程开发的实际价值也就越高。对传统生产组织中的工作任务来说，这一思路是可行的，因为其工作任务完成过程主要是重复性的技能操作；对现代生产组织而言，可能就不是对工作任务分析得越细越好了，因为现代生产组织中的工作任务越来越具备了专业特征，从业人员不再是机械地、重复性地完成程序和方法都完全确定了的工作任务，而是需要运用专业知识和技能灵活地处理工作中的问题。工作任务性质的这一重大转变，必然要求工作任务分析技术做出调整。对于具有专业性质的工作任务，只需把其分解到能明确地知道其内涵就可以了，而不必对之进行穷尽式分解。这或许就是能力本位课程开发中，只对工作任务做两级分解的重要原因，而这也正是它与 MES 课程的重要区别。①

但是，工作任务分析中更容易出现另一种倾向，那就是对工作任务进行过度合并，以致内容过于笼统，无法准确把握其内涵。职业院校根据经验所进行的工作任务分析绝大多数存在这种问题，有时一个专业的工作任务分析成果只有短短的几行内容。这显然没有真正把握工作任务分析技术的特点。在组织岗位专家进行工作任务分析时，岗位专家出于逻辑上的考虑，也很可能强烈主张对一些工作任务进行合并。但如果沿着这种思路下去，很可能一个专业最终获得的工作领域只有 3~4 个，这显然是不行的。比如，对于物流专业而言，从逻辑上看把"仓储管理"作为一个工作领域是合适的，但是倘若如此，我们就难以通过工作任务分析明确其内容，在这里，把它划分成入库管理、出库管理和库存管理三大工作领域更合适。可见，什么时候该对工作任务进行分析，什么时候该对工作任务进行综合，并没有统一标准，唯一的标准就是获得清晰的对课程开发有实际价值的工作任务。

---

① 徐国庆. 职业教育课程论 [M]. 上海：华东师范大学出版社，2008：42.

第四节　职业能力分析的关键作用

导致工作任务分析无效的另一个重要原因就是忽视对职业能力的分析。多数关于职业教育课程开发的文献认为，获得了工作任务后，只要进一步对完成工作任务所需要的知识、技能进行分析，便可获得职业教育课程内容。①实际情况似乎并非如此。要把工作任务转化为课程内容，必须有职业能力这个中间变量（如图4-3所示）。职业能力一方面承载了工作任务的要素，因为它是个体所表现出的胜任工作任务的能力；另一方面，它又是实施课程内容所要达到的目的，即培养个体胜任工作任务的能力。从工作任务中是不能直接分析出课程内容的，如果工作任务后面没有职业能力，我们便很难把握胜任某项工作任务所需要的知识和技能，因为工作任务只是描述了要做的内容，而没有描述把这项任务做到什么程度和水平。缺了这项描述，我们便无法界定清楚所需要的知识和技能的边界。

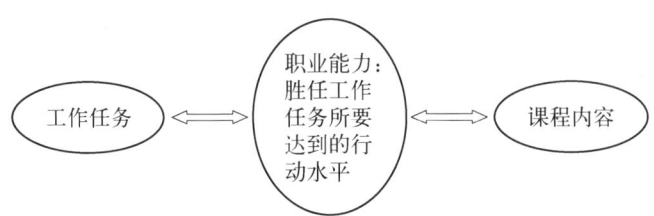

图4-3　职业能力的中间变量作用

由此可看到，职业能力与我们通常所说的能力是完全不同的。关于能力这个概念，我们一点也不陌生，但我们通常所听到和看到的是观察能力、记忆能力、思维能力、想象能力等。这些能力是通过分析人的心理现象得到的，也可以说是一种人工能力，因为现实中是无法把这些能力区分开来的。比如说人在思维的时候怎么可能没有记忆呢？与这些纯心理学意义上的能力不同，职业能力则是一种做事的能

---

① 姜大源. 当代德国职业教育主流教学思想研究[M]. 北京：清华大学出版社，2007：163.

力，是人的能力心理要素与具体情境相结合后所表现出的现实的能力，其成分既包括实际工作内容，也包括容纳这些工作内容的心理结构。比如"能综合考虑施工工艺、计价依据、市场行情、施工方案等因素，正确计算工程量、单价、费用，得出工程预算价"这条职业能力，其中既包含思维能力、判断能力等能力要素，也包含了施工工艺、费用、工程预算价等工作内容，该条能力陈述是这两方面内容的结合。

职业能力描述要特别注意以下五个方面。

其一，不能把能力等同于能力形成所需要的知识条件。

知识是形成能力必不可少的条件，我们只有具备关于某个行动的性质与过程的知识，才可能获得行动的能力。然而知识只是能力的一个要素，它毕竟不同于能力。但是在职业能力的描述中，最常见的问题就是避开能力本身，只描述能力形成所需要的知识条件。比如服装营销专业中的"服装售卖"这条工作任务，我们往往把其对应的职业能力描述为"掌握服务礼仪""掌握营销技巧"。这种非常常见的能力描述的话语结构，已成为阻碍职业教育课程与教学改革深入进行的关键性因素。

基于工作任务进行能力描述的主要策略是从能力的角度分解任务中的"动词"。比如"服装售卖"这条工作任务的关键动词是"售卖"，要描述出其对应的职业能力，基本方法是深入分析"售卖"对个体的能力要求来说到底意味着什么。表4-3中的六条职业能力是岗位专家分析出来的，与工作实际非常吻合。

表4-3 工作任务"服装售卖"的职业能力

工作任务	职　业　能　力
服装售卖	● 能与顾客建立非销售语言，拉近与顾客之间的距离。 ● 能清楚掌握服装的 FAB 与 USP，准确向顾客推销。 ● 能掌握顾客的服饰消费心理和需求，把握销售节奏及不同阶段的重点。 ● 能够把握好各种销售机会，促成多单或者连单销售。 ● 能有效排除销售过程中顾客的疑虑，帮助顾客做出销售决定。 ● 能承担业绩目标及来自顾客的压力，一直保持销售激情。

其二，不能把能力等同于任务。

依据任务来描述能力，并非意味着简单地重复任务的内容来获得对职业能力的描述。比如，"图纸识读"这条工作任务，不能把其对应的能力描述为"能识读图纸";"设备维护"这条能力，不能把其对应的能力描述为"能进行设备维护"。因为能力与任务毕竟是不同的内容，它们的承载主体是完全不同的。任务所描述的是岗位上要完成什么事情，而能力所要描述的是为完成这些事情人应具备的条件，即它要描述出在什么条件下人能够把事情做到什么状态，它是人的个性心理特征。

因此，在进行职业能力分析时不能对职业能力只做这种粗略的描述，否则前面所获得的工作任务分析成果无论多么完美，均没法转化为课程内容，这也意味着课程开发的中断。即使后面开发出了课程，它也必然不是严谨地基于工作任务分析结果的。然而在职业教育领域，长期以来人们对职业能力的理解和描述并没有摆脱要素能力的理解范式。尽管近 20 年的课程改革一直把目标指向更为有效地培养学生的职业能力，但是人们往往习惯于停留在高度抽象的层面进行职业能力描述，如问题解决能力、设备操作能力、市场调查能力、合作能力、表达能力等。这种描述的本质问题就是没有区分任务与能力，它们既不能清晰地告诉我们能力的具体内容，也无法准确地界定能力要达到的标准，因而事实上无法依据它进行具体的课程开发。

深化能力分析的策略是，深入分析工作任务完成对人的能力要求。比如"图纸识读"，"识读"是一项活动，进行能力分析时，分析者的思考不能停留于"识读"活动本身，而是要深入考虑：个体具备了哪些能力才能完成好"识读"活动？这里需要的能力可能包括：(1) 能准确理解图纸中各种符号、标识的含义及其相互关系；(2) 能确定图面要求所指的含义，明确产品加工成型后的各项性能等。再比如"设备维护"这项工作任务，其需要的能力可能包括：(1) 能按照规程完成设备的日常维护项目，使设备处于良好的运行状态；(2) 能在维护过程中发现设备的常见潜在故障，并予以排除等。

其三，不能混淆职业能力与工作要求。

结合工作任务的具体内容进行职业能力描述，非常容易出现的一个问题是混淆职业能力与工作要求。比如，"能够第一时间检查货物是否为特殊货物，是否有特殊操作要求"，"能随时对比现阶段施工进度与进度表间的时间差"，"能够对应收账款的呆坏账进行清理，并提交销售部门"等，这些显然只是工作要求而不是职业能力，因为这些描述给我们的直观感觉是没有实施的难度，掌握它们无须经过专业的培养，完成它们，更加需要的是工作态度。岗位专家在进行职业能力分析时尤其容易出现这种问题，因此岗位专家提供的职业能力必须经过分析专家的加工处理才能最终确认。

区分职业能力与工作要求的办法，是看这种描述是否对个体心理有"力量"要求。因为所谓能力必然是一种力量，是一种需要经过锻炼才能达到的心理水平。因此，如果某项描述对个体心理而言并无力量上的难度，而只是一种工作中的规范，就不能把它纳入职业能力，这种内容即使具有普遍性，需要纳入课程，也只需归入职业素养。对过于情境化的工作要求则完全可以放弃。

其四，要在职业能力中描述工作结果。

要跳出我们现在熟悉的这些分析思路，真正分析出职业能力，需要抓住职业能力的另一个重要特征，即职业能力是对行动结果的描述。因为既然职业能力就是胜任工作任务的能力，而能否胜任是要通过工作结果来体现的，因而获得职业能力的重要线索是对工作任务完成结果的思考。这意味着在分析过程中我们必须转变思维方式，从思考"我们应该知道什么"转向思考"我们应该能做出什么"，它同时也意味着我们可以用对工作结果的要求来描述职业能力水平要求，表 4-4 的分析结果在这方面是个很成功的案例。从表 4-4 中我们可以看到，其职业能力的水平要求基本上都是用对工作完成结果的要求来描述的。要注意的是，这里所描述的职业能力要求，是完全工作状态下的职业能力要求，而在学校情境中，则可以根据学校教学所能达到的实际水平进一步区分职业能力学习水平。比如我们可以根据学校教学的特点，依据"在教师的指导与帮助下完成任务，独立熟练地完成工作任务，创造性地解决工作任务中的问题"等标准进一步区分职业能力学习水平。

表 4-4　船舶驾驶专业的部分工作任务与职业能力

工作领域	工作任务	职　　业　　能　　力
航前准备	1 船舶清洁	● 能按船舶清洁作业要求，清洁驾驶室、客舱、甲板、绞缆机、锚机、操纵台等，确保视线清晰或便于工作。 ● 能够安全、规范使用清洁设备。
	2 航前联系	● 能按规定程序与有关海事部门、公司调度联系，取得开航许可。 ● 能够正确使用 VHF，向来往船只报告船舶动态。

续　表

工作领域	工作任务	职　业　能　力
航前准备	3 航前备车	● 能够校对车钟、舵钟、船钟。 ● 能够配合机舱进行试舵、试车，使船舶处于适航状态。
	4 适航确认	● 能够开启高频 AIS 等航海仪器，确保其处于适航状态。 ● 能够对货物进行合理配积载，使稳性满足适航要求。 ● 能够正确识读航道图并绘制计划航线。

其五，要深入揭示职业能力的内涵。

职业能力描述必须抓住工作任务中的能力关键点。有些职业能力描述，看似是依据工作任务所分析出来的结果，但如果对能力的关键点理解不够全面深入，也会影响到职业能力分析的质量。岗位专家分析能力的差异更多地体现在能力分析方面，而不是任务分析方面。以中职教师的岗位为例，现有工作任务"知识教学"，其对应的职业能力有两种分析结果。第一种分析结果是：（1）能按教学设计要求，准确、易懂地对理论知识进行讲解；（2）能让学生正确理解、应用知识点。第二种分析结果是：（1）能深入理解所教知识的内涵以及与其他知识的关系；（2）能深入理解所教知识在实际工作中的应用方式；（3）能运用语言等信息传递手段准确地阐述和解释知识点；（4）能运用比较、比喻、案例、活动等方式帮助学生深入理解所教知识点；（5）能根据学生知识学习情况灵活地调整知识教学的方法；（6）能在知识教学中根据学生的差异选择有针对性的教学方法。第二种分析的质量明显高于第一种分析。

回到表4-3。其职业能力描述的成功还体现在，它在我们习以为常、按照通常理解并无太多复杂内容的工作任务中分析出了这么多条职业能力，从而把我们对服装售卖这条工作任务所需职业能力的理解推进到了一个很深的层面。它不仅在事实层面给我们揭示了为什么一些表面看似简单的工作任务，不同个体在完成该任务时的能力差距却如此之大，而且为我们有效地培养胜任该项工作任务的能力提供了清晰的思路。从这份材料中我们还可以看到，真正有价值的职业能力分析，应当是分析出超越常规理解却又非常重要的职业能力。如果我们把胜任某工作任务所需要的职业能力比喻成一座浮在水面上的冰山，水面上的那部分是比较容易分析出来的，甚至学校教师也能分析出这部分职业能力，真正难以分析出来的是水面下的部分。对不同专业来说，水面上和水面下的职业能力的比重是不同的，比如表4-3中的职业能力多数是水面下的，而表4-4中的职业能力多数是水面上的。比重大小取决于工作任务执行过程的标准化程度。

本 章 小 结

课程研究一直在沿着两条路径发展，即课程理论与开发技术。所谓开发技术，就是把课程理论转化为课程产品的实现路径。职业教育课程理论主张以职业岗位的需要为课程开发的逻辑起点，实现这一理论的技术就是工作任务分析。因此，工作任务分析在职业教育课程开发中毫无疑问具有基础性作用。然而工作任务分析是一项复杂的技术，其复杂性来源于人类职业行动的复杂，要把复杂的人类职业行动整理出来，形成完整的职业教育课程体系，必须有强大的技术方法做支持。本章所讨论的四个方面在工作任务分析中至关重要，如果不能有效地控制这四个方面，所得出的工作任务分析成果很可能无效，甚至可能对职业教育课程开发造成错误的引导。为了提升职业教育课程开发国家行动的科学化水平，应当有计划地对其中具有基础意义的关键理论与技术进行系统研究。

第五章
职业教育课程与教学组织设计：基于职业知识结构的分析

斯宾塞（H. Spencer）提出了一个重要的课程论问题，即"什么知识最有价值"。随着人类掌握的知识越来越丰富，知识的形式越来越多样，教育的类型越来越复杂，这一问题也越来越重要，并越来越难以回答。职业教育课程组织模式与教学方法改革的深入，和我们所持的知识观密切相关。如果我们还是持传统的客观主义知识观，那么职业教育课程与教学改革就很可能只是表面性的。斯宾塞提出"什么知识最有价值"近半个世纪后，杜威创立的活动课程论则暗含了课程的另一个重大问题，即"如何合理地组织知识"。因为活动课程让我们看到，除了经典的按照知识本身的逻辑来组织课程的模式外，还可以按照活动来组织课程。泰勒把课程的这两个重大问题统一到他的"泰勒原理"中，即所谓的"内容"与"组织"，然而我们更要看到，这两个课程问题不是相互独立的，而是密切联系的。

第一节　实践知识在学校课程中的合法性确认

如果从20世纪90年代初从国外引进能力本位教育思想算起,中国的职业教育课程改革已走过了四分之一个世纪。经历如此漫长的改革后,我国的职业教育课程有了一些什么样的变化呢?这可以从两个方面进行说明:(1)课程中一些过于繁难的理论知识的确被删除了,但整个课程内容的性质并没有发生实质性变化,课程内容的主体部分基本上还是具有普遍性的理论知识,有些知识甚至还是比较繁难,许多知识与具体工作几乎无关,工作中实际需要的许多知识并没有得到系统开发;(2)课程体系中实践课时所占比重的确有了很大提高,但实践课程往往只是定位在技能训练,这些课程既没有有意识地让学生系统学习与任务相关的实践知识,更没有基于实践深入地展开相关理论知识的学习。一言以蔽之,我们还没有开发出完整的职业教育课程内容体系。而其中的关键障碍还是在于我们的知识观,然后才是职业知识开发的具体理论与技术问题。

哪些知识能够成为学校课程的知识?学校课程知识的标准是什么?当前关于这些问题的占统治地位的观点还是客观主义知识观,它实质上就是科学知识观。在这一学校课程知识观的影响下,实践知识实际上是被排除在学校课程以外的。如,"像艾德勒这样一些人仍然断言,学院把各种职业训练都包括在自己的课程中是对学院的一种绝对的误用"。①纽曼则以知识论为基础坚持认为:"一种教育的目的是哲学性的,另一种教育的目的是机械性的;一种要达到普遍的观念,另一种致力于特殊的东西。……我只想说,知识按其程度变得越来越特殊时,它也就不再是知识了。"② 按照他们的观点,一个人如果所掌握的是个别的经验知识,那么就可以说他没有知识,因为这种知识是经验的、特殊的知识。尽管他们的讨论都是在高等教育范围内进行的,但是,对于中等教育来说何尝又不是如此。由此可见,实践知识

---

① 布鲁贝克. 高等教育哲学 [M]. 杭州:浙江教育出版社,1998:87.
② 同上:88.

在学校课程中的合法性实质上并没有得到确认。

客观主义知识观的形成在哲学上可以追溯到古希腊。正如波普尔所说："柏拉图的客观主义认识论，《曼诺篇》中的回忆说……我认为，它不仅包含了笛卡儿理智主义的胚芽，而且还包含了亚里士多德理论的胚芽，尤其是培根的归纳理论的胚芽。"① 这两株胚芽随着近代自然科学的产生和发展而逐渐茁壮成长、成熟，终于形成了西方近代认识论的两个著名流派：笛卡儿建立，并由斯宾诺莎和莱布尼茨进一步发展的理性主义；培根建立，并由洛克、贝克莱、休谟和穆勒进一步发展的经验主义。前者主要存在于欧洲大陆，后者主要存在于英国。理性主义认为："知识的最终源泉是对清晰明确的观念的理智直觉。"② 只有理性思考的产物才能称为知识，理性是知识的唯一来源。经验主义则坚持认为："一切知识的最终源泉是观察。"③ 人类所有的知识最终都来源于感觉经验。人类认识的过程便是从对个别现象的感知经验中归纳、概括出一般原理。尽管理性主义和经验主义关于人类如何获得知识的过程的观点截然不同，但对于什么是知识，即知识的标准问题，它们是一致的。这些标准后来被实证主义和现象学发展到了顶峰，最终形成了客观主义知识观。

客观主义知识观的特征可从多方面进行归纳，从其与实践知识相比较的角度，可归纳为客观性、普遍性、等值性、可言传性等。客观性指真理是客观存在的、绝对的，是不以人的意志为转移的，知识是对真理的正确反映。普遍性指知识是对客观世界的普遍规律的反映。等值性指知识能够被不同个体等量、等性质地掌握。可言传性指知识是可用文字、公式、图表明确表达并相互传递的认识成果。

且不论客观主义知识观的这几个标准是否正确，其最根本的错误在于霸权主义，即认为只有符合这些标准的知识才能称为知识，否则便不是知识。正是这种科学知识的霸权主义导致了职业教育课程的学问中心模式。客观主义知识观的霸权的形成，一方面和科学知识对近代文明的巨大推动作用有很大关系，另一方面和它所持的知识观本身也有很大关系。而否定客观主义知识观的霸权，由此恢复其他类型知识应有的独立地位，是当前知识论研究中呼声最高的要求。"答案是这样的：我

---

① 卡尔·波普尔. 猜想与反驳 [M]. 上海：上海译文出版社，2001：16.
②③ 同上：4.

们的知识有各种各样的源泉，但没有一种源泉有权威性。"①

客观主义知识观在学校课程中的霸权是和精英教育有内在、必然联系的。精英教育由于以培养学术人才为目标，因此其课程内容必然是学问中心的，而与之相应的教学模式必然是基于语言的阅读、讲授或问题探究等。但是，随着教育的大众化、普及化，另一种以培养实践人才为目标的教育不可阻挡地被纳入教育体系。这就促使我们重新反思并建构学校课程的知识体系及其模式，打破客观主义知识观对学校课程知识的主宰，确立实践知识在学校课程知识体系中的牢固地位。

但是，课程研究中的这一任务并没有得到有效完成。当代职业教育课程的建构，并不是建立在对职业知识性质及其组织模式的整体探索基础上的，而仅仅是在原有的学科课程的后面，简单地增加了一个以培养技能为目标的"实践环节"，从而形成了当前所谓的"三段式课程"。这种通过"嫁接"的方式形成的职业教育课程体系，难以培养出知识社会所需要的实践人才。因此，在确立了实践知识在学校课程中的重要地位后，必须进一步探索职业知识的整体结构与组织模式，进而全面反思和探索职业教育课程的基本模式问题。

第二节　职业知识的结构

完成职业活动所需要的知识统称为职业知识。系统地开发职业知识，并为课程设置、教材组织模式设计与课堂教学逻辑路径构建提供理论和方法，均需要探明职业知识的类别与结构。职业知识的结构包括外部结构与内部结构。外部结构指整个职业知识体系的分类关系，内部结构指不同类型职业知识之间的联系模式。内部结构研究涉及职业活动范围的选择问题。职业活动的大小不会影响到职业知识的内部结构模式，它只会影响到所要开发的职业知识的复杂程度。一般而言，职业活动的范围越小，其对理论知识的容纳能力也越小。职业知识开发中选择多大范围的职业

---

① 卡尔·波普尔. 猜想与反驳 [M]. 上海：上海译文出版社，2001：34.

活动为分析单位没有绝对标准，通常由分析专家以能获得清晰、完整的课程内容体系为参考依据进行判定。

一、职业知识的外部结构

职业知识外部结构问题的本质是，在现代理论技术背景下，是否形成了传统学科意义上的技术学科。理论技术在职业领域获得广泛应用之前，人类所拥有的职业知识都是基于职业活动经验的，这种知识毫无疑问是按照职业活动的类别进行划分的。比如，木匠的知识、裁缝的知识、铁匠的知识等，不同职业活动的知识之间基本上没有共通性。但是当理论技术在职业活动中获得广泛应用后，这一问题就复杂了。如果我们对这一问题的答案没有清晰认识，那么职业教育课程的学科模式就不会有根本性突破。

有一种观点认为，技术是和物理学等相同的学科。许多学者有一个强烈的信念，那就是认为技术是一种形式化的知识，这些知识可以被编制到课程中去。例如："美国学者刘易斯（T. Lewis）和噶格尔（C. Gagle）就主张，技术教育工作者'有两个明显的责任，首先是阐明技术的学科结构，其次是在课程中真实地表述技术'。达格尔（W. E. Dugger）也认为，技术应当被看作一门形式化的学术科目。"①

早在1964年，德沃瑞（P. W. DeVore）就在他的专著《技术：一门理智学科》(Technology: An Intellectual Discipline) 中对这一观点做出了有力的论证。德沃瑞论证"技术是学科"这一观点，是以薛米斯（S. Shermis）1962年提出的五个标准②为依据的。根据德沃瑞的叙述，理智学科的五个标准如下：(1) 有可辨认的、重要的传统，以及明确的历史；(2) 有一个有组织的知识体系，各部分之间联系紧密，形成结构，这些知识是通过可证实的、意见一致的方法客观地获得的，经受了时间的考验具有持久性，是逐步累积的，是有着理论基础的观念和思想；

---

① Herschbach D R. Technology as knowledge: Implications for instruction [J]. Journal of Technology Education, 1995, 7 (1).
② Shemis S. On becoming an intellectual discipline [J]. Phi Delta Kappan, 1962, 44 (2): 24-26.

(3) 与人类的活动和期望相关,由于有助于解决人类及其社会的极为重要的问题,因而对人类来说极为重要;(4) 是传统与历史的一部分,大量的成就可归功于杰出人物及其思想;(5) 能激励人们继续去探索思想,并达到目标,因而与人类的未来相关。把技术知识与这五个标准进行比较,德沃瑞认为技术知识也是学科。

另一种观点则认为,技术不是学科,在知识的性质上,技术知识和物理学、化学等学科知识有本质区别。赫施巴赫(D. R. Herschbach)是坚决持这一观点的学者,他明确指出:"在技术知识中,我们并不能找到物理学、生物学和经济学中的那种普遍化结构。技术知识在特定的人类活动中获得形式和目的,它的特征是根据它的应用来定义的,它的目标是效率而不是理解。尽管技术中包含了知识,但它是应用于具体技术活动的特定形式的知识,这与形式化知识的普遍抽象性特征形成鲜明对比。"① 罗依(R. Roy)也非常反对把技术看作学科,他明确指出:"技术知识并不是与传统的学术科目相似的一种形式化的知识。它有自己明显的认识论特征,这使得它与形式化知识明显不同。因此,要编制出合适的技术课程,就必须对技术知识有更深的理解。"②

赫施巴赫反对把技术知识看作学科的主要依据是,技术知识是与活动紧密联系的,是情境性的。技术知识的明显特征,是它与活动的关系。尽管技术知识也有它自己抽象的概念、理论和规则,同时也有它自己的结构和革新的动力,但在本质上这些要素都是与情境和活动相联系的。技术知识源于并体现在人类活动中。这一点与对自然世界进行描述与理解的科学知识完全不同。技术知识只有通过活动才能得到明确界定,正是这些活动建立了技术知识得以产生和使用的框架。基于这一认识,赫施巴赫认为:"由于要与特定的活动相联系,因此技术知识不像科学知识那样容易归类和编码。把特定的知识应用于特定的技术活动,是对技术的最好表达。正因为如此,不能把技术视为数学、物理那种意义上的学科。没有统一的技术思维(technological thinking)模式,特定的技术有特定的思维模式。技术应用需要整合

---

① Herschbach D R. Technology as knowledge: Implications for instruction [J]. Journal of Technology Education, 1995, 7 (1).
② Roy R. The relationship of technology to science and the teaching of technology [J]. Journal of Technology Education, 1990, 1 (2).

大量不同种类、不同层面的知识。因此，技术是对形式化知识的应用，但这种应用是跨学科的，并且是针对特定活动的。"①

把技术视为与传统意义上的学科在性质上完全相同的学科是不对的。的确，在理论技术背景下，技术已经有了自己的抽象概念、理论，比如机械的工作原理、市场营销的理论等，对技术的理论研究已使许多技术知识达到了形式化水平。但即使如此，这类知识也不能构成传统意义上的学科。最根本的原因在于，技术知识的产生过程与科学知识完全不同。技术的目的是寻找制作物品的方法，而科学的目的是寻求基本的理解——用语言和数学符号来表述思想和观念；前者完全基于实践需要，而后者很大程度上是基于知识本身的需要。这就决定了技术知识不可能形成像传统形式的学科那样的学科。技术中的形式化知识本身缺乏内在一致性、相互依赖性，也缺乏具有普遍性的理论框架，其一致性和相互依赖性存在于特定技术内部。当然，我们也可以以传统学科的形式归纳和整理技术知识，职业教育中的许多理论课程就是这样形成的。这些课程给了我们一种错觉，即技术也是存在传统意义上的学科的。然而当这些知识这样归类后，其实践的意义就被全部抹杀了。它们具备了传统学科的形式化特征，却丧失了其最为重要的实践功能。

其实，持"技术是学科"观点的学者，往往更多的是从对技术知识的偏爱出发，或是从政治观点和经济观点出发，而不是从技术知识本身的性质出发来论证他们的观点。他们认为如果技术教育希望在课程中获得与古典学科相同的地位，技术教育工作者就需要采纳学科课程的观点，把技术看作一门新的理智学科。比如德沃瑞便认为："把技术看作学科有如下优势：通过被确定为理智学科，该领域能够被认为是教育中所有青年必要的和有用的学习内容。"② 魏特简（W. B. Waetjen）也认为："如果我们在头脑中不明确地拥有技术教育的理智领域，或者是一个要成为有技术基本素养的人应当达到的目标，我们如何才能使父母等相信，应当把技术教育纳入课程中，年轻人应当具有技术基本素养？"③

---

① Herschbach D R. Technology as knowledge: Implications for instruction [J]. Journal of Technology Education, 1995, 7 (1).
② Erekson T. Technology education from the academic rationalist theoretical perspective [J]. Journal of Technology Education, 1992, 3 (2).
③ Waetjen W B. Technological literacy reconsidered [J]. Journal of Technology Education, 1993, 4 (2).

二、职业知识的内部结构

(一) 职业知识的内部结构模型

第四章图4-2（同图5-1）描述的是职业行动的基本结构。根据这一结构，首先可以获得三类职业知识，即工作对象知识、工作结果知识和工具设备知识。工作对象、工作结果与工具设备都是工作情境的基本构成要素，因此可以把和它们相关的知识统称为工作情境知识。要进一步分析的是工作程序中包含哪些知识，这是职业知识结构最为复杂的环节，要知道这个环节中具体有哪些知识，就需要进一步分析工作过程中的认知心理过程（见图5-2）。

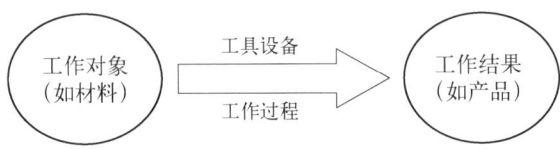

图5-1　职业行动的基本结构

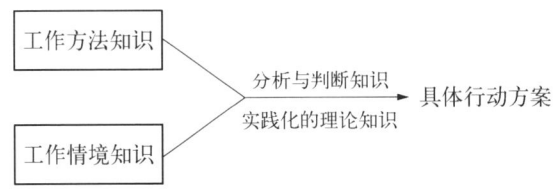

图5-2　工作过程中的认知心理过程

工作过程是用某种规则联系工作情境的所有要素，并使它们相互作用产生实践活动的过程。工作情境之间要建立联系就需要某种规则，关于这些规则的知识可称为工作方法知识。这种规则可能是标准性的，也可能是经验性的。工作方法知识是第二类重要的职业知识。工作过程的产生需要认知心理过程的支持。根据对工作过程的描述，工作过程中的认知心理过程应当是一个个体运用自己的分析与判断能力，把工作方法知识与工作情境知识相结合并产生具体行动方案的过程。这样我们就可以确定，职业活动还需要第三类非常重要的知识，即分析与判断知识，因为没有这类知识，静态的工作方法知识与工作情境知识就没法结合，进而引发动态的职业行动过程。

此外，整个职业行动过程如果希望超越操作层面，在理论上获得理解，并使个体能用规范的概念、理论来描述和解释其职业行动过程，那么我们还需要作为整个职业活动背景的理论知识，但这种理论知识的内容是与职业行动过程紧密联系的，因此称之为实践化的理论知识。

这样，我们可以把职业知识划分为四类，即工作情境知识、工作方法知识、分析与判断知识和实践化的理论知识，它们之间的关系可以用图5-3的靶形图表示。靶形图表示：(1)所有的职业知识都是以职业活动为中心展开的；(2)不同类型的职业知识与职业活动的距离是不一样的，它们按距离远近构成连续的层级关系。

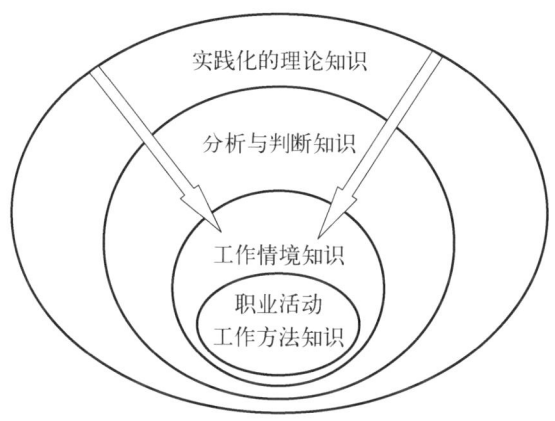

图5-3 职业知识的结构

(二) 各类职业知识的内涵

1. 工作情境知识

工作情境知识包括工作对象知识、工作结果知识和工具设备知识。在不同专业中，这三类知识的具体表现形式差别很大。比如在加工制造业，工作对象知识主要表现为关于材料的类别、性能等的知识，工作结果知识主要表现为关于产品的结构、功能、质量标准、使用方法等的知识，工具设备知识则表现为关于工具设备的种类、工作原理、使用方法、保养方法等的知识。再比如在旅游类专业中，工作对象知识主要表现为关于服务对象的类别、心理特征等的知识，工作结果知识主要表现为关于服务项目的内容、特点、标准等的知识，工具设备知识则表现为关于用于服务的软硬件的种类、使用方法等的知识。要顺利进行职业活动，就必须熟知关于职业活动情境的方方面面的知识。

2. 工作方法知识

工作方法知识是指关于如何进行工作的知识，包括工作程序知识、工作策略知识和工作技巧知识。比如导游讲解中，需要导游讲解的一般方法知识，同时还需要处理一些特殊讲解问题的技巧知识。零件加工中的工艺知识都属于工作方法知识。即使是需要复杂智力的职业活动也需要工作方法知识，只不过这种方法是需要灵活应变的，如机械设备维修需要进行故障排查的一般思维方法，尽管这种方法在具体运用时需要灵活应变，但学习者还是必须掌握一般思维方法。工作方法知识是使个体能胜任工作任务的基本知识。

工作方法在具体运用时越具有弹性，就越需要经验性工作技巧的支持。而对于确定性程度高的工作方法知识，则在运用时可能是不允许有丝毫变化的。工作方法和实践之间的关系，就好比地图和实际地貌之间的关系（当然这一比喻并不是十分贴切）。地图是根据人类的某种需要对地貌脉络的描绘。尽管地图有利于我们从更高层面把握地貌，并能用来给我们指明方向，但地图毕竟不等于地貌，地貌要比地图复杂、丰富、生动得多。而使工作方法复杂、丰富、生动的知识便是经验。经验是个体在实践中自己归纳的知识，它只适合解释个别现象，不具有普遍性。过去我们往往鄙视经验知识，而事实上它对于实践是十分重要的。可以这样说，没有经验，就不会有灵活的、随机应变的实践，仅仅以工作方法为指导的实践是机械的、僵化的。

3. 分析与判断知识

之所以需要分析与判断知识，是因为个体在进行职业活动时，并不是简单地把工作方法知识与工作情境知识进行叠加的。职业活动中，需要对工作方法知识与工作情境知识进行最佳组合，并设计出在具体情境中进行职业活动的特定行动方案，这是一个非常复杂的心智活动过程，在这个过程中发挥重要作用的知识就是分析与判断知识。

举一个日常生活中的例子——使用餐具进餐。这个案例虽然只是日常生活中的活动，但它在性质上与职业活动是一致的，因而具有同等的分析价值。之所以把它表述为"使用餐具进餐"，而不是"使用餐具"，是因为后者只是一项技能，前者才是一项活动。知识分析是依托职业能力进行的，而不是直接依据职业活动进行的，这是我们反复强调的原则。因此，进行知识分析之前，我们需要确定"使用餐具进餐"这项活动对能力的要求。比如，我们可以把能力表述为"能熟练地运用各种中式餐具食用热菜、汤类和点心"。对于没有熟练掌握这一能力的学习者来说，这个过程并不是很简单的。

学习者要获得这项能力，首先必须获得关于这些菜品会影响夹送过程的特征的知识，人在进餐时饮食顺序的知识，还有中式餐具的品类、功能、使用方法的知识，这些都是工作情境知识；其次必须获得使用餐具进餐的一般规则知识，比如"使用筷子夹热菜，要根据菜的特点决定用力情况，且不要把菜汁滴在餐桌上"，这是工作方法知识。有了这两类知识后，是否就能具备这种能力，能胜任这项活动了呢？还不行。我们还必须教给学习者如何对情境进行分析，并确定是否使用这个知识的方法，这就是分析与判断知识，如果没有这类知识，学习者将不知道什么时候使用这条规则。比如，这里可能涉及的分析与判断知识是，"如果看上去比较滑的菜，要注意用力夹紧""如果汤汁比较多，当菜离开盛器时要确保没有汤汁滴出，以避免把汤汁滴在餐桌上"。

在进行知识分析时，我们很容易把分析与判断知识同工作方法知识混淆，认为两者是同一性质的知识，但事实上这类知识是独立的。工作方法知识是关于工作过程的一般知识，而分析与判断知识是教我们如何具体地应用工作方法知识。许多时候我们教了学生很多知识，但发现他们仍然不会运用知识，这是为什么？简单地责怪学生不会分析具体问题是不对的，问题的发生很可能是因为我们没有意识到分析与判断知识的独立性，从而独立对其进行开发和教授。事实上，这类知识本身也很隐蔽，但对职业活动来说非常重要，课程开发中必须通过知识分析技术把它表征出来。越是复杂的职业活动，越有必要把分析与判断知识作为一种独立的知识类型进行开发。

从性质上看，分析与判断知识同前几种知识都有明显区别。分析与判断知识尽管也可以明确表述，但在应用时它们基本上属于默会知识。因为我们进行分析和判断时是需要运用规则的，而当我们把规则运用于一个特定情境时，不可能再依赖另一条规则进行分析和判断，否则就会陷入永无休止的逻辑困境。因为，当我们试图提出另外一条新规则，以帮助我们决定在该情境中应当使用什么规则时，必然还会继续需要另一条规则。这可能也是我们难以发现并开发分析与判断知识的原因之一。然而，尽管这种知识的运用过程是默会的，但这种知识本身是可以得到明确表达的。

4. 实践化的理论知识

除了以上三类知识外，职业活动还会涉及一种重要知识，即理论知识。从事职业活动的个体需要掌握与职业活动相关的理论知识，一方面是因为我们已置身于一个技术无处不在的社会，在这个社会中绝大多数职业活动都有技术的痕迹，只有掌握了相关理论知识，才能深刻理解职业活动的内涵；另一方面是因为现代职业情境要求我们用正式语言进行职业活动的表述和交流。

职业活动应用了大量理论知识，但知识的应用过程也是知识性质发生改变的过程。理论知识通过应用，变成了实践化的理论知识。这正如用钢铁来制造汽车。钢铁厂生产出来的钢材相当于理论知识，这种钢材是非常纯粹的，它被定义为钢完全是由于其物质结构方式，而和它的形状、重量没有任何关系，它也基本上不具备特定功能。当它被用到汽车生产厂制造汽车时，尽管所制成的汽车零件在物质结构上还是钢铁，但其功能与性质已发生了根本变化，已是特定汽车上在特定部位具有特定功能和形状的一个零件。人们也不再称之为钢，而是直接称之为某某零件。这个零件就相当于被应用于特定工作任务和情境中的理论知识。那么应当直接给汽车装配钢还是零件呢？显然是零件。要有效地培养职业能力，也应当给学生像制成的零件那样的理论知识，而不是直接给他们像钢一样的理论知识。

实践化理论知识的主体是技术理论知识。有一部分实践化理论知识来源于纯粹理论知识，但这类知识也不是纯粹理论知识本身，更不是"纯粹理论知识＋情境案例"，而是纯粹理论知识与特定情境相结合的产物，是可以直接用来解释和指导实践的理论。它的概念和内容均体现了这一结合。比如职业教育课程开发中的职业能力理论，这种理论就是一般能力理论与职业教育课程开发情境相结合的产物，它的形成首先是基于一般能力理论，但它又是在对职业教育课程开发情境中的能力问题进行深刻思考后产生的。无论是在工业类还是服务类职业中，这种知识都是大量存在的。职业教育的理论课程应当主要由这类理论知识构成，高职乃至技术应用本科的课程尤其要重视这类知识的开发。

第三节　职业知识结构与职业教育课程和教学组织的关系

与 20 世纪 90 年代的职业教育课程改革把重心放在如何围绕工作任务选择更具职业性的课程内容不同，当前的职业教育课程改革更加突出课程组织的设计。组织理念是这次课程改革的核心理念，这意味着我国职业教育课程改革从内容的局部调整进入结构重组的重要阶段。只有深刻理解这一理念，才可能抓住这次课程改革的本质，也才可能设计出合乎期望的课程。那么，这次课程改革为什么要特别突出组织理念？其实质内涵是什么？理论基础是什么？这些都是需要进一步探讨的问题。

一、职业教育课程改革要突出课程组织理念

这次课程改革尤其突出课程组织理念，是基于迫切的现实需要，并有着深厚的理论依据。

(一) 突出组织理念是解构学科课程体系的重要抓手

解构学科课程体系，围绕岗位任务设计课程，是自 20 世纪 90 年代初以来职业教育课程改革的主旋律。90 年代把改革的重心放在课程内容调整，它是基于这样一种理念，即职业教育课程的关键问题是课程内容与岗位任务对职业能力的要求不相匹配，因为传统职业教育课程内容选择更多的是依据知识本身的完整性进行的，它忽视了岗位任务对职业能力的要求，导致学生学习了大量深奥却不实用的知识。

然而那次轰轰烈烈的课程改革似乎并没有取得预期效果。传统的学科知识在课

程中的核心地位坚固如初。何以如此？研究者通常把它归结为教师对学科知识的特殊情结。但随着研究的深入，人们逐渐认识到，导致这一结果的关键原因是没有触动传统的课程组织。课程组织与课程内容的关系正如瓶与酒的关系，课程组织的"新瓶"可能被用来装课程内容的"旧酒"，但课程组织的"旧瓶"是不会用来装课程内容的"新酒"的；当人们只拥有旧瓶时，往往难以想象有什么新酒可装，更不会努力去寻找新酒。这就是说，课程运行中存在一种自我生长机制；按照不同模式组织课程内容，不仅意味着形成了课程内容的不同联系模式，更为重要的是确立了完全不同的课程生长机制。在按学科边界设置的课程体系下，各门课程都按照自己的学科体系自成体系，互不衔接，必然导致越讲越多、越讲越深且内容重复，学生越学越畏惧，以致产生厌学现象等弊端。

可见，要实现职业教育课程模式的突破，仅仅从课程内容入手效果是微弱的，而是必须打破原有的课程生长机制，而打破这一机制的关键抓手就是进行课程组织改革。因此，当前职业教育课程面临的首要问题是组织问题；只有变革了课程组织，课程内容的彻底调整才有可能。这是90年代课程改革所给予的基本经验。

(二)突出组织理念体现了课程组织与课程内容互动的课程发展机制

以上论述隐藏着一个深刻的课程理论问题，即课程组织与课程内容之间的互动关系。课程改革既不能忽视对课程组织的改革，也不能简单地用线性观点看待课程组织与课程内容之间的关系，而是要深刻看到课程组织与课程内容之间的相互制约或促进关系。理解这一原理对于课程改革的顺利进行非常重要，因为传统课程观中关于这一问题存在两种理解上的偏差，它们使得人们未能充分认识到课程组织变革本身及其对课程内容改革推动作用的重要性。

首先，传统课程观中课程组织的重要性没有获得充分理解。泰勒把课程编制与开发归纳为目标、内容、组织和评价四个基本问题，但在人们的实际理解中，这四个问题的重要性是不平衡的。许多论述往往或多或少地隐含一个观点，即课程的首要问题是内容，而组织只是内容的附属问题。比如在很长时期内，我国教育学中一直没有课程论，当时对课程的研究被等同于对教学内容的研究。在实践中，教师比较关注的也只是知识、技能等课程内容，他们把自己的工作仅仅理解为如何最有效地让学生掌握已确定的课程内容,而极少意识到更好地组织这些内容的重要性。尽管对课程组织的研究一直没有停止过,近年来我国也开始出现了一些关于课程组织的专题研究成果,对课程组织的复杂性也随着研究的深入有了更为深刻的认识,课程组织的含义已远远超越了泰勒的"为了使教育经验产生累积效应"① 这一理解,而被扩展到了社会、学校等层面,但课程组织仍被简单地理解为一种"教学安排",其核心含义只是"把各个不同的课程要素作恰当的安排,使学生可以学得更好"。②对课程的这种浅层化理解,难以凸显课程组织的核心地位。

其次,没有认识到课程组织对课程内容的促进或制约作用。人们通常把泰勒原理看作最经典的课程原理。泰勒的确用最简洁的方式描述了复杂的课程问题,然而泰勒原理容易使人们产生一个误解,即课程开发是一个从目标到评价的单向的线性过程,且每个课程开发环节都是独立存在的。目标是整个课程开发的源头;内容是依据目标确定的,内容不会制约目标;组织是对内容的安排,进行组织的前提是有了内容,内容不会受组织的干扰。尽管泰勒也曾强调"改进课程计划,可以从任何角度入手",③ 但这只是一种课程改革的实践策略,对这一策略的阐述未能改变对以上关系的理解。基于这种理解,不仅容易把组织看作比内容更为次要的问题,而且看不到组织对内容的促进或制约作用。

而事实上,组织是课程的核心含义。理解课程的重要途径是理解为什么要有课程。课程概念的形成是基于:(1)如何协调集体教学行为;(2)如何使知识形成一个整体。正是这两大因素促进了现代教育课程理论的形成,而这两大因素的本质都是课程组织。另外,就泰勒关于课程的四个基本问题而言,它们所构成的应当是网状的双向互动关系。如实践中所确定的课程目标是否清晰,很大程度上会取决于人们对课程内容的理解。课程组织与课程内容的关系尤其如此,在课程问题的所有互动关系中,课程组织与课程内容的互动是最为明显且最为重要的。课程组织不仅仅是促进知识累积的手段,也不仅仅是课程要素的恰当安排,而是决定课程内容的实践机制,对课程内容调整有着明显的促进或制约作用。这一原理促使我们从组织与

---

① 泰勒. 课程与教学的基本原理 [M]. 罗康,张阅,译. 北京:中国轻工业出版社,2008:73.
② 林智中,陈健生,张爽. 课程组织 [M]. 北京:教育科学出版社,2006:3.
③ 泰勒. 课程与教学的基本原理 [M]. 罗康,张阅,译. 北京:中国轻工业出版社,2008:117.

内容互动的视角重新审视组织变革在课程改革中的地位。

(三) 突出课程组织理念是基于职业能力形成机制的联系观

课程理论研究兴起于20世纪初,和人们对知识性质的新的理解有着密切关系。杜威的实用主义哲学打破了人们对知识的纯符号化理解,转而强调知识与生活、与情境的联系。"在杜威看来,所谓'儿童'的思维与'教材'的知识,在教育过程中应当获得连续性。建构知识的意义,就是课堂沟通的社会过程。"[①] 实用主义的这种知识观,促使人们开始意识到,教育过程不仅要关注知识本身,还要关注知识与生活、与情境的联系,"联系"本身也应被看作课程内容;课程设计必须体现出集中原理与联系原理。这一认识对现代课程理论的发展起了非常重要的作用。正如杨龙立等所说,"20世纪影响西方教育甚巨的进步主义思潮,对于课程与课程组织理论和实务有相当的影响"[②]。

实用主义对课程组织的理解其实远远高于作为"教学安排"的课程组织的理解。实用主义教育思想家强调课程组织既不是泰勒所说的"使教育经验产生累积效应",也不是大量后继课程专家所理解的提高教学效率的需要,而是内在地由教育本身所决定的,课程组织的含义应当是在知识与个体经验之间建立联系。这些观点对职业能力形成机制的研究有重要启示。

职业能力是如何形成的?这是研究职业教育课程必须回答的问题。通常认为决定能力形成的首要因素是知识、技能等能力的具体构成要素。也正是基于这一理解,20世纪90年代的职业教育课程改革把重心放在了内容调整上。而事实上,如果可以把能力比喻为个体对外的功能的话,那么按照结构功能主义的观点,影响能力形成的主要因素不是能力的具体构成要素,而是这些要素之间的组合关系。围绕什么来学习课程内容,甚至比学习什么课程内容还重要,静态、抽象地学习知识是导致学生知识多而能力弱的关键原因。职业教育要有效地培养学生职业能力,就必须让学生动态地、与情境相联系地学习知识。

---

① 佐藤学. 学习的快乐:走向对话 [M]. 钟启泉,译. 北京:教育科学出版社,2004:55.
② 杨龙立,潘丽珠. 课程组织:理论与实务 [M]. 台北:高等教育文化事业有限公司,2005:119.

二、以职业知识结构作为职业教育课程组织的基本依据

从职业能力形成的角度看,如何组织课程和教学才能最有效地促进学生职业能力的形成呢?答案是,应当依据职业知识的结构来设计课程和教学组织。近年来关于这一问题的大量研究,已让人们对用工作逻辑取代学科逻辑重构职业教育课程的理念耳熟能详。这种理念认为:"工作过程导向的课程的实质,在于课程的内容和结构追求的不是学科架构的系统化,而是工作过程的系统化。"① 姜大源教授用"学科体系的解构与行动体系的重构"② 描述了职业教育课程组织的这一重大转换。进一步思考其中的一些问题,有助于深入理解职业教育课程组织的依据。

首先,是否有必要以职业知识结构为依据来组织职业教育课程和教学?虽然许多人并不否定职业教育课程要与工作任务相联系,但他们认为这并不意味着一定要以职业知识的结构为依据组织课程和教学;联系的过程应当在知识应用中实现,而课程应当保证知识本身有完整的逻辑性,这样有利于促进学生对知识的掌握。这就是著名的职业教育课程组织的"过程论"与"准备论"之争。准备论似乎不无道理,然而它忽视了这样一些基本事实:(1)既然课程内容是依据工作任务选择出来的,而不是依据知识本身的完整性选择出来的,那么所谓"保证知识本身的逻辑完整性"已缺乏实际基础;(2)从知识结构到课程组织并非通常所理解的线性演绎过程,而是结构的打破与重构过程,其复杂性决定了有必要在课程中直接体现工作组织,这种"真实活动中的学习能完成许多学习的首要迁移任务,即从教室迁移到工作情境"③;(3)让学生在缺乏任务引领的条件下无目的地储备知识,既不能促进教师在教学中挖掘知识的实用功能,也不利于激发学生的学习兴趣。

其次,职业知识的结构能否作为职业教育课程组织的基本依据?持反对观点的

---

① 姜大源. 关于工作过程系统化课程结构的理论基础 [J]. 职教通讯, 2006:1.
② 姜大源. 学科体系的解构与行动体系的重构 [J]. 教育研究, 2005:8.
③ Billett S. Learning in the workplace: Strategies for effective practice [M]. Singapore: CMO Image Printing Enterprise, 2001:34.

人认为，作为职业知识结构的纽带的职业活动（体现为工作任务）是动态的，而课程内容有相对的稳定性，动态的要素无法成为稳定内容的组织核心。持这种观点的人混淆了一个概念，即职业教育课程中所表达的工作任务指的是岗位的工作职责，而不是具体个体的工作任务。岗位工作职责是对个体的工作任务进行抽象、概括的结果，只要岗位的性质不发生变化，其工作职责就基本上是高度稳定的。因此，在对岗位的工作任务进行分析时，梳理与概括非常重要。理解了这一点，就不会质疑把职业知识结构作为课程组织的基本依据的可行性了。事实上，大量以任务为中心成功开发的职业教育教材已充分说明了这一可能性。

再次，如何处理好目前的知识结构与学生今后的发展需要之间的关系？对于以职业知识结构为依据组织课程和教学仍然有一种普遍的担心，即认为这有可能会阻碍个体对未来工作组织的适应。问题在于：(1) 严格地说，任何知识都是关于过去的知识，因此这一担心不应当仅仅针对任务本位课程，而应当针对所有课程。(2) 任务本位课程对个体适应能力发展的阻碍，主要是由于没有给学生适应未来工作任务所需要的知识，而这一问题也并非学科课程所能解决。学科课程的知识由于与任务关联度低，因此其促进作用实际上还不如任务本位课程。(3) 解决这一问题的主要方法应当是扩大知识的选择范围，以及提供工作任务完成策略的变式。

第四节　基于职业知识结构的职业教育课程和教学组织模式

职业教育课程和教学组织包括宏观与微观两个层面。宏观层面涉及课程设置和编排等问题，微观层面涉及课程内容组织、课堂教学过程组织等问题。

一、基于职业知识外部结构的职业教育课程宏观组织

根据职业知识的外部结构理论，可以确定职业教育课程宏观组织的以下原则。

(一)依据工作任务的相关性设置职业教育课程

工作任务指某个工作岗位的基本职责，它是职业活动的基本构成单位。每个工作岗位得以设置的前提是有相对独立和稳定的任务。工作体系中，通过合理地设置工作岗位，使得整个体系得以有效运转。

学科课程的设置思路是依据学科门类划分课程门类。比如大学有物理学，那么中学相对应地就开设物理课程。随着学术研究的进展，人类的学科越来越繁多，中学要再按照与大学中的学科——对应的方式来设置课程已不太可能，这就产生了学科综合课程。学科综合课程可以看作与学科大类相对应的课程。"按照研究活动中学科分类的方式对课程内容进行分类和组织"[①] 是学科课程的基本特征。

然而根据职业知识的外部结构理论，职业教育应当依据工作岗位的任务设置课程体系。这是实现从工作组织到课程组织的第一步，是职业教育课程改革能否深入下去的关键环节。依据任务设置课程，能最大限度地把课程目标从"知"转向"做"，并有效地实现课程内容与职业能力的对接。这就要求彻底打破依据学科边界进行职业教育课程设置的传统方式，转向依据任务的相对独立性、企业需要程度和学生掌握的难易程度来决定课程设置。

当然，这并非意味着职业教育课程与工作岗位的任务是——对应的。依据工作任务进行职业教育课程设置只是一条基本原则，遵循这一原则可以有效地解构传统的学科课程，但毕竟工作组织不能等同于课程组织：(1)岗位的重要性不完全等同于课程的重要性。有些任务在工作岗位上是十分重要的，然而对课程来说并不重要，因为工作岗位考虑的是工作体系能否有效运行，而课程考虑的是是否有教育价值。(2)岗位的任务组织方式不完全等同于课程的任务组织方式，因为岗位的任务组织方式考虑的是岗位之间的分工，而课程的任务组织方式必须考虑学生的能力发展顺序和教学组织的方便。因此，只有把工作岗位的任务组织规律与学习规律、教育规律结合起来，才可能设计出职业特色浓厚并能有效促进学生学习且可实施的职业教育课程体系。

---

① Smith B O. Fundamentals of curriculum development [M]. New York: Harcout, Brace & World, Inc., 1957: 230.

(二) 职业教育课程编排体现工作过程的展开顺序

学科课程中，各门课程之间的排列顺序以知识本身的逻辑关系为基本依据。以职业知识的外部结构模式为基本依据来设置职业教育课程，则要求职业教育课程排列顺序应主要以工作任务的顺序为基本线索来展开。另外，在专业课程内部虽然打破了专业基础课、专业课、实践课这种纵向的课程门类划分方式，取而代之的是以工作任务为核心的横向课程门类划分方式，技术理论知识与技术实践知识被统一到了同一门以工作任务为单位的课程中，但是为了形成综合技术实践能力，为了在更大的范围内整合技术理论知识和技术实践知识，还需要编制"专业综合实践"这门课程。同时，为了加强学生对工作过程的系统理解，也应适当地在课程体系中考虑开设1~2门学科课程。这样，在任务本位课程、学科课程和专业综合实践课程之间就出现了安排的先后次序问题。按照职业知识的结构理论，这些课程基本上应依据从实践到理论的顺序进行排列①。

(三) 依据工作任务的重要性和难易度分配课时

学科课程中，各门课程之间的学时分配以所对应学科的重要性程度为基本依据，越是经典的、重要的学科，分配的学时也越多。传统的三段式课程以机械的基础观为依据，非常强调专业基础理论知识的学习，从而给这些课程分配更多学时。以职业知识的结构理论为依据规划职业教育课程体系，则应当以工作任务的相对重要程度和掌握的难易程度为基本依据来确定不同课程之间的课时分配。工作任务的相对重要程度和难易程度应当通过系统的工作分析，以及毕业生的系统反馈信息来获得。

二、基于职业知识内部结构模型的职业教育课程和教学微观组织

职业知识的内部结构模型在职业教育课程和教学中的应用主要体现在：为职业教育课程内容开发提供指导；为职业教育教材模式设计提供指导；为职业教育教学

---

① 徐国庆. 试论职业教育专业课程的展开顺序 [J]. 职教论坛，2003：14.

过程设计提供指导。这些方面都属于职业教育课程和教学的微观组织范畴。

首先，该结构模型能为职业教育课程内容开发提供指导。职业教育课程内容开发中，根据职业能力到底能确定哪些知识点是个难点。关于这一问题我们长期以来的观念是，知识以在工作实践中"够用""有用"为准。然而，什么是"够用"？什么是"有用"？这一直是教师们感到非常困惑的问题。另外，课程内容开发是一个严密的过程，需要确保所开发知识的完整性，否则会严重影响课程的质量。然而，职业教育课程内容不是按照职业本身的相关性进行组织的，而是按照知识在特定职业活动中应用的相关性进行组织的，如果没有可依据的分析工具，那么当我们在进行职业知识的分析时就很容易产生遗漏，对于分析与判断知识则更是很难发现。有了这一模型，则可以较好地解决上述一系列问题，减少职业知识分析与判断的盲目性，大大提升职业教育课程内容开发的规范性。

其次，该结构模型能为职业教育教材模式设计提供指导。在职业教育专业教学标准开发取得初步进展后，教材成为制约职业教育课程改革深化和教学质量整体提升的关键环节。教材建设问题将另列专题讨论，这里要讨论的问题是教材编写中如何围绕工作任务叙述知识，具体地说就是要确定围绕工作任务叙述知识的顺序。以工作结构为基本依据开发职业教育课程结构，不仅要求职业教育课程的宏观结构应当以工作结构为基本依据，而且其微观结构也应当以工作结构为基本依据，即教材中职业教育课程内容的组织模式应当以工作过程中的知识关系为基本依据，而不能以静态的知识关系为依据。通常认为，工作过程中的知识关系是从理论到实践的线性演绎关系，这种观点把实践看作理论的延伸和应用，而事实上，在动态的工作过程中，理论与实践、知识与任务的关系是背景与焦点的关系（见图5-3）。要有效地培养学生的职业能力，就应当按照知识与任务的焦点与背景关系重构职业教育教材模式。但这是职业教育教材编写的难点，因为老师们普遍习惯了按照知识本身的逻辑关系叙述知识，但项目课程要求围绕工作任务叙述知识。这就带来了一个问题，即如何围绕工作任务对不同类型的知识进行合理的编排和叙述。图5-3所构建的职业知识结构模型为这一问题的处理提供了较好的思路。

再次，该结构模型能为职业教育教学过程设计提供指导。职业教育的教学有三种基本形态，即理论教学、理论与实践一体化教学和实践教学。其中理论与实践一体化教学应当是主要教学形态。尽管目前的职业教育教学模式改革非常倡导一体化教学，但实施的情况并不理想，问题的根源在于教师不知道如何把理论与实践有机地结合起来。要解决这一难点，一方面需要教师自身的知识结构能实现理论与实践的融会贯通，另一方面图 5-3 所构建的职业知识结构模型也是一个可依靠的工具。只是与前面两个方面不同，教学是一个非常灵活的过程，知识的呈现顺序不仅要考虑知识的逻辑，还要考虑学生的学习心理过程，因此职业知识的结构模型只能是教学过程设计的框架性依据，而不能机械地照搬。

本 章 小 结

职业教育的核心目标是发展学生的职业能力，因此，职业教育课程和教学基本理论方向的确定有赖于对职业能力本质的理解。然而在确定的理论方向下，要进一步解决职业教育课程和教学具体开发与实施中的问题，则有赖于对职业知识结构问题的研究。

人类的活动可划分为两大基本领域，即学科领域的活动与工作领域的活动。前者的目的是生产人类所需要的知识，促进人类对世界的理解；后者的目的是维护社会生活的存在并促进其发展。后者是一个十分广阔的领域，其内部又可划分为许多类别，通常区分为专业性活动和职业性活动这两大基本活动类别。这三类活动中，知识的内容及其存在方式有很大不同。学科领域的活动中，知识是按照其本身的逻辑关系存在的，所有的研究工作都首先要求在文献综述的基础上找到研究起点；职业性活动中的知识则是附着在工作任务上的；专业性活动中知识的内容与性质介于这两者之间。

在职业性活动中，其知识的结构模型又需要从外部和内部两个维度进行分析，它们分别对应职业教育课程和教学的宏观组织与微观组织问题。尤其是微观组织问题，是当前职业教育课程和教学改革的难点与关键点。职业教育课程的宏观组织已取得了较大突破，不仅过于繁难的专业基础课程被删除或被整合，课程设置的基本模式也逐步从学科模式转向了工作模式。然而关于微观层面的职业教育课程和教学组织，教师们遇到了困难，它直接影响到教材编写中知识的完美组织以及教学过程中理论与实践的完美融合。因此，对职业知识微观组织问题的研究是当前职业教育课程和教学理论深化的主要切入点。

第六章
职业教育课程衔接体系构建：模式与方法

现代化是目前职业教育发展热议的话题，是下一阶段职业教育发展的战略目标。什么是现代化？现代化的职业教育首先应该是一个完整的职业教育体系，然后才是高水平的职业教育。强调完整性，是因为由于历史原因，我国职业教育发展正处于事实上的分割状态。这体现在横向与纵向两个方面。横向方面指劳动、人事系列与教育系列的分离状态，纵向方面指各级职业教育之间的分离状态。这种分离状态的问题十分明显，它不仅造成了社会资源的巨大浪费，给管理带来了不必要的麻烦，还使得人才培养的路径不清晰，割断了个体知识、技能的持续积累过程，影响了人才培养的效益。然而，课程衔接体系的建设是个非常复杂的问题，其中既涉及机制，也涉及理论和技术。

第一节　课程衔接体系在现代职业教育体系建设中的关键作用

课程衔接体系是现代职业教育体系的核心内容和体系建设的关键环节，这已是共识。比如目前正在快速推进的中高职衔接，其中的关键问题就是课程衔接，产生了很多关于中高职衔接人才培养方案开发的课题。职业教育课程衔接体系的关键作用可从以下两个方面来理解。

一、课程衔接体系是现代职业教育体系建设的实质内容

无论从横向还是从纵向看，现代职业教育体系建设必须把建设内容最终落实到课程层面，否则所有的制度建设都只是空中楼阁。这里或许需要转变一个观念，即在教育体系建设中，不能把课程问题看作制度问题的下位概念而有意无意地忽视它。在以往的观念中，往往把制度问题定位为宏观问题，而把课程问题定位为中观或微观问题。按照通常的逻辑，只有宏观问题才需要在国家政策层面解决，而中观问题和微观问题只需在办学基层去解决，因而课程问题很少被实质性地纳入我国国家政策范围。然而事实上，一个问题应该放到哪个层面去解决，应根据该问题的复杂性和影响面来确定。

从横向上看，现代职业教育体系建设最终要终结的是劳动、人事系列与教育系列之间的分离状态。这两个系列不再分离的实质是什么？不是概念意义上的、框架意义上的，而是课程意义上的，即教育的内容体系要能与劳动、人事的职业资格证书体系相对接。从纵向上看，现代职业教育体系建设要终结的是中职、专科高职之间的分离状态，现在在职业教育办学体系中又多了一个层次，即技术应用类本科，这就又多了一个衔接关系。要在这几个层次的职业教育之间建立联系，当然必须解决一系列制度问题，比如首先要认可"3+2"人才培养模式。但有了这些制度后，要真正落实教育之间的衔接关系，就必须进入课程层面。比如北京的分级教育，应

当说是一项很有价值的改革，其所形成的许多理论成果对我国现代职业教育体系的建设极富启发性①。但类似改革如果没有深入到课程层面，那么在实践层面取得的进展就会很小。只有实现了课程层面的衔接，才是真正实现了衔接，因而课程衔接体系是现代职业教育体系建设的实质内容。

二、课程衔接体系是现代职业教育体系建设的真正难点

与此同时，一定要深刻认识到，现代职业教育建设中，课程衔接体系是真正的难点，这一点已基本获得共识。任何教育改革，一旦进入课程层面，立刻就进入了深水区，对职业教育课程衔接体系来说更是如此。要建立职业教育课程衔接体系，首先要理顺相应的管理体系。无论是课程横向割裂问题的形成，还是纵向割裂问题的形成，其根源都在于缺乏课程开发的联动机制，如果相应的管理体系不能理顺，那么课程衔接体系就无法建立；即使通过特殊努力使这一体系建立起来了，久而久之也会再次出现割裂现象，导致前功尽弃。

从目前的情况来看，职业教育课程纵向衔接体系构建的管理障碍已不存在。中高职衔接人才培养模式已在全国绝大部分省市全面展开，有些省市甚至确立了中职与本科衔接的项目。职业教育课程横向衔接体系构建的管理障碍除了在个别省市（如上海）已基本消除外，绝大多数省市的状况几乎没有改变，但管理壁垒的消除已是大势所趋。

管理壁垒的消除既难又容易，完全取决于领导者的决心。然而管理壁垒一旦消除，相应的课程衔接体系的构建则要花很长时间，如果对课程衔接体系建设工程缺乏周密规划，很可能要花费近 10 年时间才能建立这一体系。比如纵向衔接课程体系的构建，中高职衔接项目发布已有 3~4 年，可中高职课程衔接体系构建的思路目前似乎还处于探索和争论阶段。在以往的改革中，课程衔接关系并非没有触及，但为何一直没有在实践层面取得实质性进展？不是我们没有充分重视其建设的重要性，而是因为课程衔接体系的建立是一项极其复杂的工程。

---

① 李红宇. 职业教育分级制研究［M］. 北京：中国财富出版社，2012：1.

课程衔接体系建设之所以难度极大，首先，要建立课程衔接体系，必须建立相应的衔接模型，这涉及基础理论研究，研究清楚其中的问题需要耗费较长时间。其次，凡是课程建设必然涉及知识、能力的分析问题。课程最核心的问题就是内容及其组织方式，要建立起新的课程内容体系，就必须对学生要学习的知识和能力进行系统梳理，并编制课程标准、教材以及教辅材料。对于面向数以万计职业岗位的职业教育而言，这无疑是一项极其复杂的工作。再次，要全面建立起课程衔接体系，从根本上解决课程的横向与纵向割裂问题，必须解决好两个衔接领域之间分类关系的对接问题。比如，要建立横向衔接体系，必须先建立专业与职业资格之间在分类上的对接关系；要建立纵向衔接体系，首先必须建立中职专业分类与高职专业分类之间的对接关系。这也是一项技术性极强、工作量极大的工程。

第二节 课程横向衔接体系设计

课程横向衔接（通常称双证融通）体系的实质内容是什么？一种观点是把它理解为学生于在读期间考取职业资格证书。学生对职业知识的学习的确要有职业资格证书作为制度保障，但基于考证的学习是发生在正式的专业课程之外的，它只是在现有专业课程基础上增加了职业资格证书的学习内容，而没有实现两种内容的有机融合，因此不是我们所理解的课程横向衔接体系。另一种观点是把它理解为把职业资格证书的考试内容有机地融入专业课程，使学生在完成专业课程学习的同时，完成相关职业资格证书考试内容的学习。这应当是我们所理解的课程横向衔接体系的重要内容，但不是全部内容，因为专业课程所融入的职业资格证书的内容必然还要期望得到职业资格证书颁发部门的认可，这就使课程横向衔接体系的建立问题大大复杂化了。因为如果把课程横向衔接体系的建立仅仅理解为在职业教育专业课程中有机融入职业资格证书的考试内容，那么这一目标只需在职业院校内部就可解决。问题的复杂性正是来自后者，因为它涉及教育行政系统与人力资源和社会保障行政系统的合作问题，而这一直是我国职业教育发展的主要制度障碍之一。在探讨衔接体系构建的具体方法之前，必须选定我们拟构建的课程横向衔接体系的模式。

一、课程横向衔接模式的选择

课程横向衔接模式的选择，就是确定课程横向衔接关系的建设水平。从国际范围来看，它包括两种水平：(1) 一体化衔接，即专业设置与职业资格证书设置完全一致，专业课程设置及其内容也与职业资格证书的模块要求完全一致。英国的 NVQ 体系实现了两者的完全统一。澳大利亚的体系，则只是在中等教育阶段建立了两者的完全对接关系，在高等教育阶段两者之间只是松散性衔接。(2) 松散性衔接，即教育系列与劳动、人事系列仍然按照各自的分类体系运行，但要求职业教育尽可能主动地寻找能与专业对应的职业资格证书，并把职业资格证书的内容纳入专业教学标准，同时，职业资格证书开发部门也会依据来自教育的信息而对证书内容适时进行更新。美国职业教育采用这一体系。美国的职业教育建立了自己的教学标准，这些教学标准也是基于岗位任务分析得出的结果，但除此之外，联邦政府还建立了职业标准，其教学标准尽管会努力吸收职业标准的内容，但两者完全是两个系列。

发达国家课程体系多年的运行结果表明，课程横向衔接体系的两种模式并无绝对的好坏之分。不能说一体化衔接就是好的，因为职业资格体系与人才培养体系毕竟是两个不同的体系，它们各有自己的运行规律。职业院校的课程体系如果完全与职业资格证书体系相一致，那么其专业的口径要收窄，因为职业资格证书不可能认证过于广泛的职业能力，而这必然会影响到专业建设的灵活性。这就是为什么在两者的衔接模式上，发达国家也存在不同选择。选择不同衔接模式，与这个国家的社会、经济、就业、教育体系的运行模式是密切相关的。

从我国的实际情况看，我们适合选择松散性衔接模式，理由有两点：(1) 我国劳动者的就业特征与职业教育的特点决定了不能采取一体化衔接模式。我国劳动者就业的突出特征是流动性大，职业教育的特点是学校职业教育模式占据了绝对主体地位，它们决定了我国职业教育的专业范围必须有相当程度的弹性。(2) 从松散性衔接转换到一体化衔接是一项十分复杂的社会工程，它需要对整个职业资格证书体系和专业设置体系重新进行开发。如果仅仅依据现有职业资格证书体系进行专业设置，则不仅存在对职业能力的认证范围过窄的问题，还存在职业资格证书体系本身不完善的问题，尤其是许多高级职业并无相应的职业资格证书。这种复杂的改革不仅极难实施，而且并无必要。当然，在把松散性衔接模式作为课程横向衔接关系建立的主导模式的同时，也可以在一些技能性强的中职教育的专业中试点一体化衔接模式，比如烹饪专业、导游专业、护理专业、汽车维修专业等。

即使是选择松散性衔接模式，推进专业设置、专业课程内容与职业标准相衔接也意味着教育系列与劳动、人事系列的双向改革。当然，课程横向衔接体系的建立，首先要求职业教育在进行专业设置与课程开发时，努力寻找并对接相应职业资格证书的内容，但事实上有些职业资格证书本身存在严重问题，如果这些证书不进行改革和完善，那么课程横向衔接关系的建立反而成了束缚职业教育专业建设的绳索。比如，现在有些职业资格证书的内容比学校课程的内容还要学科化，职业院校的考证教育反而成了实实在在的应试教育。有些职业资格证书的内容则多年没有修订，其内容本身也不完善，不能完全体现职业岗位的要求。许多职业没有对其职业能力进行认证的职业资格证书，这也是比较突出的问题。因此，各种职业资格证书的主管部门应当定期主动地对职业资格证书进行更新和完善。

二、建立课程横向衔接体系所需要的协调机制

课程横向衔接体系构建的前提是建立能协调教育行政系统与人力资源和社会保障行政系统（简称"人保行政系统"）的管理机制。建立课程横向衔接机制，不仅符合职校生的需要以及职业教育整体事业发展的需要，其实也符合教育行政系统与人保行政系统的部门需要。

从教育行政系统的角度看，构建课程横向衔接体系，首先可以有力地推动课程与教学模式的改革。我们的职业教育课程改革始于20世纪90年代初，已历经20多年，实际效果如何？观念上的改变效果的确非常明显，然而就是很难把这种改变落实到课堂层面，真正改变学与教的方式。这是为什么？其中的一个重要原因是教师缺乏进行深度改革的动力。如果实施了双证融通，课程的授课效果必须得到技能鉴定专家的认可，那教师们就不得不对课程与教学模式进行根本性改革了，因为如果继续抱着学科

式的课程与教学思想，学生根本不可能达到职业资格证书所要求的技能水平。这种改革的动力要远大于技能大赛所带来的动力，因为技能大赛的训练只是针对极少数参赛选手，而双证融通针对的是全体学生。其次，可以有力地推动双师型师资队伍建设。双师型师资队伍建设是当前职业教育师资队伍建设中的核心问题。现在的职业教育教师不缺学历，而缺技能。促进双师型师资队伍建设的常规思路是给教师提供企业实践机会，以及从管理上要求教师考取相应等级的职业资格证书。然而仅仅从这些方面入手能彻底解决这一难题吗？恐怕不行，关键的问题是必须使教师产生技能提高的内在动力，而双证融通的课程改革就可以有效地提供这一动力，因为它将使自己不会进行操作、技能水平达不到职业资格证书规定要求的教师无法走进教室。这两个问题都是目前职业教育中最为核心的问题，它们为教育行政系统致力于双证融通提供了足够动力。事实上，教育行政系统一直对双证融通持积极态度。

从人保行政系统的角度看，构建课程横向衔接体系，首先可以把职业资格证书的内容有机地融入职业院校的专业课程，使职业资格证书制度在人才培养中有效地发挥引领作用，这应当是职业资格证书制度建立的重要目的之一。其次通过在专业课程学习的基础上对学生的职业能力进行鉴定，可以全面有效地进行职业能力各要素的鉴定，大大提高职业技能鉴定的信度和效度。比如，在专业课程的学习中，不仅可以鉴定学生对知识、技能的掌握水平，还可以鉴定学生的职业素养水平；通过把一次性鉴定变为与课程学习相结合的过程性鉴定，可以更加真实地区分鉴定对象的实际职业能力水平。

既然课程横向衔接体系的构建既符合教育行政系统的部门需要，也符合人保行政系统的部门需要，那么现在我们面临的主要障碍就是建立两大部门之间的协调机制。上海市解决这一问题的方法是建立由教育行政系统和人保行政系统共同组成的双证融通实施机构，这一经验值得借鉴。

2012年，上海市教育委员会、上海市人力资源和社会保障局联合印发《上海市中等职业教育"双证融通"专业改革试点实施方案》，开启了中等职业学校双证融通改革试点工作，首批确定了10个试点专业。目前，上海市已形成了教育部门负责教学，劳动部门负责考核，双方共同确定职业资格证书考核内容的合作机制（见图6-1）。

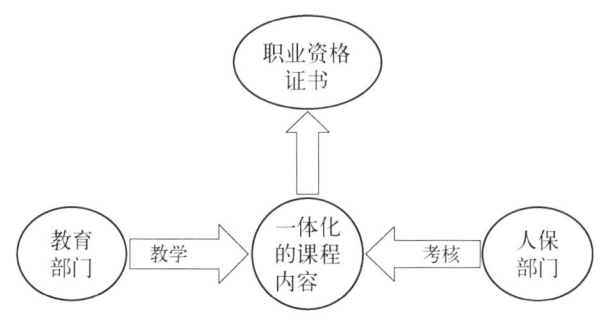

图 6-1　上海市双证融通协调机制

三、课程横向衔接的设计方法

如何实现专业课程内容与职业资格证书内容的有机融合？从理论的角度看，专业课程内容与职业资格证书内容是有内在一致性的，因为它们有着共同的出发点，那就是职业岗位对能力的要求。专业课程除了要满足职业岗位对能力的基本要求外，还要满足个体进一步的专业发展需要，因此其范围应比职业资格证书的内容更广，专业课程内容应当包含职业资格证书内容。然而现实总是要比理论复杂得多。

专业课程由于受多种因素的影响，其内容已在很大程度上远离了职业岗位的能力要求，而越来越具有学科性、普通性特征。同样，职业资格证书的内容其实也未能避免这些因素的干扰。有些职业资格证书中陈旧的内容很多，有些职业资格证书的内容则是理论化的。面对这种情况，如果只是单方面地要求"把职业资格证书的内容有机地融入专业课程内容"，就可能导致专业课程建设水平的倒退，甚至出现职业教育中的应试教育现象。因此，课程横向衔接体系构建的前提是重新开发专业课程内容与职业资格证书内容。

课程横向衔接体系构建还存在一个问题：是把职业资格证书内容有机地分散到各门专业课程中，还是把它们限定在特定课程中，在专业课程中专门确定出几门双证融通课程？前一种做法或许更容易被接受，但从操作的角度看，第二种做法更为可行，只要我们期望被融合的职业资格证书内容能够通过鉴定，并获得职业资格证书颁发部门的认可。从理论上看，第二种做法也与实际更为吻合，因为职业资格证书内容是对岗位职业能力的基本要求,而专业中的主干课程也是针对这些基本能力的内容所设置的,其他课程则是基于职业能力的进一步发展需要而设置的,它们本身不包含在职业资格证书的内容中。现实中,两者往往存在冲突,这是我们的职业教育课程模式所致。

确立了以上两个前提,就可以系统进行课程横向衔接体系的设计了。设计程序包括:(1)分析、选择并确定专业人才培养所应针对的工作岗位,并在此基础上确定要融通的职业资格证书(包括等级);(2)依据课程设置要求与职业资格证书要求,确定双证融通课程;(3)开发双证融通课程标准,实现课程内容与职业资格证书内容的融合;(4)制定双证融通课程教学实施方案,包括师资要求、实训条件要求、教学方法要求以及教学内容安排等方面,确保双证融通课程的教学质量;(5)开发双证融通课程考核方案,实现双证融通课程评价结果与相应职业资格证书评价结果的等值(见图6-2)。

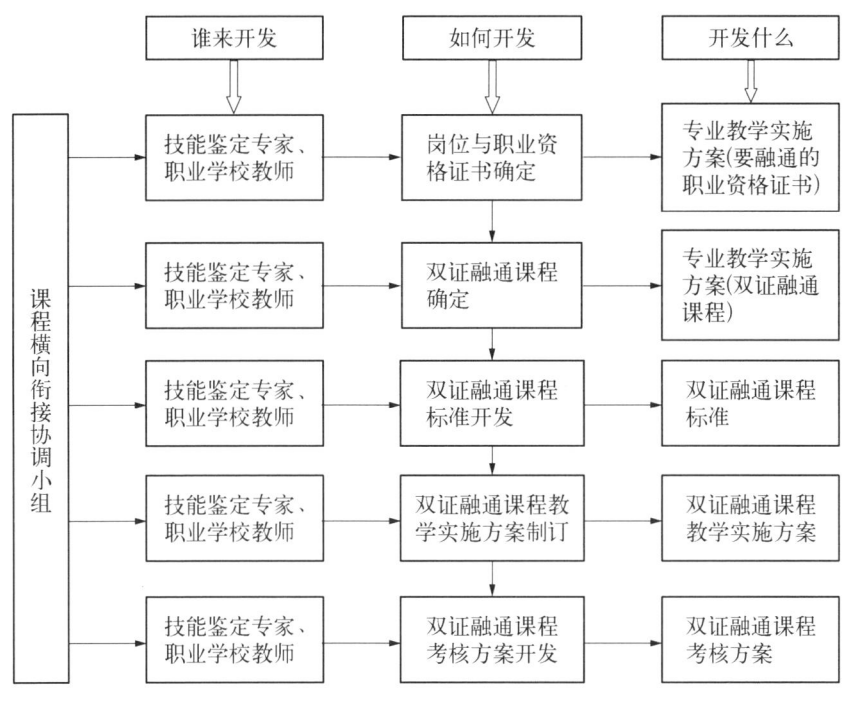

图6-2 双证融通课程开发流程

整个开发过程应通过学校教师与技能鉴定专家的深度合作来完成。技能鉴定专家还应深入指导和监督双证融通课程的教学实施与评价,以确保双证融通课程的教学质量,使双证融通课程的教学结果达到所要融通的职业资格证书的要求。

(一) 确定岗位与职业资格证书

选择专业面向的工作岗位,是确定专业人才培养方向的基本方法,也是进行专业教学实施方案后续开发步骤的前提。岗位选择主要应考虑:(1) 职业教育的性质与层次,必须选择那些具有职业教育特色、符合职业教育人才培养方向、与相应职业教育层次相适应的岗位;(2) 学生的职业生涯发展,所确定的岗位应当有一定前瞻性,应包含学生就业后若干年内能达到的发展岗位和迁移岗位。

在岗位选择的基础上,进一步选择具有权威性、有利于促进学生就业的职业资格证书作为专业课程的融通对象。所选择的职业资格证书应当是制度允许,且在正常教学情况下绝大多数学生能够取得的职业资格证书。

(二) 确定双证融通课程

双证融通课程指包含了相关职业资格证书全部内容、能有效实现双证融通的课程。双证融通课程的确定是"双证融通"专业教学实施方案开发的关键环节。

通常需要多门课程才能实现双证融通。为了增强可操作性,双证融通课程设置门数应有所控制,一般应控制在4~6门课程,最多不超过8门。既不能为了考取职业资格证书而特别设置双证融通课程,也不能简单地在现有课程体系中把一些相关课程确定为双证融通课程。双证融通课程应在遵循能力本位课程设置要求的基础上,综合考虑职业资格证书内容体系的特点进行设置。双证融通课程应为依据工作任务设置的能力本位课程。

(三) 开发双证融通课程标准

双证融通课程标准开发是实现专业课程内容与职业资格证书内容相互融通的关键环节,是开发双证融通教学实施方案与考核方案的基础。为了保证内容的内在一致性，其开发均主要依据课程标准进行，因而课程标准是否真正实现了两个体系内容的融合，是实现双证融通的关键环节。

职业教育课程除了要承担培养学生职业技能的功能外，还要承担发展学生综合素质等多方面功能，因此专业课程的内容要大于职业资格证书的内容。双证融通课程内容的开发程序，应该首先依据职业教育课程内容的开发方法确定内容体系，然后从工作任务、技能要求与相关知识三个维度，把课程内容与职业资格证书内容进行对照，使两者有机融合。双证融通课程标准通常应包含初级和中级职业资格证书的内容与要求。

（四）制订双证融通课程教学实施方案

双证融通课程教学实施方案由课程概况、教师任职条件、实训（实验）教学条件与授课计划四项内容构成。教师任职条件、实训（实验）教学条件均应能满足双证融通课程技能教学目标实现的需要。

为了确保双证融通专业教学实施方案的有效实施，应当制订双证融通课程的授课计划，并监督实施。授课计划是对某课程教学实施的整体安排，是从教学实施角度对课程标准的具体化。授课计划是体现双证融通课程实施程度的关键性文本。

（五）开发双证融通课程考核方案

双证融通课程考核方案也是确保双证融通专业教学实施方案得到有效实施的关键环节。双证融通课程标准是考核方案制定的基本依据。考核方案开发要求以职业资格证书的考核内容与考核方式为基础，并根据课程的目标与内容进行拓展，形成能准确、完整地评价一门课程学生学习效果的方案。

双证融通课程考核一般由理论知识考试、操作技能考核和职业素养考核三部分组成。理论知识考试应涵盖该门课程所有的知识，且必须包括与职业技能标准对应部分的主要相关知识。操作技能考核用于考核学生实际操作水平，应努力突出考核的真实性，一般采用终结性评价方式。职业素养考核一般采用过程性评价方式。

第三节　课程纵向衔接体系设计

　　课程纵向衔接体系,即通常所说的中高职课程衔接,以及中高职课程如何与技术应用本科教育课程相衔接的问题。中高职衔接的确是有利于职业教育体系健康发展的重要措施,它不仅能有效避免人才培养中因课程重复而造成的资源浪费,给中职学生提供了更多生涯发展路径,而且有利于通过基于长学制的一体化中高职衔接课程体系的设计,达到提升人才培养水平的目的。这就是为什么20世纪末开始的美国"技术准备计划"把中高职衔接,甚至进一步在学制上实现中高职与本科衔接作为主要改革项目。当然,中高职衔接是一项非常复杂的工程,当参与中高职衔接的职业院校获得了政策许可时,如何设计课程体系就成了其立刻面临的重要问题。相对横向衔接体系的建立而言,课程纵向衔接体系的建立由于不用跨部门,因而从机制保障来说要容易一些,但从实现课程衔接的技术来说也并不简单。从现有情况来看,中高职衔接中的课程设计问题很多,许多课程方案在实践中其实是无法执行的,有的甚至违反了最基本的课程原理,因此急需对中高职衔接中的课程设计问题进行系统探讨。

一、中高职衔接问题的本质

　　与课程横向衔接体系的构建一样,课程纵向衔接体系的构建也存在两个水平:(1)院校层面的课程纵向衔接,即在建立了人才衔接培养机制的特定中高职与技术应用本科院校之间进行的课程衔接,目前正在实施的中高职课程衔接正是在这一层面进行的。(2)体系层面的课程纵向衔接,即在国家专业教学标准层面实现中高职教育与技术应用本科教育课程之间的衔接。它要求首先开发体现课程纵向衔接要求的各级职业教育专业教学标准。当各级职业教育按照这一专业教学标准体系进行课程设置时,自然而然就实现了各级职业教育之间课程的各自定位与衔接。相对院校层面的课程衔接而言,体系层面的课程衔接超越了特定教育机构的局限,实现了职业教育课程整个体系的衔接,不仅达到了衔接的目的,又给学生提供了极大的选择空间,因而是课程纵向衔接体系应该追求的最终目标。

(一)实体取向中高职衔接的局限性

把中高职衔接理解为在具体的中职学校和高职学院之间建立衔接关系,是当前关于这一问题最为流行的观点,如举办五年制专科学校,实施中高职贯通等。其主要目的或是为了解决高职学院的招生问题,或是为了满足中职学生的升学需求。这种衔接关系有可能发生在特定的中职学校与高职学院之间,也有可能发生在若干所中职学校与若干所高职学院之间。目前绝大多数中高职衔接行动是在这一框架中进行的。在这种实体取向的中高职衔接中,虽然有时研究者也认识到了课程衔接在中高职衔接中的重要性,但只是把课程衔接作为与师资、管理制度等相并列的一项内容。课程衔接成了中高职院校衔接的下位概念。

在实体层面对中高职衔接的现实主义理解并非我国独有,国外同样有,比如美国的"技术准备计划",其重要目标之一就是整合中等与中等后职业教育,而且它比我们的中高职衔接还要雄心勃勃,因为它要求参与的实体包括社区学院、地方职业技术学校、综合中学、四年制的学院或大学、各类学徒组织以及私立教育实体,所涉及的办学实体远比我们广泛。美国联邦政府要求这些实体相互签订实施"技术准备计划"的协议[①]。

在办学实体层面理解中高职衔接不能谓之错,因为毕竟中高职衔接不像高中教育与大学教育衔接那样简单。高中教育与大学教育是完全不同的两种类型的教育,它们之间不存在冲突与矛盾。而中高职教育属于同一性质教育的两个层次,其内部有许多复杂而矛盾的问题需要解决,如不在办学实体层面实施中高职衔接,那么中高职衔接就很可能流于空谈。比如对高职学院来说,他们可能更倾向于招收来自普通高中的生源而不与中职学校衔接,对中职学校来说,也可能因不认可高职学院的办学质量而缺乏衔接的动力。因此,问题在于办学实体层面能否抓住中高职衔接的本质。

---

① Stewart B R, Bristow D H. Tech prep programs: The role and essential elements [J]. Journal of Vocational and Technical Education, 1997, 13 (2).

(二) 基于现代职业教育体系构建的中高职衔接观

要从本质上理解中高职衔接的内涵，必须了解我国中高职衔接的真正战略意图。《国家中长期教育改革和发展规划纲要（2010—2020年）》对这一战略意图描述得很清楚，那就是要建立"中等和高等职业教育协调发展的现代职业教育体系"[①]。既然如此，那么仅仅在办学实体层面理解中高职衔接是远远不够的。因为这种办学实体层面的中高职衔接只是特定政策的结果，它只可能存在于局部，而不可能构成体系。可见，我国的中高职衔接与美国的技术准备计划有本质不同，美国的技术准备计划只是针对特定的技术人才短缺状态采取的一种局部政策行动，而我国的中高职衔接是基于形成我国现代职业教育体系的战略思考。

那么，如何才能通过中高职衔接实现现代职业教育体系呢？《国家中长期教育改革和发展规划纲要（2010—2020年）》中还有一处重要表述，那就是要"建立健全职业教育课程衔接体系"[②]。不论这句表述的编写者当时是基于什么考虑，的确，只有建立课程衔接体系才可能在体系层面实现中高职的衔接，因为学校办学要由多种要素构成，如师资、学生、校舍、设备设施、课程、管理体系等，而在这些要素中，处于核心的是课程，所有办学要素均是以课程为核心而展开的。中高职在办学实体衔接中存在的大量断裂现象，多数皆因缺乏可依据的统一课程体系所致。然而课程也不是一个单一的概念，它本身也是由许多要素构成的，如课程设置、课程标准、教材、课程资源、课程评价等。那么体系层面的课程是什么？或者说具备体系整合功能的课程是什么？那就是课程标准。这样我们就可以说，建立我国现代职业教育体系的关键问题是要建立基于中高职衔接的课程标准体系。《教育部关于推进中等和高等职业教育协调发展的指导意见》（教职成〔2011〕9号）意识到了这一问题的重要性，提出要"逐步编制中等和高等职业教育相衔接的专业教学标准"[③]。

---

①② 中华人民共和国教育部. 国家中长期教育改革和发展规划纲要（2010—2020年）[S/OL]. http://www.moe.edu.cn.
③ 中华人民共和国教育部. 教育部关于推进中等和高等职业教育协调发展的指导意见（教职成〔2011〕9号）[S/OL]. http://www.moe.edu.cn.

二、中高职衔接的碗形课程模式

中高职衔接课程体系构建的通常思路是，把同类专业现有中职和高职的课程体系进行对照，共同部分进行合并，然后把所确定的课程在中职段和高职段进行合理分配。这是一种朴素的中高职衔接课程开发思路，这一思路能够取得好效果的前提是，现有中高职的课程设置是合理的、完美的，然而现实远非如此。中高职衔接课程体系的构建，往往需要对整个课程体系重新进行设计，这就需要首先建立中高职衔接的课程模式。

（一）从人才定位到能力分析

如何实现中高职课程衔接？目前这个问题陷入了"定位论"之争，即争论高职教育人才培养目标的定位是什么，中职教育人才培养目标的定位是什么。这一论争占据了当前职业教育研究的很大一部分空间。其中比较有代表性的观点是技能层级说与人才类型说。技能层级说主张按技能的等级来区分中高职人才培养目标（如把高职教育定位在培养高技能人才上[1]，而最近还出现了"高端技能人才"这一概念）。另一种观点则从人才分类理论出发，主张中职教育培养的是技能型人才，而高职教育培养的是技术型人才。[2]无论是技能层级说还是人才类型说，都是一种阶梯式中高职衔接课程模式观。这一观点似乎很合理，只要依据技能层级或人才类型就可对中高职课程进行清楚的区分，然而实际情况并非如此。

技能层级说显然存在明显漏洞，仅从职业资格证书考级情况看，高职学生的等级就未必高于中职学生；而仅仅从技能层级定义高职教育，也有违高等教育的基本理论假设，即高等教育并非因为所训练技能的等级高而称为高等教育，而是因为所传授理论知识的复杂程度高而被称为高等教育。

人才类型说能在一定范围内解释了中高职人才培养目标的差别，但在很多情境

---

[1] 中华人民共和国教育部. 教育部关于推进中等和高等职业教育协调发展的指导意见（教职成〔2011〕9号）[S/OL]. http：//www.moe.edu.cn.
[2] 肖化移，聂劲松. 从人才结构理论看高职人才培养规格 [J]. 职业技术教育，2005，26 (19).

下,它也是明显乏力的。首先,什么是技能?什么是技术?在课程内容的陈述方式上它们有什么明显区别?课程开发的基本思维方式是,任何抽象的课程理念如果要用于课程开发,必须找到在课程产品中体现它的具体方法。因此,如果我们不能找到技能与技术在陈述方式上的明显区别,那么这一观点就无法用于指导中高职衔接的课程开发。其次,我们无法用技能和技术这两个概念对中高职人才培养目标做出区分。为什么中职生不能学习技术?对有些行业来说,技术已渗透到其工作的各个环节,那么在这种行业中适合中职生学习的许多内容也是技术。比如在汽车维修行业,一位汽车维修工,不论其水平如何,在他开始维修工作的一瞬间,便同时面临技术问题与技能问题。其他大多数职业也是如此,如护理、销售等。而高职学生尽管会学习很多技术,但这些技术如果不落实到技能层面,他们也是无法运用的。更为彻底地说,在理论技术无处不在的今天,我们已很难在现实中明确区分技术与技能了。人才类型理论其实也是人才等级理论,它来源于传统的流水线生产模式,但在现代技术与现代企业管理模式下,这一理论已越来越显得不适应。

  无论是技能层级说还是人才类型说,它们作为"定位论"有个共同的基本假设,即只有明确了中高职人才培养目标的定位,明确区分了两者的界限,才可能进行中高职课程衔接。这一似乎无可争辩的观点,却因为忽视了办学实践的复杂性,使我们陷入了不可能有结果的空洞的思辨状态,并成了实现中高职课程衔接的重要障碍。在普通教育中,人们清楚地知道小学、初中、高中数学分别学习什么,这一问题甚至根本不需要数学教育家来回答。那么,我们是否曾经讨论清楚过小学、初中与高中的人才培养目标定位?其数学内容的区分是否是在彻底讨论清楚了人才培养目标定位后才做出的呢?显然不是,而且有些时候也是没有必要的。其内容的区分是数学教育家根据现代生活对数学知识的要求及学生的数学认知水平在课程层面进行判断的结果。

  对人才培养目标定位的这种过度讨论在国外基本上找不到先例,但国外不乏中高职课程衔接得很好的案例。表6-1是美国俄亥俄州制造技术行业的部分课程标准举例。其左边一列为制造技术行业所要学习的所有模块及其职业能力,右边则是这些职业能力在高中、社区学院和学徒训练中的学习水平。从这个例子我们清楚地看到,他们通过对职业能力学习水平的划分,不仅很好地区分了中高职课程的内容要求，而且区分了中高职与学徒训练的内容要求。

表6-1 美国俄亥俄州制造技术行业的部分课程标准举例①

职 业 能 力	12	AD	ApT
模块12：加工与产品质量保证			
12.1 持续对产品进行改进	I	P	
12.2 解释质量与生产效率	P	R	
12.3 核查账目并检测，维护并持续改进产品质量	I	P	
12.4 运用自动化数据收集技术	I	P	
12.5 运用概率统计原理进行质量管理	I	P	
12.6 矫正生产过程使之达到质量标准	I	P	
12.7 评价生产设计对产品质量保证的影响	I	P	
模块25：测量工件，解释图纸并进行检测			
25.1 掌握精密加工所需要的基本数学技能	P	R	R
25.2 解释不同的测量系统	P	R	R
25.3 识别、解释并运用精密加工中的基本测量工具	P	R	R
25.4 解释并运用图纸中的信息	I	P	R

（注："12"为高中毕业，AD为副学位，ApT为学徒训练。职业能力的学习水平，I代表了解，P代表熟练，R代表强化）

可见，从课程论的视角看，人才定位与课程内容并不是从上往下的演绎关系，而是相互促进的互动关系。我们可以在定位清楚人才培养目标的基础上确定课程内容，也可以通过根据教学经验确定的课程内容来定位人才培养目标。对当前的中高职课程衔接问题来说，有必要摆脱"定位论"的思维困境，在具体的课程内容的区分中"自然"地定位中高职人才培养目标。可见，课程理论的功能有时候不要局限于解决课程本身的问题，它还可以是解决许多重要教育问题的钥匙。如果我们不能深入课程内部，许多对重大教育问题的论述很可能流于空泛。

---

① Ohio Department of Education. Manufacturing technologies：Career field technical content standards document [S/OL]. Ohio Department of Education, 2006. P. xxxv & xxxvii. http：//www. ode. state. oh. us.

(二)中高职衔接碗形课程模式的内涵

按照以上思路,要建立中高职衔接的课程模型,必须突破常规的概念性思维模式,深入分析职业岗位对中高职学生具体能力要求的结构。表6-2是烹饪工艺与营养专业中高职学生的能力结构。这张表是由目前正在烹饪岗位上工作的厨师长在分析专家的方法论引导下开发出来的,根据多次分析所积累的经验,一线岗位专家对中高职职业能力的区分是非常精准的。限于篇幅,这里只截取了部分分析结果,但这个分析结果包含了我们在不同专业分析中所遇到的中高职职业能力区分的各种情况。只要对它进行认真观察,就可以发现中高职课程衔接的一般规律。

表6-2 烹饪工艺与营养专业工作任务和职业能力分析(部分)

工作领域	工作任务	职业能力	
		中 职	高 职
D 凉菜制作与出品	D-1 拌菜制作	● 能选择原料调制出调料。 ● 能对原料进行切、拍等处理。 ● 能选择合适的配料制作拌菜。	
	D-2 冻菜制作	● 能对原材料进行长时间蒸、煮、炖等处理,做出动物性汤料。 ● 能对原料进行刀工处理。 ● 能根据原料特点选择出合适的器皿,做出一定的造型。 ● 能根据原料的质地,用不同的温度和方法进行冷冻。	
	D-3 卤烧菜制作	● 能对卤烧的原材料进行初加工。 ● 能根据卤烧的原料配制出合适的卤料。 ● 能对原料进行切配、烹制等处理。 ● 能根据卤烧的要求选用合适的器皿,加入原料与卤料,进行卤制。	

续 表

工作领域	工作任务	职业能力	
		中职	高职
D 凉菜制作与出品	D-4 腌、糟、腊制作	● 能对腌、糟、腊的原材料进行初加工。 ● 能根据原材料的特点选用适当的调味品进行腌、糟、腊制作。 ● 能根据加工对象控制腌、糟、腊制作的时间、条件等。	
	D-5 吊烤菜制作	● 能选择原料进行加工、腌制、挂凉。 ● 能将半成品正确挂入烤炉。 ● 能控制烤制的时间和温度。 ● 能选用合适的工具取出烤制品。 ● 能对取出的烤制品进行刀工处理。	
	D-6 拼盘制作	● 能根据不同主题，选择原料进行烹制加工。 ● 能对不需要烹制的原料进行刀工处理。 ● 能根据主题进行拼摆。	
	D-7 雕刻制作	● 能按主题选择原料。 ● 能对原料进行雕刻制作。	
E 热菜制作	E-1 油烹法制作	● 能进行原料切配。 ● 能掌握原料腌制保护工艺（腌制配方、时间、标准）。 ● 能掌握油温及火候。 ● 能掌握菜肴的调味、勾芡。 ● 能进行简单的菜肴装饰。	● 能用油烹法制作难度大、工艺复杂的菜品。
	E-2 水烹法制作	● 能进行原料切配。 ● 能掌握原料腌制工艺（腌制配方、时间、标准）。 ● 能掌握水温及熟制时间。 ● 能掌握菜肴的调味、勾芡。 ● 能进行简单的菜肴装饰。	● 能用水烹法制作难度大、工艺复杂的菜品。

续　表

工作领域	工作任务	职业能力 中职	职业能力 高职
E 热菜制作	E-3 汽烹法制作	● 能进行原料切配。 ● 能掌握原料腌制工艺（腌制配方、时间、标准）。 ● 能调制酱料。 ● 能掌握原料熟制时间。 ● 能进行简单的菜肴装饰。	● 能用汽烹法制作难度大、工艺复杂的菜品。
E 热菜制作	E-4 焗烤法制作		● 能进行原料切配。 ● 能掌握原料腌制工艺（腌制配方、时间、标准）。 ● 能使用焗烤设备。 ● 能掌握熟制的时间及温度并进行调味。 ● 能进行一定的菜肴装饰。
E 热菜制作	E-5 特殊法制作		● 能读懂微波炉使用说明书。 ● 能掌握各类菜品的制作时间。 ● 能根据微波烹制要求对原材料进行初加工。 ● 能根据需要对原材料进行腌制。 ● 能选择合适的调味品和烹制器皿。 ● 能对菜肴进行装盘和装饰。
F 汤品制作	F-1 羹品制作		● 能使用调制好的成品汤。 ● 能用各种材料加入成品汤制作羹。 ● 能按照不同羹的种类勾芡。
F 汤品制作	F-2 滋补汤制作		● 能使用调制好的成品汤。 ● 能识别和运用各类滋补的原材料。 ● 能根据各类滋补品的品质特征控制滋补汤的烹调时间。

续 表

工作领域	工作任务		职 业 能 力	
			中 职	高 职
F 汤品制作	F-3 浓汤制作		● 能正确选择制作浓汤的原料。 ● 能正确使用吊制浓汤的火候（大火）。	
	F-4 清汤制作		● 能正确选择制作清汤的原料。 ● 能正确使用吊制清汤的火候（小火）。 ● 能正确使用清除汤内杂质的原料并进行清汤清理的操作。	
G 中式面点制作	G-1 水调类面点制作		● 能和制各种水类面团。 ● 能调制各类馅料。 ● 能制作各种形状的水调类面点。	● 能对面点进行创新制作。
	G-2 膨松类面点制作		● 能正确使用各类膨松剂、改良剂。 ● 能掌握各类膨松面点的火候。 ● 能制作高档宴会的精细面点。	
	G-3 油酥类面点制作		● 能制作各类酥皮。 ● 能拌制各种酥皮点心用馅料。 ● 能按要求制作各种形状酥皮点心。	
	G-4 其他类面点制作		● 了解其他类点心的种类和制作工艺。	● 能制作部分其他类点心。
H 西式面点制作	H-1 面包制作	H-1-1 原料配制		● 能认识各种原料。 ● 能进行单位换算与称量，掌握各种原料的匹配比例。

续 表

工作领域	工作任务		职 业 能 力	
			中 职	高 职
H 西式面点制作	H-1 面包制作	H-1-2 成型		● 能用基础造型技法进行面包成型。 ● 能用特殊造型技法进行面包成型。 ● 能用创新造型技法进行面包成型。 ● 能使用基础设备设施。
		H-1-3 醒发处理		● 能判断面包基础醒发各阶段状态。 ● 能判断酥类面包醒发状态。
		H-1-4 烤制		● 能正确开启、使用烤箱。 ● 能判断各种面包的成熟度。 ● 能用技巧改良面包色泽。
		H-1-5 出品		● 能晾制和储存各种面包。
	H-2 蛋糕制作	H-2-1 原料配制		● 能认识各种原料。 ● 能进行单位换算与称量,掌握各种原料的匹配比例。
		H-2-2 成型		● 能正确使用打蛋器及各种模具。 ● 能判断打发状态,根据突发状况进行补救。 ● 能做出基础造型及特殊造型蛋糕。 ● 能熟练运用挤、搓、卷、切、贴、抹等技巧制作成型。
		H-2-3 出品		● 能对蛋糕做简单装饰及特殊造型。 ● 能制作各种装饰材料。
I 菜品设计与创新	I-1 理念的设计			● 能根据市场需求提出菜品设计的理念和思路。

续 表

工作领域	工作任务	职 业 能 力	
		中 职	高 职
I 菜品设计与创新	I-2 原料属性定位		● 能掌握基本的原料属性和原料搭配，根据设计主题合理地选择原料。
	I-3 高低档原料的配比		● 能控制成本。 ● 能根据需要，选定原料色泽的搭配。 ● 能灵活地组织搭配原料。 ● 能分析市场需求，以寻求新元素的组合。
	I-4 成品菜属性定位		● 能识别创新菜品与现有菜品的差异程度。 ● 能根据主题进行合理装饰搭配。

（资料来源：新疆职业大学课程开发成果）

从表6-2来看，中高职之间学生职业能力的关系显然不是阶梯形模型，它们之间的关系模型更像一只碗，可以把它归纳为中高职衔接的"碗形课程模式"（见图6-3）。

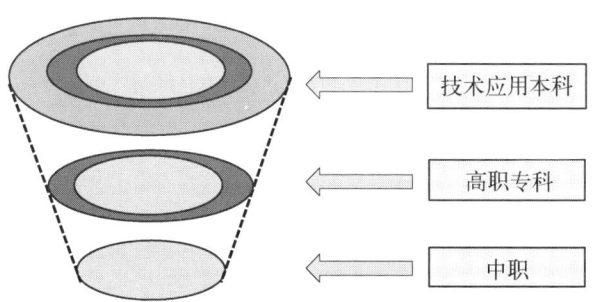

图6-3 中高职衔接的碗形课程模式

在这个模型中，三个职业教育学历层次的课程分别位于这只碗的三个横截面所在的位置，碗底是中职课程，碗的中部是高职专科课程，碗的顶部是技术应用本科课程，它意味着高一级学历层次职业教育的课程相对低一级学历层次职业教育的课程，不仅需要对核心职业能力在水平上进一步提升，同时它还需要扩大职业能力的范围。

三、体系层面中高职衔接课程体系设计

下面探讨中高职衔接课程体系设计的具体方法。首先讨论体系层面中高职衔接课程体系的设计方法，然后讨论院校层面中高职衔接课程体系的设计方法，因为后者要以前者为基础。

要实现中高职课程衔接，就必须实现中高职课程内容的层次化描述。如何才能实现这一点？通常职业教育课程开发包括三个核心环节，即职业岗位分析、工作任务分析与职业能力分析[①]。首先是确定专业所面向的职业岗位，然后分析这些职业岗位中的工作任务，最后分析完成这些工作任务所需要的职业能力。当我们获得了职业能力，便可据此获得职业教育的课程内容。在这三个环节上，均可能存在中高职课程的区分点，因此中高职课程区分应从这三个层面逐层进行分析，如表6-3所示。

对有些专业而言，其所面向的职业岗位便可区分中高职课程，如在数控技术专业中，中职教育面向的是操作岗位，而高职教育要面向工艺岗位和维修岗位。但在许多专业中，仅仅在职业岗位层面难以区分中高职课程，因为有许多岗位是中高职所共同面向的，这时就需要进一步分析职业岗位中的工作任务。分析的结果可能是，在同一岗位中我们会发现有些任务是中职学生可以学习的，有些则只有高职学生才可以学习。但是也可能有许多任务是中高职学生都可以学习的。这时就需要把分析继续推进到职业能力层面，即区分所能达到的职业能力水平。比如汽车发动机维修，复杂故障的维修能力显然只有高职学生才能学习。这种从职业岗位到工作任

---

① 徐国庆. 职业教育项目课程开发指南 [M]. 上海：华东师范大学出版社，2009：35.

务再到职业能力，通过逐层分析最终获得中高职课程内容区分度的分析路径，就是逐层推进技术路径。

表6-3 中高职课程衔接的逐层推进技术路径

工作岗位	工作任务		职业能力	
	一级	二级	中职教育	高职教育
中职岗位				
中高职共有岗位	逐层推进 →			
高职岗位				

完成表6-3后，还需要进一步依据表6-3设置课程，并深入分析每条职业能力对知识、技能学习水平的要求，开发课程标准，形成表6-4。编制表6-4时需要注意：（1）中高职衔接能大大减少课程重复现象，教学时间能得到更为有效的利用，因此在高职教育阶段，课程标准总体上应有更高的目标定位，尤其在理论知识学习方面应较原来有所提升。这是中高职衔接的最大优势所在，也是建立现代职业教育体系的根本目的所在。（2）在课程设置中，除少量课程只适合中职教育或高职教育外，大多数课程是中高职所共有的，其区别只在能达到的职业能力水平的不同，以及所要求的知识、技能学习水平的不同。对通常所采取的"3+2"中高职衔接形式来说更是如此，因为它必须保证中职教育在与高职教育衔接的同时还拥有完整、独立的人才培养目标。

表 6-4 中高职衔接课程标准格式

课程设置	职业能力	知识、技能学习水平	
		中职教育	高职教育
中职课程			
中高职共有课程			
高职课程			

四、院校层面中高职衔接课程体系设计

院校层面的中高职课程衔接体系是实施性的，其设计除了需要运用好中高职衔接课程体系设计的一般方法外，还需要在实施层面特别处理好以下四方面的关系。

(一) 现有课程体系是重新规划还是重组

院校层面中高职衔接课程体系的设计，首先涉及的是其形成的路径问题，即按照什么思路与步骤形成课程体系。目前，许多中高职衔接的课程体系是按以下两种路径形成的：(1) 对照式路径，即把现有的中职课程体系与高职课程体系进行对照，然后通过对重复部分的合并或删减形成中高职衔接的课程体系。大多数中高职衔接的课程体系是按照这一路径形成的。(2) 下延式路径，即以高职课程体系为最终的目标基准，把其中一部分中职能够承担的课程下移到中职，形成中高职衔接的课程体系。在中职与本科衔接的课程体系中，这一路径体现得尤其明显，因为本科课程体系与中高职课程体系在设计思路上有重大区别，因而当把中职与本科进行衔接时，若不深入研究课程体系的设计，便很容易陷入这一路径。在一些专业性强的高

职专业中，在进行中高职衔接时有时也会出现这一路径。

无论是对照式路径还是下延式路径，其中高职衔接的课程体系都是在现有课程的基础上形成的，也就是说通过中高职衔接后，并没有在现有课程的基础上产生新的增量。这当然也能达到减少课程重复、提高人才培养效率，以及为中职学生提供更多生涯发展路径的目的，却不能实现中高职衔接更为重要的目标，即提升人才培养的目标水平，发展学生更为重要的技术能力。

建立中高职衔接的最为重要的目的，应当是通过长学制的人才培养模式，培养兼具扎实的专业理论知识与娴熟技术技能的技术型人才。这种人才培养在传统的中职教育或高职教育中均难以实现。中职教育由于受到教育层次与教育年限的限制，无法承担这类人才的培养，而高职教育尽管在教育层次上已属高等教育，但由于在专业教育上学生仍然处于零起点，必须花费大量时间进行基础技能训练，因而也难以达到以上人才培养目标。通过中高职衔接对课程体系从中职到高职进行一贯制设计，则有利于避免这些问题，大幅度提升人才培养的目标定位。既然如此，那么中高职课程体系的设计，就不能是对现有课程体系的简单重组，而是必须以中高职衔接后的长学制为基础，根据人才培养总体年限重新规划人才培养目标，然后再依据所确定的人才培养目标进行课程体系设计。中高职衔接的人才培养目标，应当把中高职教育分段所无法实现的目标，尤其是技术能力的培养纳入其中。

中高职衔接人才培养目标要在超越高职当前人才培养目标的基础上进行合理定位，就必须建立更加合理的中高职衔接课程开发机制，直接地说就是高职教师要真正参与到课程设计中去。在当前的中高职衔接中，中职处于事实上的弱势地位，为了确保中高职衔接顺利进行，中职学校往往不得不承担其中许多具体工作，包括人才培养方案的开发。从现有的中高职人才培养方案中可以清楚地看出这一点。在许多中高职衔接人才培养方案中，高职段的课程设计非常薄弱，甚至不能达到高职教育现有的专业课程要求，其原因就在于高职教师并没有真正参与到该人才培养方案的制订中，他们在其中的角色往往不是提出更为合理的课程方案，而是如何把办学成本高的课程推诿到中职教育阶段。但是，中高职衔接的教育质量也会在很大程度上影响高职学院的办学声誉。因此，这种推诿的做法最终也不利于高职学院的发展。

(二）课程展开是按知识内在逻辑还是学生能力发展逻辑

课程展开的逻辑，是指职业教育不同类别课程之间的编排思路。职业教育课程类别的划分因课程理念不同而有所不同。传统的课程类别一般包括文化基础课程、专业基础课程与专业课程（含专业理论课程与专业实践课程）。近年来职业教育课程改革中盛行理论与实践一体化理念，按照这一理念，职业教育课程类别应该可划分为文化基础课程、专业理论课程与职业能力训练课程。专业理论课程的功能是让学生学习相对完整的专业理论知识，职业能力训练课程的功能是训练学生的各专项能力与综合能力，其中也包括与能力训练相关的理论知识的学习。基于三类课程的划分，传统的职业教育课程展开逻辑一般称为三段式，即依据三类课程把职业技术人才培养过程划分为三个阶段，并按照从文化基础课程到专业理论课程再到职业能力训练课程的顺序逐步展开课程。这种课程展开顺序所依据的是所谓的知识内在逻辑关系，其理论假设是文化基础课程是学习专业理论课程的基础，而专业理论课程是学习职业能力训练课程的基础。

目前在中职和高职中流行的课程展开逻辑仍然是三段式，尽管笔者早已指出了其根本缺陷："'三段式'课程的特点与实践导向课程模式完全相反，它是学问导向的"[①]。三段式课程展开逻辑的顽固存在不是由于其有某种合理性，而是由于课程变革的艰巨性。然而，如果说无论中职还是高职，由于其人才培养年限相对较短，三段式课程的弊端还不是那么非常显著，以至人们尚不能强烈体验到其改革的必要性的话，那么在中高职衔接的课程体系中，如果继续沿用三段式课程展开顺序，这种课程体系在实践中则根本无法实施。然而，目前绝大多数中高职衔接的课程体系仍是按照三段式课程逻辑编制的，这种课程体系已产生了一个明显问题，即许多繁难的专业理论课程被集中到中职教育阶段，甚至是中职的低年级。按照三段式的思路，这一结果是必然的，因为五年甚至是六年的长学制人才培养目标的达成，需要非常厚实的理论知识基础。然而，以中职学生的学习能力水平，要其为高职阶段的职业能力训练奠定理论知识基础，是完全违反人的心理发展规律的。即使学生具备这种学习能力，三段式课程展开顺序也是极不适合的，因为它会导致相关内容在学

---

① 徐国庆. 实践导向职业教育课程研究：技术学范式 [M]. 上海：上海教育出版社，2005：36.

习时间上距离太久。

如此显而易见的问题，为何会普遍出现？这是因为长期以来我们习惯的课程设置模式是"知识累积式"，而不是"能力累积式"。所谓"知识累积式"，就是先让学生按照知识逻辑积累系统的学科知识，然后希望学生通过系统应用学科知识发展他们的职业能力。这也就是所谓的三段式课程。这种课程设置模式其实与能力本位教育思想是不相一致的。能力本位教育采取的是模块化课程设置模式。模块化课程是一种横向的课程设置逻辑，而三段式课程是一种纵向的课程设置逻辑，两者有着本质区别。要建立中高职课程衔接体系，就必须彻底解构传统的"知识累积式"课程模式，采取"能力累积式"课程模式进行课程设置，按照能力从简单到复杂、从单一到综合的顺序逐渐展开课程。

课程展开顺序确定的基本依据是人的心理发展逻辑，这已是近代以来教育理论的一条基本共识。夸美纽斯早就写道："很明显，规则，即把一切事物教给一切人的艺术中起支配作用的原则，应当能够也只能从大自然运转的源泉中借鉴。"[①] 人的心理发展逻辑一方面意味着职业能力的形成是一个多要素交织互动的综合发展过程，其发展的每个阶段都需要相应的文化基础知识与专业理论知识作为支持，而相应文化基础知识的学习，尤其是专业理论知识的学习，也需要以相应的职业能力发展水平为基础；另一方面，这一原理也要求我们必须深刻认识到，中高职教育阶段仍属于人的认知能力发展变化非常迅速的阶段，这五六年时间，足以让一位学生从仅能初步接受专业基本概念的阶段，发展到拥有较为完整的专业知识、能解决一些常见技术问题的阶段。这两个方面的原理与三段式课程展开顺序显然都是相反的，后者所考虑的只是知识本身，却没有充分考虑到人是如何接受知识，进而发展能力的。

中高职衔接课程体系的合理展开顺序应当以学生的职业能力发展逻辑为依据，其课程体系设计应当根据学生的职业能力发展水平划分人才培养阶段，在每个阶段中均应根据职业能力形成的需要安排相应的文化基础课程、专业理论课程与职业能力训练课程。按照这一思路，现有中职或高职课程体系中的某些专业理论课程与职

[①] 夸美纽斯. 大教学论·教学法解析［M］. 任钟印，译. 北京：人民教育出版社，2006：95.

业能力训练课程可能需要根据学生的职业能力发展水平进一步拆分，并逐级编排。在这一思路下，中高职衔接的课程体系不再按照从理论到应用的逻辑进行编排，而是按照从简单能力到复杂能力的顺序进行编排，理论知识也是按照从简单到复杂的顺序进行编排的。这种编排逻辑既能充分适应学生的学习能力水平，又能照顾到不继续升入高职的学生对理论知识的需要，确保中职阶段的专业课程能形成相对完整的体系。

(三) 课程体系采取完全一贯制还是保持中高职的相对完整性

既然是衔接，就必然存在中职段与高职段课程的分段处理问题。这种改革在上海不叫中高职衔接，而叫中高职贯通，它希望实现中高职在学制上的完全贯通、课程上的完全一体化设计。但是这只能说是目标，或者说是理想，因为只要中职和高职两个阶段的教育是分别在中职学校和高职学院进行的，即只要两个阶段的教育是分别由两个办学层次的不同教育实体承担的，就不可能实现完全贯通。比如，如何能保证所有中高职贯通班的学生都具备升入高职学习的能力？如何能确保所有具备升入高职学习能力的学生都愿意升入高职学习？事实上，中高职贯通都需要对学生进行一次筛选，既然如此就不存在完全的贯通。就课程而言，也不可能完全实现贯通，这一方面是由于中职教育与高职教育是由两个教育实体承担的，他们基本上不可能做到对课程内容进行彻底的协商以至达到完全贯通的要求；另一方面是由于中职和高职两种不同办学层次的教育有着不同的教育管理要求，而这必然会限制两者之间的完全贯通。

无论是中高职衔接还是中高职贯通，许多人才培养方案中的课程体系都是按一贯制设计的，即把五年或六年作为完整的学制时段，从入学到毕业对课程按照线性递进顺序进行一体化设计。然而，这种中高职衔接课程体系的完全贯通化设计不仅是不可能的，也是不合理的。因为在中高职衔接中，由于学生个体的学习取向差异，或是受学生学习能力制约，并非所有学生都一定会升入高职学习。从制度设计的角度看，这一情况是完全可能发生的。既然如此，那么在课程设计中就必须考虑一个问题，即如何满足那些没有升入高职的学生的课程需要？如何确保其所受的教育具有相对完整性？有的中高职衔接采取了在中职二年级甚至更早对学生进行一次分流的办法来处理这一问题，但这并非最为彻底、合理的办法。彻底、合理的办法是在实现中高职课程衔接的同时，兼顾中高职课程各自的相对完整性，尤其要充分考虑中职课程的相对完整性。

这一考虑主要体现在：(1) 中高职的文化基础课程各自应该是完整的，能达到各自教育层次对文化基础课程的要求，高职的普通文化课程既不宜并入中职的普通文化课程，也不宜提前到中职教育阶段。(2) 中职阶段的专业课程应具有完整性，能满足学生直接就业的需要。在独立进行的中职教育中，考虑到学生直接就业的需要，其课程体系必须充分考虑专业理论知识的深度和岗位定向的广度，相比之下，中高职衔接的中职阶段课程在专业理论知识要求上可适当降低，在岗位定向的广度上也可以适度缩小，因为其专业理论知识的拓深、岗位定向广度的拓宽与提高可放到高职阶段去完成。但为了保证中职阶段专业课程的完整性，它也必须包括相关专业理论知识的学习，岗位定位也应当清楚和完整，甚至在中职阶段的最后一个学期，还应当安排一段时间进行企业顶岗实习，而不是把顶岗实习完全放到高职阶段。

这种以中高职课程相对完整性为取向的课程设计，不仅不会因为课程未能做到完全一体化而降低中高职衔接的实现水平，恰恰相反，这正是中高职衔接相比五年制高职的优越性所在。如果对中高职衔接进行一贯制课程设计，那么举办中高职衔接的目的是什么？为何不直接举办五年制高职？事实上，相比五年制高职，中高职衔接具有学制上更加灵活的特点，既然如此，其课程设计就必须充分保留这一特点。其实，即使是在五年制高职中，其课程设计也必须充分考虑这个年龄阶段学生认知能力变化快的特点，从而适当地对课程进行分段化处理。

(四) 课程任务分担是基于话语权力还是能力原则

这一问题前面已有所涉及。中职与高职既然分属两个教育实体，在中高职衔接中就必然有各自的利益，而利益又往往被简单地理解为投入尽量少的办学成本，获得尽量多的办学收益。在目前的中高职衔接中，中职显然处于弱势地位，这就使得中高职衔接课程体系设计出现一个问题，即中职段与高职段课程任务分担的依据是什么，是根据学生能力的发展顺序与中高职各自的办学优势，还是基于话语权力？

从目前情况来看,许多中高职衔接人才培养方案非常明显地打上了话语权力的印迹。由于高职的话语权力优势和中职的话语权力弱势,有的方案中,多达70%的专业课程被放到中职阶段,而高职承担的少量专业课程中,往往还包括了一年顶岗实习。甚至一些非常重要且教学难度较大的专业课程也被放到中职阶段,而无论是中职学校的设施设备还是教师能力,都明显不能承担这些专业课程的教学任务。诸如此类的现象比较普遍,由此引出一个问题,即中高职衔接的人才培养方案是否需要获得教育主管部门的审批?如果需要,是由中职的主管部门审批,还是由高职的主管部门审批,还是由共同成立的联合机构审批?

目前的中高职衔接项目审批中,往往比较侧重专业必要性与办学能力的审批,人才培养方案虽然也是审批材料之一,但通常都没有把它作为否决性指标。而中高职衔接的推进与人才培养质量的保证,很大程度上是由人才培养方案所决定的。有了科学合理的人才培养方案,才可能有科学合理的教育行动。因此,需要加强对中高职衔接人才培养方案编制方法的科学研究,并把人才培养方案作为中高职衔接项目审批的否决性指标,以促使课程任务在中高职之间得以合理分配。

第四节 课程衔接体系建构的保障机制

要解决课程割裂问题,仅仅有愿望是远远不够的,横向上必须"建立专业教学标准和职业标准联动开发机制"[①],纵向上也必须建立中高职专业设置与课程开发的同步机制。这一机制如何建立?从易于操作的角度考虑,可以由教育部门、人保部门、人事部门联合成立一个学校专业设置与职业资格证书开发的协调机构(如上海的双证融通),从长远发展来看,不妨探讨成立一个直接隶属于国务院的"职业资格与职业教育课程研发中心"。

应当看到,职业教育课程在横向与纵向上的脱节现象形成的根本原因,并不在

---

① 国务院. 国务院关于加快发展现代职业教育的决定[S/OL]. 2014-12-30, http://www.moe.edu.cn.

于衔接理论与技术的缺失，而在于职业教育与职业资格认证、中职教育与高职教育长期由不同部门管辖所致。针对这一问题，许多研究者提出的解决方案是化解不同管理机构之间的壁垒。然而这一方案其实无助于从根本上解决问题，实践已证明了这一点。比如，当我们讨论职业标准与专业教学标准的二元分立时，往往把问题归结于人力资源和社会保障部与教育部的不统一协调。然而如果从更高层面看，它们都是隶属于一个中央政府的，怎么能说两者之间不存在统一、协调机制呢？如果说只有把两大部合并才能解决这一问题，那么中职和高职都由教育部管辖，课程之间的割裂状态不是同样存在吗？只要我们承认一个前提，即复杂的职业教育必须由不同部门分工进行管理，那么如何设置机构就不是关键性问题。解决这一问题的有效策略，或许是根据职业教育的特点，把职业研究和专业教学研究的职能分别从人力资源和社会保障部与教育部剥离，由专门的研究机构承担，而各政府部门只是在研究机构所建立的职业与教学框架下展开相应的行政管理活动。

在这一机制下，需要着力从以下两个方面彻底解决课程衔接体系的构建问题。

一、编制统一的中高职专业目录

中高职课程衔接是以专业为单位进行的，如果专业设置不一致，中高职课程衔接便无法进行。由于主管部门不同，多年来中高职各自规划自己的专业设置，分别进行专业目录编制，没有一种有效机制对两份专业目录进行沟通衔接，因此中职与高职的专业目录存在严重的不对应现象。这一问题在目前的中高职衔接项目中已暴露得比较充分。许多中高职衔接项目所选择的用于相互衔接的中职专业和高职专业其实是比较牵强的。中高职与技术应用类本科的专业设置之间的不对应问题就更为突出了，因为长期以来中高职的专业主要是依据职业和技术进行设置的，而本科的专业是依据学科体系设置的。当然，目前的许多新开发项目已在着力解决这一问题。比如，教育部开发的100份中职专业教学标准里面就要求明确列出该专业所接续的高职专业。上海市教委也做了类似工作，他们按照专业类别对中高职专业的对接关系进行了梳理。但是，这些问题解决方案都是基于现有专业设置而进行的。要彻底解决这一问题，有必要对中职、高职、技术应用类本科的专业设置统一进行规划，而这就要求首先建立统一的职业教育专业设置的基本原理，这是我们以往的专业设置工作所缺乏的重要环节。当然，我们并不能要求中高职的所有专业都一致，有些中职教育设置的专业并不适合在高职教育中设置，反之也是如此。但是，因专业规划不统一导致的专业不对应现象应该避免。

二、以行业为单位开发综合化的职业能力标准

以上分别从横向和纵向两个维度对职业教育的课程衔接体系进行了讨论。把两种衔接关系分开进行讨论，并非意味着这是两个没有关系的问题，恰恰相反，这两个问题又都属于一个更大的系统，即职业工作体系。现代职业教育的课程体系规划，应该把横向和纵向两个维度综合起来进行思考，建立起一个完整的职业教育课程体系。所有这些问题的解决策略，最终都会汇聚到一个根本出发点，即职业能力标准。因此，系统地开发职业能力标准，是现代职业教育体系建立的关键环节。

这里涉及以什么为单位进行职业能力标准开发的问题，即以行业为单位、专业为单位还是职业为单位？我们通常的思路是以专业或职业为单位进行职业能力标准开发，教育系统倾向于前者，人保系统倾向于后者。然而分析澳大利亚、美国等国家的职业能力标准可以发现，它们并不是以单个职业或专业为单位，而是以行业为单位开发职业能力的。即把一个行业涉及的多种多样的职业综合在一起进行职业能力标准开发。比如，美国俄亥俄州专业教学标准中的职业能力标准，是围绕着16个行业进行开发的。这种设计有一个很大的优势，那就是可以明确职业能力标准横向、纵向之间的关系，从而为课程衔接体系构建提供坚实基础。

本 章 小 结

课程衔接体系的构建是现代职业教育体系的基石，但它同时也是一项极为复杂的工程。课程体系的衔接有多种水平，因此要基于我国社会、经济与职业教育的实

际情况来确定我国职业教育课程衔接体系的建设目标。同时，解决这一问题一定要整体、彻底，如果问题解决不彻底，会造成无法估量的社会资源浪费。

  课程衔接体系包括横向衔接与纵向衔接两个方面。这两方面问题的性质是不一样的，一个发生在教育系统与人保系统之间，一个发生在教育系统内部。相应地，两种体系建构的理论基础与具体方法也不同。但目前对这两大问题的解决方案都局限于具体专业，然而我们所期望的是建立起课程衔接的体系，而不仅仅是解决局部专业的课程衔接问题。只有立足于体系，才可能从根本上解决这一问题。实现这一目标，一方面需要对职业教育管理体系进行合理调整，另一方面需要进一步研究开发方案。最主要的问题可能包括建立统一的专业分类体系，以及以行业为单位开发职业能力标准。

第七章
职业教育教材设计：三维理论

　　教材是联结课程标准与教学的纽带，是课堂教学实施的主要媒介，是教学质量的基本保证。课程标准是对课程内容的纲要性规定，所规定的内容要落实到教学中，就必须借助教材。对教师而言，教学涉及一个庞大内容体系的传授，有效有序地开展教学，需要编制良好的教材。一本好的教材，可以有效地引导课程内容在课堂层面的展开，提升教师对课程理念及其实施模式的理解，达到提升教学质量的目的。"职业教育教材的质量和水平代表一个国家职业教育的发展质量和水平。"[①] 然而，我国职业教育正面临教材质量普遍不高的困境，"近年来，由于对教材出版缺乏严格管理与控制，导致教材质量下降，一些劣质教材流向学校，严重地影响了教学质量"[②]，教师们常常为找不

[①] 刘荣才，周丽. 职业教育教材改革问题探讨 [J]. 职教通讯，2003：8.
[②] 张惠玲. 高等职业教育教材开发的现状、问题和对策 [J]. 中国出版，2010：10.

到一本合适的教材而苦恼。教材建设应尽快纳入职业教育的重点建设范围。职业教育教材质量问题表现在两个层面：第一个层面是基本质量问题，如教材文字表述不够精炼、内容粗糙、陈旧、不实用，结构不清晰等，这些问题应通过激发教师的教材开发动力、规范教材市场等途径来解决；第二个层面是教材设计的质量不高，这就需要深化对职业教育教材设计的理论研究。

第一节 职业教育教材设计模式的多样化特征

什么是教材？随着教学资源概念的流行，人们逐渐接受了狭义的教材定义，即把教材理解成教科书，它是系统表述课程内容的教学工具。至于教学辅助材料，则全部纳入教学资源这一概念中。在传统的学科课程框架中，人们形成了对教材形式的基本看法，即准确、精炼、系统地叙述知识和基本素材的教科书。其中，知识主要是指概念和原理。当然，随着对教材的教学功能的强调，教材中也包含了练习、讨论等学习栏目，但这些栏目只是知识系统的补充。长期以来，职业教育课程采取的主要是学科课程形态，因此其教材呈现形式也与普通教育基本一致，主要是系统地阐述专业理论知识。这就是人们对职业教育教材的刻板印象。

任务引领、项目驱动职业教育课程改革的推广和深入，逐步解构了我们对教材的刻板印象。因为新的课程模式必然需要新的教材做支持，在项目课程理念的引领下，人们普遍开始了项目化教材开发的探索，各类项目化教材层出不穷，其呈现形式各异，与过去的学科化教材有了根本性区别。当然，项目化教材本身也存在开发质量不平衡的现象，有的项目化教材只是传统学科化教材在标题上的改造，有的项目化教材实质上是以工作任务为中心的教材，有些教材则是彻底的项目化教材。然而，对于彻底的项目化教材，人们不禁要问：这样设计教材合适吗？这样设计教材是否意味着该门课程只能教这几个项目？如果不这样设计项目化教材，那么项目化教材的呈现形式又应该是什么？

项目化教材开发在推进职业教育教材建设的同时，也给职业教育教材研究带来了重大理论问题，体现在两个方面：(1) 到底什么是教材？项目化教材打破了以往按照知识逻辑呈现课程内容的形式，转而以项目为中心呈现课程内容，且这种教材不仅要叙述完成项目所需要的理论知识，还要叙述如何实施和评价项目。项目化教材这种非常独特的内容和形式，大大拓展了我们对教材性质和形式的看法，但同时也给我们带来了急需解决的理论问题：到底什么内容可以放入教材，什么内容不能放入教材？如何把教材与其他教学材料在内容和形式上相区分？今后教材建设的方向是什么？(2) 项目化教材是否是职业教育教材设计的最高形式？把项目化看作职业教育教材设计的唯一形式必然会遭到反对，但人们对项目化教材的无限热情，让我们必须冷静地思考一个问题：项目化是否是职业教育教材设计的最好形式？是否所有课程的教材都能或者都有必要采取项目化形式？

"教材多样化是世界各国教材发展的主流和趋势，没有真正的教材多样化，就不可能有真正高质量的教材。"[1] 职业教育教材设计采取单一的项目化模式肯定是不合适的，许多项目化教材在呈现形式上的牵强便说明了这一点。即使是项目化教材本身，也会有多种呈现形式，这是由职业教育课程内容的多样化特征决定的，体现在：(1) 从整个职业教育课程内容体系看，它不仅要包含理论知识，还要包含实践知识，而实践知识又可划分为多种类型，如工作情境知识、工作方法知识、分析与判断知识等，就是理论知识也可进一步划分成多种类型，如基础理论知识、技术原理知识等。而普通教育课程通常只包含单一性质的学科知识。(2) 对同一专业的不同职业教育课程而言，不同类型知识所占比重及组织方式存在较大差别。这是因为虽然所开发的均是职业教育课程，但这些课程设置的依据是不一样的，有的课程重在给学生提供入门的系统知识，有的课程则重在训练学生的职业能力，课程的功能定位不同，课程内容的性质自然也就不同。(3) 对不同专业而言，其课程内容的整体结构也存在很大差别。职业教育的不同专业虽然同属职业教育体系，但其内部的差异其实非常大，比如机械专业必然要包括大量理论知识，烹饪专业则以实践知识为主，而酒店服务专业更强调职业素养。

课程内容的多样化源于人类职业活动的多样化，从而也就决定了职业教育教材

---

[1] 罗海林. 论职业教育教材策划中的七个关系 [J]. 教育与职业，2010：11.

设计模式的多样化。这是职业教育教材设计模式的本质属性。这一属性给职业教育教材设计带来了一大难题:如何把握要开发的教材的具体呈现形式?如何判断某部教材应采取哪种呈现形式?要解决这一问题,就需要为职业教育教材体系分析提供一个清晰的理论框架。

第二节 职业教育教材体系分析三维理论的构建

决定职业教育教材呈现形式的三大要素是职业、知识与学习(见图7-1)。借助这三大要素构成的三维坐标,可以对一本教材的呈现形式进行定位,从而科学地处理教材设计的各个环节。

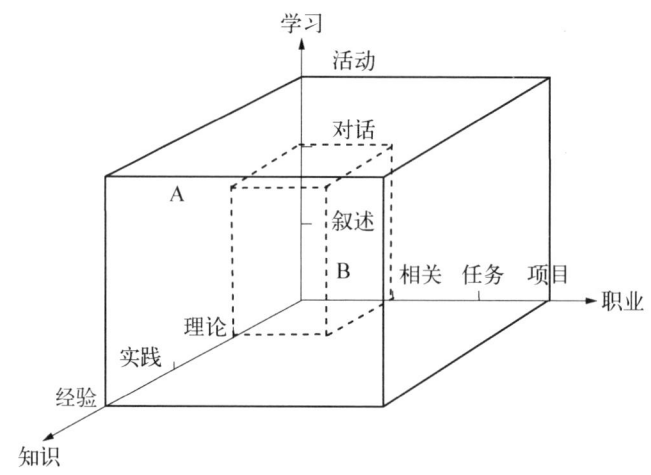

图7-1 职业教育教材体系分析的三维理论

一、职业教育教材设计的职业维度

所谓职业维度,就是一本教材与职业建立何种关联模式,在何种程度上体现出职业性。职业教育教材最为突出的特征就是与职业的关系,但这种关系到底采取何种模式，在教材设计时是可以有多种选择的，其中存在着许多不确定性，因此，职业是界定职业教育教材呈现形式的首要维度。

比如，在一个职业教育专业的课程体系中，除了那些完全围绕岗位任务设置的、旨在培养学生职业能力的课程外，往往还需要设置若干门旨在让学生获得与职业相关的理论知识的课程，这些课程也是与职业密切相关的，但它们显然不能以任务或项目为中心进行设计。至于那些完全贴近岗位工作要求设置的能力本位课程，在教材的具体设计时也存在到底是依据任务还是项目进行设计的问题，因为任务和项目是两个层面的概念，任务是岗位上具有概括性的职责，而项目是岗位上具有具体性的活动，依据任务或依据项目进行教材设计会使教材形成完全不同的呈现模式。具体而言，我们会面对两个选择：(1)教材围绕任务呈现，教师在教学设计时再把任务具体化到项目中；(2)教材直接依据项目呈现，教材设计便已把任务融入具体项目中。到底选择哪个方案，应当完全根据课程所面向的职业活动的特点来确定。对于项目基本确定、选择空间不大的课程，可以直接依据项目进行教材呈现，比如服装设计与制作专业的相关课程，数控技术应用的相关课程等；而对于项目难以确定、选择空间很大的课程，则应依据任务进行教材呈现。

这样，至少可以把职业维度进一步区分为相关、任务和项目三种水平，采取不同水平的关联模式，会使职业教育教材呈现完全不同的表现形式。如果采取的是相关这一水平，那么这种教材呈现的内容是根据岗位任务精心筛选的、与岗位任务关联度较高的知识，但教材呈现的结构还是知识逻辑。虽然这是一本系统阐述专业知识的教材，但与传统的学科化教材相比，其中的知识更为实用，实际的案例也更多；呈现结构虽然是知识逻辑，但它是进行岗位工作时运用知识的逻辑，这种知识逻辑已明显地包含了职业元素。如果采取的是任务这一水平，那么这种教材是按照岗位的标准化任务呈现的，知识在任务中进行展开。在陈述任务的实施过程时，可以依托具体项目进行，但这里的项目只是一个实例，并不具有直接的教学价值。如果采取的是项目这一水平，那么这种教材就是完全按照鲜活的实际项目进行呈现的，教材的逻辑主线是描述清晰、高度结构化的项目，任务和知识均融入项目实施过程。教材展开过程实现了与工作过程最大程度的对接。

二、职业教育教材设计的知识维度

所谓知识维度,就是一本教材拟表述的知识的类型。教材的核心功能之一是系统地表达作为课程内容的知识。没有高质量的知识表述,就不可能有高质量的教材。在知识选择上,职业教育教材与普通教育教材有很大区别。普通教育教材要表达的知识基本上都是学科知识,其知识的形式比较单一,知识选择主要体现在范围与难易程度的判断上,相对来说这是比较容易处理的。职业教育教材开发中的知识选择问题相对来说就要复杂多了,因为职业教育教材不仅包含理论知识,还包含实践知识(这里特指工作实践中告诉我们如何去做的标准化的知识,如材料知识、工具知识、工作程序与方法知识、职业行动的判断知识等),甚至还可能包含经验知识。随着社会对职业教育人才培养水准的要求越来越高,职业教育正在努力开发工作中的经验知识,并把它们纳入教材。这样,职业教育教材设计不仅要合理地编排、有机地组合这三类知识,而且要在知识维度上合理定位教材,从而准确判断这三类知识在教材中所占的比重。由于职业教育教材在知识类型的选取上存在较大不确定性,因此应当把知识作为职业教育教材设计的第二个重要维度。

教材质量的核心在内容,职业教育教材质量不高的一个重要原因固然在于"教师很少有时间深入行业一线调研,教材编写不能反映行业实际"[1],但也有许多教材质量不高不是因为教材开发者没有投入足够的精力,而是因为在知识这一维度上对教材定位不清。开发者不知道什么知识应该选取,什么知识应该舍弃,什么知识应当详细表述,什么知识可以简略表述。比较常见的是,一本教材,从其课程功能定位看,应当是着力培养学生职业能力的,然而整本教材阐述的全是理论知识,与工作实际脱离很远。运用这种教材如何能培养学生的职业能力?在"实用化"理念的支持下,职业教育教材设计还出现了另一种趋势,即有的教材的内容完全是操作步骤的汇聚,基本没有核心概念和原理的表述,甚至没有基本的工作规范的表述。这样定位教材内容也是不合适的,它把教材与操作手册相混淆了。

---

[1] 周建强,杨小琨,孙为民. 中澳高职教材建设对比分析[J]. 职业技术教育,2013:17.

从知识维度可以将教材内容划分为三类，即理论知识、实践知识和经验知识。一本教材如果定位于理论知识，那么这本教材的主要设计目标是精选并表达清楚相关理论知识，它在呈现形式上与传统教材基本一致，其水平主要体现在对概念和原理表述的清晰性、准确性、简练性和实用性上。编写这种教材时可精选一些职业活动的案例，用以帮助学习者更好地理解概念和原理，但不宜过多地涉及具体工作的内容，否则就会带来核心逻辑不清晰的问题。在目前的职业教育课程改革中有一种主导理念，那就是"理论与实践一体化"。职业教育课程的主体部分按理论与实践一体化的要求进行设计是合理的，但它并不能完全否定纯粹理论课程存在的价值，同样也不能完全否定纯粹实训课程存在的价值。

一本教材如果定位于实践知识，那么这本教材设计的首要目标应当是表达清楚完成工作任务所需要的各类实践知识。这有一定难度，难就难在"各类"，因为实践知识本身又是包含多种类型的。图7-2是一个职业行动的基本结构，它和图7-3在第五章已经使用过，这里要进一步借助它做相关分析。依据这一结构，可以把实践知识至少划分为四类，即工作对象知识、工作结果知识、工具设备知识和工作方法知识。工作对象、工作结果与工具设备都是工作情境的基本构成要素，因此可以把和它们相关的知识统称为工作情境知识。

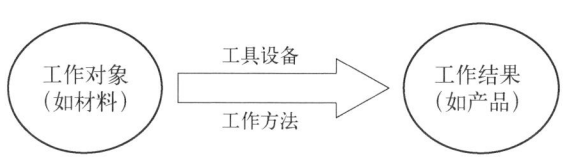

图7-2 职业行动的基本结构

工作情境知识与工作方法知识的结合不会自动发生。工作过程中的认知心理过程是指个体运用自己的分析与判断能力，把工作方法知识与工作情境知识相结合而产生具体行动方案。因此，职业活动还需要另一种非常重要的实践知识，即分析与判断知识（见图7-3）。

当然，并非每项工作任务都会同时具备这四类知识，或者说需要同时表述这四类知识（有时可能存在，但不需要进行清晰的表述）。比如有的任务可能不需要使用专门的工具设备，或者说所使用的工具设备非常简单，几乎不需要经过专门的学

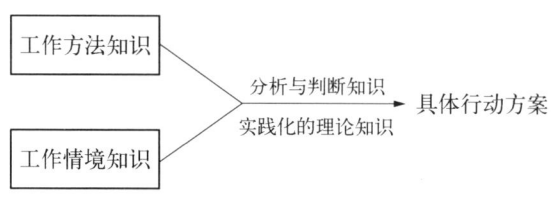

图 7-3 工作过程中的认知心理过程

习就可掌握，那么这种任务中就可忽略工具设备知识。有的任务工作方法知识与工作情境知识的结合比较清晰，不需要经过太多的分析和判断，那么也是可以把这类知识忽略的。教材开发者要做的是，认真鉴别这几类实践知识，并采取合适的结构进行表达，以使初学者获得该专业最标准、最规范的实践知识。尤其要注意对分析和判断知识的表达，因为这类知识是以往的教材极少专门凸显的。一般地说，开发得好的课程标准已对这些知识进行过系统梳理和规范，但即便如此，教材开发者还是需要对知识进行具体展开，并寻找到合适的表达结构。

定位于实践知识的教材，是"理论与实践一体化"课程开发理念主要的适用对象。职业教育课程实践的发展，要求把理论与实践尽可能地结合起来进行学习。理论课程由于重点是让学生系统学习相关理论知识，因而难以体现这一功能；实训课程的目的是深度训练学生的职业能力，其课程内容必须完全偏向实践知识，甚至是经验知识，因而也难以体现这一功能。最能体现这一功能的便是以实践知识学习为主要目标的能力本位课程。因此，这类课程的教材在开发时还面临如何合理地分布所涉及的理论知识，并采取与任务相关的方式表述理论知识这一难题。这对教材开发者来说是个极大的挑战，需要开发者能融会贯通地理解专业的理论知识和实践知识。然而"目前的综合化教材，多数仅是形式上的综合，没有将专业理论与专业实践之间的界限完全打破，没有将教材的内容按照职业活动的要求编排"[1]。

一本教材如果定位于经验知识，那么这本教材设计的主要目标就是系统地开发并表达职业活动中的经验知识。定位于实践知识的教材也可能会涉及一些经验知识，但这种教材中的经验知识只是一种拓展和点缀，而定位于经验知识的教材，其功能则是专门归纳和表述经验知识。这种教材主要用于实训课程。以往在开发实训

---

[1] 教育部专项研究课题组. 中等职业教育教材建设问题与对策分析 [J]. 中国职业技术教育，2008：25.

课程的教材时，教材开发者往往不知道该表述哪些知识，因而总是把先前课程中已经学习过的知识再转述一遍。这显然不是我们所需要的实训课程教材。实训课程教材的特色应体现在对经验知识的梳理和表述上。这种教材开发的难点在于其所涉及的知识在课程标准中可能没有清晰的界定，完全需要教材开发者自己进行开发，因为经验知识具有极大的不确定性，而课程标准只能表达标准化的知识。既然经验知识具有极大的不确定性，那么不同开发者开发的这类教材在内容上就会有很大差异，因此这类教材更多地具有校本属性。

知识维度与职业维度会存在某种程度的相关。如果一本教材在职业维度上定位于"相关"，那么其知识维度基本上会定位于"理论知识"水平，反之亦然。如果一本教材在知识维度上定位于"实践知识"，那么它在职业维度上肯定不会定位在"相关"水平，而可能会定位于"任务"水平或是"项目"水平，具体定位在哪种水平要根据项目的确定性程度而定。如果一本教材在知识维度上定位于经验知识，那么在职业维度上它只能定位于"项目"水平。尽管这两个维度存在很高程度的相关，但在进行理论构建时还是有必要把它们区别开来，因为它们涉及的是教材设计的两个不同方面。

三、职业教育教材设计的学习维度

职业维度涉及的是教材呈现的基本结构，知识维度涉及的是教材的内容构成，除此以外，教材设计还有一个重要问题，即知识的表述模式。由于表述模式选择背后的决定因素是学习方式，因此教材设计的这一维度被称为学习维度。学习理论的发展是推动教材呈现形式革新的主要决定因素之一。现代教材的呈现形式纷繁多样，背后都包含了大量学习理论的研究成果。比如国外一些设计得非常精细的教材，甚至对教材中颜色的使用都做了精心设计，目的就在于尽可能地使教材设计更好地符合学习者的学习心理原理。精美的电子化教材的设计，同样也包含了大量学习理论的研究成果。教材最终是用来学习的，因此职业教育教材设计必须充分考虑学习维度。

职业教育教材表述模式经历了三个发展阶段：(1) 叙述模式阶段。传统教材给我们留下的印象是系统叙述知识的工具。这种教材设计模式被认为是为了方便教师的教，是按照教师教的思路进行设计的。更准确地说，它是基于传统的知识讲授式教学方法而设计的。(2)对话模式阶段。随着对教材性质研究的深入，人们敏锐地意识到，既然课堂要从以教师为中心转向以学生为中心，学与教的互动模式要从学的过程服从教的过程转变为教的过程服从学的过程，那么教材也应变为"学材"，"教材的功能也应从传统的知识呈现变为学生学习过程的引导者"[①]，教材在呈现形式的设计上不仅要便于教师教，更要便于学生学。在以学生为中心的教育思想的影响下，教材的呈现形式发生了根本性变化，不仅教材的呈现结构大大超越了单一的知识要素的局限，多种多样的学习要素被纳入教材（如学习目标、问题讨论、问题解决、自我评价等），而且教材也改变了以往单纯叙述知识的表述模式，转向了引导学习者进行教材学习的对话模式。这在教材设计上是个很大的发展，它使教材越来越接近它本身的性质，即学与教的工具。(3)活动模式阶段。对话模式的教材不管在形式上如何体现了学习的环节，但它的基本定位是知识学习。随着能力本位教育思想的发展，要在课堂中实施"做中学"的教学模式，就必须设计出基于活动课程理论的教材，用于学生职业能力的培养。当然这种教材的呈现形式仍然可以采取对话式，但对话的主要内容不是知识，而是活动展开与能力训练过程。如果是"理论与实践一体化"教材，则还需要在活动展开的同时进行知识学习。

这样，职业教育教材设计的学习维度也可以划分为叙述、对话与活动三个水平。不同的是，职业维度和知识维度的三种水平不存在严格的高低差别，且三种水平均有适用的对象，而学习维度的三种水平则是有高低差异的。叙述水平由于其刻板性，几乎不体现学与教的原理，因而正在呈淘汰趋势。除非是在一些理论性非常强的课程中，这种教材呈现形式还会有一些适用空间。今后的职业教育教材呈现形式应该主要是在对话模式与活动模式之间进行选择。选择哪种模式与教材的功能相关，即要看教材的目的是让学生学习知识还是获得职业能力。教材的目的如果是训练学生的职业能力，那么在职业维度上它还会有两个选择，即采取任务水平还是项

---

① 黄良永. 基于项目教学的高职课程教材设计研究[J]. 中国成人教育，2012：22.

目水平。

　　教材呈现形式的确应充分体现学与教的原理,这样才能使教材真正成为支持教学过程的工具。但是有些职业教育教材在这一维度上出现了过度设计的现象,比如有的教材甚至成了教案的汇聚,把教学过程的设计和教学评价的设计也纳入教材。这是由对教材这种特殊的学与教工具的性质定位不清所致。教材只是课堂教学实施的基本蓝本,它只是教学中需要用到的材料之一,教材不能包揽所有教学资源的功能。如果出于实用目的,把教材内容一直延伸到教学设计,似乎提高了教材的操作性,却降低了教材的普适性,反而对教材建设不利。教学材料开发中有一条基本原则,那就是必须明确所要开发的材料是用在教学的哪个环节?其使用的主体是学生还是教师?或是同时面向学生和教师?

第三节　基于三维理论的职业教育教材设计

　　以上确定了职业教育教材定位的三个维度,而每个维度又划分出三种水平。但是各个水平之间不存在任意组合关系,组合关系的成立与否要根据教材开发实际进行判断,因为有些组合是没有意义的。以下五种组合形成的教材设计模式较为典型。

一、相关—理论—对话型教材设计

　　相关—理论—对话型教材是指用对话的表述方式表述与职业相关的理论知识的教材。图7-1中的长方体B表达的正是这一教材设计模式。这种教材适用于独立设置的理论课程,比如专业入门课程,它旨在帮助学生建构专业的基本概念体系与工作原理。在今天的职业教育课程理念中,尽管理论课程备受诟病,然而这并不意味着理论课程不重要,更不意味着要去除所有的理论课程,因为有些理论知识集中学习的效果要比分散学习的效果好。其实,理论课程的教材同样可以设计得实用、易学，而且如果设计得好，可以大大改变理论课程目前的教学状况。在国外和我国台湾地区，我们可以找到许多这种教材。

这种模式的教材的设计要点：(1) 尽可能采取与职业相关的方式设计教材的整体结构，并展开内容表述。其实理论教材也是同样可以建立与职业相关的结构的，只不过它不用追求工作任务的完整性和精密性。比如汽车构造原理这门课程，为什么不可以按照汽车检修的工作逻辑来设计其教材结构？(2) 一定要彻底摆脱传统学科知识体系的思想禁锢，精选与工作任务密切相关，且能启迪学生智慧的知识。尽管课程标准规定了课程的基本内容范围，但还有大量知识展开的任务要由教材开发者完成。通过对教材具体内容的分析可以发现，内容不实用仍是理论课程面临的突出问题。比如，有的数控技术应用专业还在让学生记忆"世界上第一台数控机床叫什么"，旅游专业还在教学生人类旅游行为史。(3) 采用与学习者对话、引导学习过程的方式设计教材体例，并表述知识。比如教材可从工作中的实际问题呈现出发，并在教材中不断地设置一些引导性问题、讨论性问题，引导学生在思考和讨论的基础上学习知识，以体现教材与学习者之间的互动性。此外，还可以把知识点设计成一些分析性、判断性活动，让学习者先通过活动形成对知识的基本认知，然后给学习者提供规范的知识表述。

二、任务—实践—对话型教材设计

任务—实践—对话型教材是指以工作任务为教材的基本结构，用对话的方式系统表述任务完成所需要的实践知识及相关理论知识的教材。这种教材适用于不能以项目为教材基本结构的能力本位课程。能力本位课程是职业教育课程的主体，因此这种教材模式的应用面最广。但在学习维度上，这种教材模式只采取了对话式，而没有采取活动式。这可能是基于这样的考虑：这种课程的活动形式比较简单，教师容易把握，教材开发的重心是要阐述清楚活动所涉及的知识。

这种模式的教材的设计要点是：(1) 教材的整体结构设计应与实际的工作任务相一致。(2) 教材表述时应先表述工作任务的内容及要达到的标准，然后表述完成工作任务所涉及的所有知识。这些知识可能包括：对象与结果知识、过程与方法知识、问题与经验知识、概念与原理知识。教材编写时要注意有机地整合这几类知识，使之形成组织严密、结构清晰的教材内容。尤其要注意处理好理论知识与实践知识的关系，根据教材要融入的理论知识的量，选择嵌入式或独立式的方法。嵌入式是把理论知识嵌入实践知识中，独立式是划分出专门的栏目表述理论知识。这部分知识的组织和表述，尤其是理论知识嵌入的方式，是这一模式的教材开发最大的难点。（3）这种教材不必过于详细地表述每个工作步骤的细节，尤其是没有必要反复地表述一些没有实质意义的工作步骤，但是要注意充分包含重要的技术知识，以提高教材的教育价值。（4）这种教材的对话形式不是通过思考性问题来体现的，而是通过实践性问题来体现的，通过引导学习者学习如何完成工作任务来体现教材的对话特征。

三、任务—实践—活动型教材设计

任务—实践—活动型教材也是以工作任务为教材的基本结构，用对话的方式系统表述任务完成所需要的实践知识及相关理论知识。这种教材也适用于不能以项目为教材基本结构的能力本位课程，但它要在知识表述的基础上，进一步进行活动设计。它不仅要告诉学习者完成任务所需要的知识，还要引导学习者通过活动获得完成任务所需要的能力。

该模式的教材是任务—实践—对话型教材在设计上的进一步深化，因此前者的所有设计方法均适用于这一模式。除此以外，这种模式的教材在设计时还要注意：（1）该模式的活动都是情境式的活动，活动要围绕细分后的小任务进行设计，否则会带来表述上的很大困难。（2）该模式的活动尽管都是情境式的，但可以有意识地围绕完整的项目来设计活动，并把它们分配到工作任务中去。一本教材可围绕一个项目进行活动设计，也可围绕多个项目进行活动设计。这种设计方法会使活动具有整体性。这样，在这种教材中，项目成了教材展开的背景。（3）既然有活动设计，就必须对活动的结果及其要求进行清晰描述，使学习者明确地知道要求做什么、学什么。（4）要把知识尽可能地融入活动过程，避免形成知识与活动"两张皮"的现象，以便于"做中学"教学模式的实施。

四、项目—实践—活动型教材设计

项目—实践—活动型教材是指直接以明确的产品或服务构成的项目为教材的基本结构,把项目实施过程与项目完成所需要的实践知识及相关理论知识有机地综合起来,系统进行表述的教材。这种教材适合的是项目类型基本确定的能力本位课程。这就是目前通常所说的项目化教材。这种教材对能力培养的效果是非常明显的,但开发这种教材必须有个前提,那就是该课程的项目(至少项目类型)是可以确定的,否则就不能采取这种教材呈现形式,因为它会使能力培养的范围变窄,甚至可能使得其他教师没法使用该教材。在项目课程改革中,人们对项目化教材的热情极高,似乎要把所有课程的教材都项目化,这是不对的。不开发项目化教材不等于不实施项目课程。要把项目课程与项目化教材区别开来。项目课程的教材可以是项目化的,也可以是任务化的,项目体现在课程的哪个层面,要根据课程的特点而定。

项目化教材的开发难度非常大。首先,要进行项目描述,告诉学习者要学习的项目是什么,在这个项目中要做什么,要达到的结果是什么。项目实施的目的是学习,因此项目描述时一定要注意开发重要的学习活动。学习活动的开发是教材开发者普遍感到比较困难的环节,这主要是因为对项目的学习功能分析得不够透彻。其次,项目化教材的表述要处理好许多课程要素之间的关系,包括项目与项目的关系、项目与任务的关系、项目与知识的关系。尤其是项目实施过程与知识学习和思维培养的有机融合,这是项目化教材开发者感到非常困难的环节。他们不仅对打破知识的系统性、把知识合理地分配到项目实施的不同环节中去感到比较困难,而且对教材表述时把项目实施过程与知识学习有机地衔接起来也感到困难重重。要处理好这个环节,建议先编制项目实施过程与知识学习的对应关系表。项目化教材中应尽量引入企业使用的工单、表格等资料,使学生边学、边做、边填写。

五、项目—经验—活动型教材设计

项目—经验—活动型教材是以不确定的综合性项目为载体,系统表述项目实施的总体要求与活动框架以及所涉及的经验知识，旨在培养学生综合职业能力的教材。图7-1中的立方体 A 表达的正是这一教材设计模式。这种教材适合综合实训课程。目前综合实训课程的教材建设水平还很低，研究者们普遍认为"实习实训的教材比较少，质量不高"[1]，并有调查发现："教师对不同类型课程教材质量的评价差异较显著，教材质量由高到低按文化课、专业基础课、专业理论课和专业实践课的顺序依次排列。"[2] 项目化教材的开发目前还没有拓展到这类课程，然而综合实训课程是最适合开发项目化教材的。

这种模式的教材的设计要点：(1) 项目最好是来自企业的真实项目，可以对它进行教学化改造。(2) 项目的数目是不确定的，没有必要确定一门课程的项目数，通常是越多越好，以供教学时选择。因此这种教材是逐步完善的，最终成为一个项目库。(3) 对项目的描述必须非常明确，尤其是项目中的学习活动要设计得非常具体、可操作，然而项目实施过程要根据课程的性质而定。有的课程要求项目实施过程是封闭的，即学习者只能按照既定的步骤完成项目，这种课程的项目实施过程可以描述得具体些；有的课程则要求项目实施过程是开放的，由学习者自己进行设计，这种课程的项目实施过程则可描述得极为概括，甚至不描述。(4) 系统整理和表述经验知识。其他教材中尽管也可能有一些经验知识的表述，但综合实训的教材要对经验知识进行系统表述。这四个方面的特点使得这种模式的教材只能是校本教材。

本 章 小 结

职业教育教材质量不高已成为影响职业教育质量提升的关键性因素。这一状况是由多种原因造成的，比如缺乏对教材出版的有效管理与质量监控，缺乏促进高水平教材建设的机制等。职业教育教材质量不高，与职业教育教材设计的理论研究较

---

[1] 杨岭. 关于高职院校教材建设的若干思考 [J]. 江苏教育，2014：6.
[2] 欧阳育良，戴春桃. 论职业教育教材的区域性与适应性 [J]. 职教论坛，2005：21.

贫乏也不无关系。职业教育教材开发是一项过程非常复杂、科学性要求很高的活动，若缺乏教材设计理论的有力支持，是难以产生高质量的职业教育教材的。在专业教学标准体系已取得初步进展的今天，应把课程开发的关注点投向教材建设。

职业教育教材设计应主要关注教材与职业的关系、教材与知识的关系以及教材与学习的关系这三个维度。这三个维度既为定位职业教育教材提供了框架，又为深入进行教材设计提供了思路。通过这三个维度不同水平的组合，可以得到多种职业教育教材设计模式。多样化是职业教育教材的突出特点，这是由人类职业活动的多样性决定的。职业教育教材设计切忌模式单一化倾向，即使是项目化教材设计模式，也只能适用于某些课程。职业教育教材质量的提升，应主要从这三个维度去寻求。

第八章
职业教育教学资源库开发：定位、要素与结构

高质量的职业教育需要以高质量的教材为基础，但仅有教材是远远不够的，还需要各种教学资源的支持。教学资源的丰富性是现代职业教育的重要特征之一。与普通教育相比，职业教育对教学资源的要求有着特殊性。职业教育是面向极为鲜活的工作世界的教育，它所涉及的知识形式多种多样，这就决定了职业教育对教学资源有着更多样的要求。比如学生对工作场景的认知，教学过程中不可能在任何需要的时候都能即时把学生带到工作现场，而精心拍摄的工作场景视频便可在教学中发挥重要作用。即使我们正在快速提高实训设备设施的建设水平，倡导真实工作情境中的学习，但真实工作情境要发挥教学效果，也必须有教学资源做支撑。甚至可以说，实训设备设施教学功能的发挥程度与教学资源开发水平有着高度的相关性。教学资源也是信息化手段在职业教育教学中运用的深化，有了教学资源库，才能把各种信息化手段的综合作用发挥到极致。

这里讨论的教学资源，是指除教材、实训硬件设备与设施以外的，以文本、图片、视频、动画、软件等形式显现的教学辅助材料，比如，教学案例、操作指导书、试题库、操作演示视频、工作情境展示动画、学习评价软件等。教学资源库就是教学资源各种要素的集合。教学资源库开发是当前职业教育中的重点建设项目，但众所周知，这也是一项投入巨大却收效甚微的项目。已开发的教学资源本身的质量以及与教学需求之间的契合度均不高，导致教师不愿意或无法使用。教学资源库开发的这种状况与相关研究的滞后是分不开的，因此极有必要对教学资源库开发中的相关问题进行研究。

第一节 职业教育教学资源库开发的产品定位

开发教学资源库，首先面临开发什么的问题，这也是当前教学资源库开发面临的最大问题。从广义教学资源建设的路径看，我国经历了网络课程、精品课程、基于素材的资源库开发与基于教学平台的资源库开发等阶段（见图8-1）。

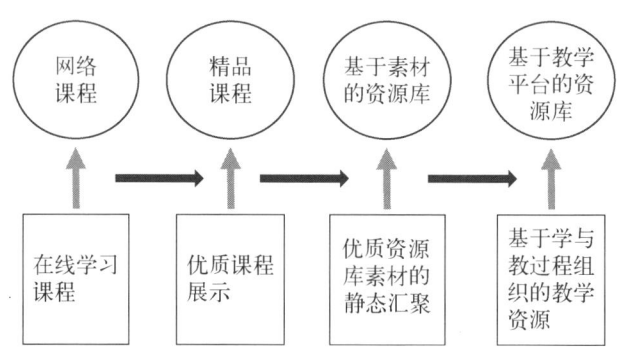

图8-1 教学资源库的发展历程

一、网络课程

所谓网络课程，就是在互联网上进行学习的课程。由于网络课程大大拓展了学习机会，丰富了教学资源，因而可以把网络课程开发作为教学资源开发的一种形式。但要注意的是，尽管网络课程具有促进教学资源建设的功能，但教学资源库与网络课程在功能定位上有所区别。教学资源库是用于支持现实教学的一个教辅材料库，而网络课程是以网络学习为主要形式的课程。不能把网络课程开发与教学资源库开发完全等同起来。从教学资源库建设的角度看，网络课程还只是一种初级形式。

现在有一种声音，认为课堂教学会被网络课程逐步取代。然而，无论网络课程的支持者如何鼓吹这种课程形式的优势，稍有学与教经验的人都知道，网络课程是不可能取代课堂教学的。网络课程的鼓吹者往往对课堂教学的问题与网络课程的优势怀有严重偏见。他们把课堂教学假定为一种简单地"播放"知识的活动。然而课堂教学绝不是教师机械地陈述知识，学生被动地接受知识。课堂教学是一个复杂的智力活动过程，即使是最基本的知识点讲解，教师也需要针对学生学习的情况决定其讲解的角度，以及是否需要进行补充讲解。此外，教师还需要引导学生积极思维，训练学生的技能，发展学生的社会意识与能力。现实课堂中的这些教学活动是网络课程能替代的吗？在目前的技术条件下，我们显然还没有看到实现的可能性，而我们一直在努力推行的项目教学法等操作复杂的教学模式，更是无法通过网络课程来实现。所以，网络课程只能是课堂教学的一种补充，它对于扩充学习资源来说是有益的，但不可能成为课堂教学的一个替代品。时代越发展，人们对教育本质的认识就越深入，教学过程中的智力活动就越复杂，课堂教学也就越不可能被网络课程所替代。事实上，信息技术最发达的国家的教育发展趋势恰恰不是技术化，而是人性化。因此，网络课程不会成为教学资源库建设的主要方向选择。

目前正盛行的慕课，是一种改进了的网络课程。无论在技术上如何改进，慕课本质上只是一种信息传播手段。这种手段在大学课程建设中的确具有独特优势，比如把国际著名学者的授课放到网络平台中，可以使更多人群能够远距离学习到优质课程。但这种手段可能只有在大学课程建设中才具有独特优势：(1) 大学课程的许多知识本身主要以语言形式传播，如著作、讲座等，以语言为主要传播媒介的知识容易在网络上取得相等效果；(2) 大学生自主学习的意识与能力比较强，慕课可以大大丰富其自主学习的资源；(3) 慕课的最大特点是开放性，而开放性本身就是大学教育要遵循的基本规律。但对职业教育而言，慕课的效果就不会那么好。职业教育是以实践为中心的教育，大量教育活动要以实践形式完成，网络授课是无法代替这种教育活动的。当然，有些职业学校受办学条件制约，许多实践教学可能无法开展，然而越是在这种教育情境中，越需要由教师直接进行授课，而绝不能用网络课程代替。如果没有扎实的面对面授课的基础，网络课程的教学效果会大打折扣。

二、精品课程

在网络课程蓬勃发展的同时，精品课程建设热潮在全国兴起，成为教学资源建设的另一种模式。教师们通过精品课程建设，把优秀的课程资源贡献出来，这对丰富教学资源当然是极为有益的。然而人们对精品课程的热情在经历短暂的高涨后，很快就冷却了。投入巨大的精品课程，浏览者却屈指可数。这是为什么？这说明精品课程在教学实践中似乎没有存在的根基，其热潮的出现可能只是评选活动推动的结果。精品课程的问题主要在于：(1) 许多精品课程只是展示课程建设的成效，并没有充分体现共享课程资源这一最初目的，比如课程资源的呈现方式通常是根据素材的种类进行归类，而不是根据教学过程的使用逻辑进行归类和组织，前者更有助于专家评审，但这种方式在使用时极不便利，这就从根本上决定了精品课程难以引起其他教师的兴趣；(2) 精品课程往往定位在教师个体的课程资源，所展示的课程素材难以普遍推广，其实施模式也并不具备可复制性，这也必然影响其推广；(3) 精品课程建设中，往往更偏重教学实施状态的展示，而相对忽视了具有普适意义的课程素材的开发，这就会影响到精品课程的实际使用价值。

三、基于素材的资源库

"教学资源库"这个概念的产生与系列行动的推出，可以看作是对精品课程的否定。然而近年来开发的大多数教学资源库，在素材类型与呈现方式上几乎完全套用精品课程的模式。对教学资源库性质的这种理解，与我们所期望的教学资源库差距很大。

另有一种理解，把教学资源库理解为教学所需要的各种辅助性教学资源（素材）的总和，如动画、视频、图片、题库、课件等。这一理解比较接近我们所需要的教学资源库，至少在这种概念指导下的教学资源库建设中产生了一些在教学中有实际价值的教学资源。比如近年来盛行的仿真实训软件，这些软件虽然不能完全取代真实的能力训练，但它们至少对提高学生对实践知识的认知是非常有帮助的。教师们收集、开发的各种各样的图片、视频，大大丰富了教学的信息源；制作精美的课件，也使枯燥的课堂变得生动、活泼。

但基于素材的资源库开发也同样存在一些问题：(1) 对素材的性质仍然理解不清。往往简单地把教材内容分割后放置到教学资源库中，使教学资源库成了教材的另一种呈现方式。(2) 对素材的结构更是缺乏系统研究。这种教学资源库开发，往往只是局限于特定教学资源的素材，而没有对教学所需要的资源进行整体分析，从而构建完整的教学资源体系，因此按照这种思路开发出来的教学资源库，只能局部地在教学中发挥作用，却不能整体地推进教学模式的创新。(3) 没有深刻认识到资源库素材呈现结构的重要性。教学资源库不仅要重视素材开发，还要重视素材的组织方式，以便于教学中对资源库的使用。然而这种教学资源库往往只是把相同性质的素材归类在一起，与教学时对素材的使用过程是完全脱节的，使得资源库因为使用不便利而不被教师所采纳。

四、基于教学平台的资源库

在经历了几年资源库构建的实践探索后，我们对教学资源库的性质有了越来清晰的认识：资源库应当定位为支持课堂教学改革深化、具有普遍适用性的教学辅助材料系统，并能引导学与教的过程的教学平台。既不能把资源库定位为现有课堂教学的一个替代系统，也不能把它定位为教师个性化教学材料的汇聚。如果把课程与教学改革比喻为一棵大树，资源库应当是依附在这棵大树上的藤。但这根藤不仅仅是从大树吸收营养，把大树作为一个寄居地，它也会积极地支持大树的成长，使这棵树变得更加茁壮、茂盛。最后，它们密切地融合在一起，成为一个不可分割的整体。

按照这种思路建设教学资源库,就必须紧紧依据课堂教学模式改革深化的需要开发作为教学资源库基本构件的素材。这一方面要求对职业教育前沿教学方法的本质有深刻研究,另一方面要对教学实施所需要的素材进行系统分析,在此基础上确定素材的内容、形式和结构,然后分别对每份素材进行开发。在此基础上,依据学与教的原理,按照教学过程对素材进行合理组织,设计教学资源的网络呈现框架,使之成为一个有很高实用性的教学平台。

第二节　职业教育教学资源库中素材的结构

素材是教学资源库的基本构成单位。要开发教学资源库就要对拟开发的素材进行整体规划。目前教学资源库开发中比较突出的问题就是缺乏对素材的系统规划与设计,往往只是从局部素材出发,把各种各样的素材凌乱地堆砌在一起,无法使它们在教学中发挥重要价值,一些很有价值的素材往往会被大量无用或凌乱的素材淹没。

素材的整体规划涉及素材的分类。通常我们习惯于按照承载素材的媒体类型进行分类,比如文本类素材、视频类素材、动画类素材等,或者按照素材的性质进行分类,比如课件、教学设计、题库等。从突出教学资源库实用性的角度看,合理的分类方式应当是按照素材的功能分类。图8-2根据功能把教学资源库素材划分成五种类型,即描述性素材、解释性素材、延伸性素材、学习过程支持素材与教学过程支持素材。这五种素材是按照从教材到教学转换过程的顺序排列的。

一、描述性素材

描述性素材指用更为直观、形象、具体的方法描述工作过程与知识的素材。受篇幅限制及教材性质的要求,教材不仅难以对概念和原理知识做非常详细、直观的表述,而且对工作过程与方法的表述也难以做到非常详细和直观。因此,要更好地

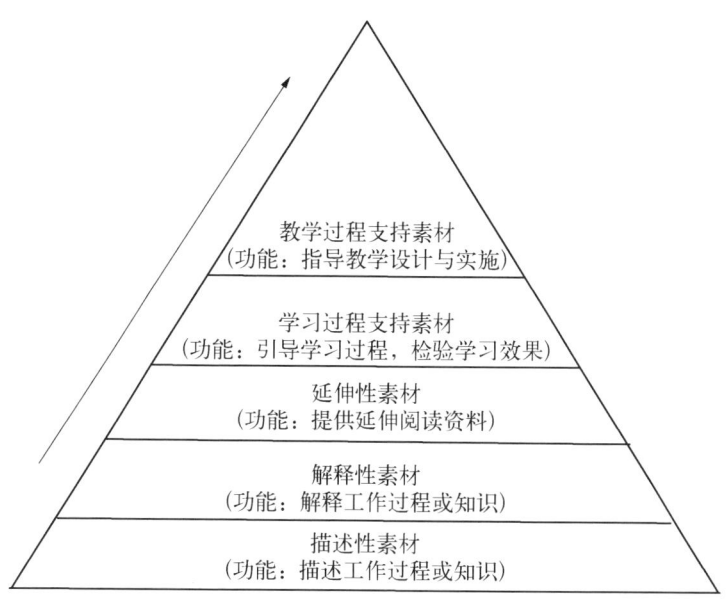

图 8-2 教学资源库素材的结构

发挥教材的教学效果，就需要有对教学内容进行更加详细、直观描述的教学资源。

描述性素材包括对概念和原理知识进行归纳整理的图表（如思维导图）、演示工作原理的动画、展示实物的照片、展示工作过程的视频、说明工作过程的文本与图片、电子教材等。这些教学资源能大大促进学习者对教材内容的理解，并使教材内容更具实用性。比如汽车发动机的工作原理、化学反应原理，如果没有相应的教学资源做支持，学习者几乎不可能真实地感知其过程。描述性素材的作用只是对教学内容本身进行更加明确、细化、直观的描述，这种教学资源开发的关键点在于充分挖掘知识的直观展示方法。

二、解释性素材

解释性素材是对教材中的内容做进一步补充说明的素材，其目的既是为了使教材内容变得更加容易理解，也是为了使教材内容能更好地与实际结合，并使教材内容更具现时性。与描述性素材不同，解释性素材给教材的含义提供了增量，但要把解释性素材与对现有知识进行更为深入的理论分析区别开来，后者已超越了教材内容本身，是在拓深教材内容。教材内容不仅具有概要性，还具有稳定性、适应性。教材中通常只会包括具有普遍意义的知识。教师在设计教学时，通常都要收集能用于进一步解释教材内容的案例，这是教材处理的重要工作。教学资源库如果能提供有助于教学的案例，对教师的教学设计是极有帮助的。

最常见的解释性素材有案例、故事、寓言等，这些教学资源在教学质量提升中的作用是显而易见的。一些复杂的理论，如果能提供一个实例，或者作一个恰当的比喻，其内涵会容易理解得多。一条职业素养要求，比如对工作场所的安全性要求，如果能提供一个实例，学习者对其重要性的理解将大大增强。解释性素材开发要注意：(1) 素材内容的针对性要强，要与教材内容紧密对应，并确实有助于对教材内容的理解；(2) 素材如果是案例，一定要真实，要实际上发生过。因此，解释性素材开发的重要途径是日常的收集与积累。

三、延伸性素材

延伸性素材是在教材内容基础上帮助学生进一步拓宽知识面的素材，其目的是使教学内容更加丰富，使教材具有更好的适应性。延伸性素材与解释性素材的区别在于，它的作用是扩充现有教材内容，而不是深化现有教材的含义。以下几种情况需要延伸性素材：(1) 学生需要了解，但限于篇幅无法纳入教材的教学内容。比如，行业标准、法律要求等；(2) 新技术、新工艺、新方法等，把这些内容补充到教学内容中，可以使学生获得本专业的前沿知识与技能；(3) 满足学习能力更强的学生对教学内容的要求；(4) 满足特定地区对教学内容的特殊要求，比如烹饪专业，不同地区的菜系差别较大，教学资源库只有提供丰富多样的选择，才能满足不同地区教学的需要。

延伸性素材包括行业标准、延伸阅读资料、更为复杂的能力训练模块、体现地方特色的能力训练模块等。采取哪种具体形式要根据专业特点与课程建设需要而定。延伸性素材的特点是需要不断更新。教学资源库建设的动态性主要体现在这部分素材上。

四、学习过程支持素材

前面三种素材都属于教学资源库的基础性素材，即它们的功能都只是在完善教学内容的本身，而学习过程支持素材，以及后面要探讨的教学过程支持素材，其功能所指向的是教学实施。学习过程支持素材是用于支持学习者的学习过程而展开的素材。学习是个复杂的过程，因此学习过程是教学资源开发的主要空间。

职业教育的学习包括实践学习与理论学习。需要的教学资源有：(1) 标准作业模型，即要求学生完成的作业的标准样板，如标准的零件、成功的产品设计案例等，标准作业模型要尽善尽美，以不使学习者对技能操作产生任何错误认知；(2) 实践训练手册，指导学习者完成实践训练的手册，内容可能有项目描述、学习目标、材料清单、工作计划、工作程序、操作步骤、质量检验等内容；(3) 理论学习指导，帮助学习者正确理解相关概念、原理与方法的素材；(4) 对要学习的内容专题进行讲解的视频，内容可包括实践操作讲解和理论讲解，比如目前正流行的"微课"；(5) 模拟操作软件，供学习者在模拟环境中进行技能操作的素材，目的在于避免实际操作中的危险或降低材料损耗，还可以使一些无法在实际环境中进行训练的技能得到训练，比如航海模拟训练系统；(6) 反思与讨论，用于指导学习者在实践的基础上进行反思与讨论的思考题；(7) 自测题库，用于学习者自我检验学习效果的题库等。

学习过程支持素材是用于支持学习者有效展开学习活动的素材，这种素材的开发要紧贴学习过程的实际需要，并要以对职业教育学习过程的深入研究为基础。"做中学"是职业教育的主要教学模式，在做的基础上既可展开技能学习，也可展开理论学习与职业素养学习，还可展开问题讨论，学习过程支持素材应主要围绕这一教学模式的展开来设计。

五、教学过程支持素材

教学过程支持素材是指导教师进行教学设计，辅助教师展开教学并检验教学效果的素材。教学是教与学的结合，教师的教与学生的学在教学过程中是紧密结合在一起的，因此许多学习过程支持素材也是教师实施教学时可以用到的，但除此以外，我们还需要开发一些专门用于支持教学过程的素材。

可开发的教学过程支持素材有：(1)课程整体说明。对该门课程的目标、地位、内容体系进行详细说明、解释，以帮助教师从整体上把握该门课程。(2)教学设计指导。用于对教师的教学设计进行指导，内容可包括对教学目标、教学内容、教学评价要求的说明，以及对教学过程设计、教学环境要求的建议等。教学设计指导是最重要的教学过程支持素材。(3)对教学内容的补充说明。它可使教师更好地理解教学内容，在教学中做到得心应手。这部分素材可为教师提供获取更多教学资源的途径。(4)教学评价工具。用于对学习者的学习效果进行实时评价和分析。(5)测试题库。用于对学习的最终结果进行评价，主要针对理论知识的学习效果。

除了上述五种教学资源素材之外，还可以根据课程的特点开发其他种类的教学资源素材。教学资源素材多种多样，但是在开发过程中我们需要遵循两条原则：(1)紧贴教学的实际需要。教学资源不是供观赏的，也不是供职业院校夸耀自己的课程建设水平的，而是用于推进课程与教学改革，提高教学质量的。教学资源库开发投入巨大，因此一定要充分发挥它在实际教学中的效果。(2)要在把握课程性质的基础上，对"教学对教学资源的需求"进行系统分析，以使教学资源在教学过程中发挥整体效应。高质量的教学资源库开发，要充分体现课程、教学研究与信息技术的完美结合。没有对课程性质与教学需求的深入研究，就难以保证所开发的教学资源库的实用性；而如果没有对信息技术的充分应用，也不可能获得高质量的教学资源库。

在目前的教学资源库开发中，人们往往热衷于制作PPT课件、教案等素材，这是不可取的。开发教学资源库的目的，是为课堂教学提供具有普遍适用性的、仅靠教师个人能力无法完成的教学手段，以达到改革课堂教学形态、提升课堂教学质量的目的，而不是去替代教师的教学设计工作，更不意味着要包揽教师所有的教学资源开发工作。PPT课件、教案等素材，都是具有个人性的，它的设计要体现教师本人对课的理解，也要符合教师个人的教学习惯与风格。一位拿着别人制作的PPT课件和教案上课的教师，怎么可能上出优质的课？教师的教学能力怎么可能逐步得到提升？这种完全基于商业化的教学资源开发行为，看似减轻了教师的工作负担，其实是极为有害的，它会使课堂教学成为一个完全程式化的，甚至仅仅是播放 PPT 课件的过程，而它自身因为偏离了教学资源库开发的本质，也不可能具有长久的生命力。

第三节 职业教育教学资源库的平台设计

有了教学资源库，接下来就涉及用于装载、呈现教学资源库的平台的设计问题。如上所述，现有教学资源库在呈现形式上多数沿用的是精品课程的平台，这是一种按照素材类别进行教学资源库呈现的平台。这种平台最大的问题是没有体现教学过程，不是按照教学逻辑进行呈现的，因而在教学中使用极不便利，教师只是把它作为进行教学设计的一个参考资料库，却难以直接依靠它进行教学。

教学资源库的平台模式与课程模式密切相关，最主要的区别是在理论课程与能力本位课程之间。理论课程设计的核心要点在于如何引导学生轻松地进行理论知识学习，而能力本位课程设计的核心要点在于如何引导学生进行实践训练。图 8-3 是一个基于项目教学逻辑的教学资源库平台框架，其核心思路包括以下四个方面。

一、教学资源库平台的核心模块是学习指导与教学指导

教学资源库平台应简洁、清晰，以便对素材进行快速检索。教学资源库平台不能加入与课程学习无关的信息，如专业发展情况、课程建设成果、校企合作等。除了一些辅助性模块，如学习者信息、交流与答疑等，它最核心的模块是学习指导与教学指导。这两个模块需要分开，因为教学指导中的许多素材是学生不需要的。整个平台的核心是学习指导。如果有些内容只能向教师开放，那么可以在平台中设置教师入口与学习者入口。

二、学习指导中的内容以学习模块为单位展开

如图8-3，在课程描述后面紧接着排列的应当是一个个学习模块。学习模块是按照任务还是项目进行设计，要根据所开发的课程的性质确定。正如第七章所分析的，并非所有的教材都适合以项目为中心进行设计，只有那些项目可以确定的课程，其教材才能以项目为中心进行设计，而其他能力本位课程的教材，则只能以任务为中心进行设计。学习平台的设计也是一样。平台设计必须考虑应用的广泛性，因而除非其课程的项目能基本确定，否则只能以任务为中心设计学习指导的具体框架。但是即便如此，每个模块中的"实践训练"还是可以以项目活动为单位进行设计，这样，整个平台所体现的仍然是项目式学习。当我们进入教学资源库后，只需按照一个个学习模块分别进行学习，就可完成全部课程内容。

按照项目教学模式实施的思路，学习指导模块可由知识学习、操作指导、作品

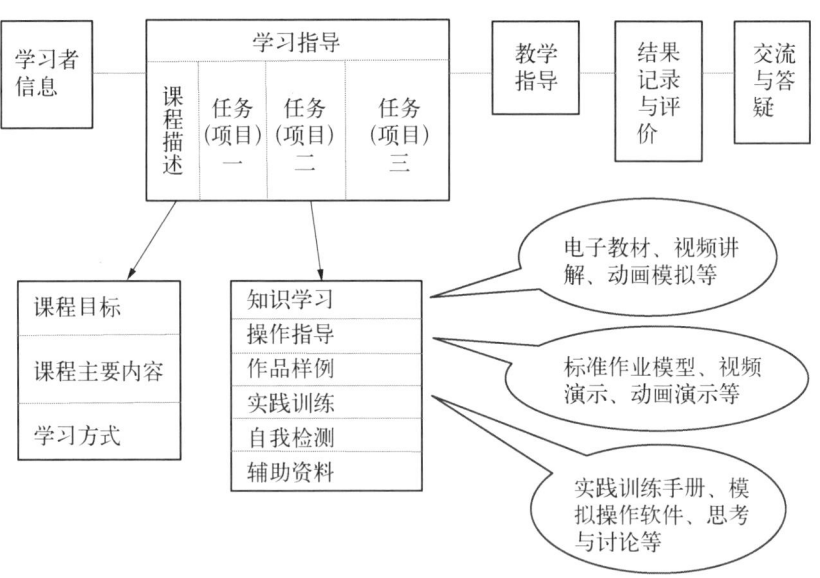

图8-3 基于项目教学逻辑的教学资源库平台框架

样例、实践训练、自我检测、辅助资料等栏目构成。知识学习中可包括电子教材、视频讲解、动画模拟等支持理论知识学习的素材。进入这个栏目后，学习者就可完

成与下面的实践训练相关的理论知识的学习。操作指导中可包括标准作业模型、视频演示、动画演示等素材，这些素材的作用是给学习者展示，在这个任务或项目中要求学习者完成的作业的标准是什么，以及按照什么样的过程与方法去完成作业。作品样例中展示的是各种各样过程性的或者已完成的样例，它们可能是完美无缺的，也可能是存在多种多样问题的。实践训练中可包括实践训练手册、模拟操作软件、思考与讨论等素材，这些素材不仅要引导学习者完成实践训练过程，而且要通过思考与讨论引导学习者在实践的基础上进行与实践过程相关的问题的思考、讨论和理论知识学习。自我检测中主要提供对作品质量进行评价的工具。辅助资料中可提供延伸性阅读、案例等素材。

三、教学资源库素材按照学习展开过程进行组织

图 8-2 建构了一个教学资源库素材分析的层级理论，该理论把教学资源库素材划分成五大类别，但这并非意味着教学资源库素材呈现的组织方式要按这五大类别进行。在对素材进行呈现设计时，需要跨越这五大类别，按照教学的逻辑进行素材组织。比如在教学资源库的素材归类中，展开工作过程的素材是归入描述性素材中的，标准作业模型是归入学习过程支持素材中的，而在教学平台上，则要把它们一起放到操作指导中。

四、教学资源库平台要单独设计结果记录与评价模块

设计结果记录与评价模块的目的不仅是为了实现对学生实践训练效果的实时评价，以便对训练结果及时做出反馈，更重要的是可以用它来记录实践训练的过程与结果，以便为课堂教学行为分析提供大数据，同时也可为持续丰富平台资源提供路径。教学中不仅需要展示正确操作过程的视频，也需要展示各种各样错误操作过程的视频，后者只能在教学过程中收集。

本 章 小 结

　　教学资源库开发是提升教学质量的重要基础，因而在目前的职业教育发展中备受重视。教学资源库应当定位于支持职业教育课堂教学实施的各种素材的集合，而不是对课堂教学的替代。信息化时代，课外学习的重要程度越来越高，但课堂学习还是根本，对职业教育来说尤其如此，这是由职业教育的特殊性决定的。随着职业教育教学理论研究的深入，教学实施的要求越来越高，因而对教学资源的依赖也越来越强。开发教学资源库的根本目的在于使用，尤其是在课堂教学中使用。遵循这一理念，教学资源库开发应从以下两个方面提升实用性：(1) 围绕教学过程实施的需要，系统地进行教学资源库素材的结构、类型与内容设计，使每一件素材在教学过程中具有真正的使用价值，并具有普适性；(2) 基于教学逻辑，设计呈现教学资源库素材的平台，使这个平台的结构与教学实施过程基本吻合，以较好地引导教学过程的展开。教学资源库质量的提高还要注意另外一个重要方面，那就是素材本身的质量要高，包括素材内容的科学性、外观的高品质与形式的简洁，这是教学资源库开发过程中真正要投入力量的环节。

第九章
职业教育项目教学设计模型：学习分析的视角

项目教学是一种古老的教学方法，它起源于欧洲，其历史可追溯到17和18世纪。[1]后来这种教学方法传到美国，克伯屈在杜威实用主义哲学与活动课程理论的基础上，最早完成了对项目教学法的系统理论研究。[2]此后，项目教学法由美国传向世界，并成为教学论研究的重要课题，研究问题主要聚焦于项目教学法的特征与实施模式。"项目学习在我国应用与研究的展开是在2001年以后"[3]，随着我国职业教育课程与教学改革热潮的掀起，项目教学法成为当前职业教育领域关注的热点。尽管项目教学法在理论上很受青睐，然而其实践应用并不十分成功，甚至出现了许多偏离项目教学法最初理念的教学现象，原因主要有

---

[1] Knoll M. The project method: Its vocational education origin and international development [J]. Journal of Industrial Teacher Education, 1997, 34: 3.
[2] 董纯才，等. 中国大百科全书·教育 [M]. 北京：中国大百科全书出版社，1985：312.
[3] 刘育东. 我国项目学习研究：问题与趋势 [J]. 苏州大学学报（哲学社会科学版），2010：4.

两个方面：(1) 尽管关于项目教学法的研究文献很多，但这些文献对项目教学法的本质，尤其是对项目教学法与其他教学方法在教学逻辑上的重大区别研究不够，对实施方法的研究也只是停留在步骤层面，而没有深入到学与教活动的设计层面，使得教师难以准确把握和运用好项目教学法；(2) 以往对项目教学法的研究一直未能超越杜威与克伯屈的研究范式，即基于现实生活的经验主义学习理论的项目教学法研究。然而，如果不把项目教学建立在课堂情境的学习形态基础之上，就不可能使项目教学法成为职业教育中的主导教学方法。这两个问题是密切相关的，项目教学实施方法设计必须以学习模式分析为基础。

第一节　项目教学中的几种扭曲现象

目前的职业教育教学实践中，的确有一些出色的项目教学案例，但许多项目教学离理念本身的要求还有较大差距，"形似神不似"的现象比较普遍。归纳起来，项目教学中的问题主要有以下三种。

一、标题式项目教学

标题式项目教学是指，只是教学内容的标题体现了项目，而其整个教学内容的选择、教学实施步骤的展开、教学组织形式的设计、教学内容传递方法的选择，均与传统教学方法没有实质性区别。整个教学过程基本上仍然是以"教师讲，学生听"为基本形式展开的，没有或很少有学生实践的环节，更别说让这种实践真正成为项目实践，并让学生的能力与职业素养通过实践获得发展。相应地，其教学内容自然也主要是概念化知识，这些知识可能与工作相关，但肯定不是紧密相关。这是项目教学中最为常见的一种问题，也是最为糟糕的一种问题，因为它根本没有体现项目教学的任何特征。从目前出版的许多项目化教材中也可以看出这一问题的普遍性，因为这些教材只是把章、节、目体例换成了项目、任务，教材内容甚至教材的组织模式都基本没有发生变化。

二、片段式项目教学

片段式项目教学是指以某个孤立的任务片段为中心进行的教学，这些任务之间不构成一个完整的项目序列，全部任务联系起来后也不能组合成一个完整的项目，它们之间甚至不构成某种基本的项目关联。这种教学具有真正意义上的项目教学的一些特征，比如实践在教学时间分配中已占有较大比例，整个教学的逻辑出发点也是实践，但它缺少了项目教学的一个关键特征，即以完整的、具体的产品或服务为载体实施教学。这种教学本质上还只是任务教学，或只是单项技能训练，而不是真正意义上的项目教学。比如酒店服务专业训练学生迎接客人，烹饪专业训练学生刀工，汽车维修专业训练学生拆卸某个零件等。这种教学由于缺少项目这个教学载体，因而难以让学生体验到完整的工作过程而形成对工作任务的系统认识，也不能让学生通过获得具体的工作成果而提高学习的成就感，更不能在学生认知结构中建立行动与最终工作成果之间的联系，而这些恰恰是我们实施项目教学的主要价值追求。这种项目教学的问题比较隐蔽，识别的关键是看其教学过程中是否存在真正的项目。

三、程序式项目教学

程序式项目教学是指具备了真正意义上的项目载体，教学过程也基本符合项目教学程序，然而并没有取得预期教学效果的项目教学。导致这一结果的原因在于，这种项目教学中学习发生的程度不高，学生缺乏深度学习的体验。任何教学的最终目的都是促使学习的发生，项目教学也不能例外，甚至在学习的深度上项目教学应高于讲授式教学，否则它作为一种投入更大的教学模式，就丧失了存在的价值。然而目前实施的许多项目教学似乎偏离了这一目的，它们过于注重程序，注重形式，却忽视了如何让每个环节充分发挥教学效果。在这种项目教学中，学生的确经历了应有的每个教学环节，但其学习效果似乎也就只是停留在"经历"而已，并没有获得知识理解、行动能力与职业素养的深度发展。这种项目教学的问题更隐蔽,它容易获得人们的认可,却最终会因为未能取得突出的学习效果而使人们放弃项目教学。发生这种问题的根源在于我们没有意识到,项目教学设计的关键不在于提出教学项目,而在于开发每个教学环节的学习功能,并通过教学实施使每个环节的教学效果最大限度地发挥出来。

上述三个问题是按照离真正的项目教学的远近程度来呈现的。问题表现程度虽然不同,但它们有一个共同的根源,那就是没有深入理解项目教学的本质,以及项目教学中学习行为的特点,比如项目教学中学习的性质、类型、学习发生的条件等,这就必然会使项目教学实践产生扭曲。

第二节 项目教学的本质

什么是项目教学?有研究者判定,"90%以上的论文中提到或论述的项目教学的概念都是根据作者的体会和感觉认定的,或者是作者自己定义的项目教学"[1],并列举了10种项目教学定义供参考。这些定义尽管表述略有区别,但均强调项目教学的两个核心要素:行动和专题。即项目教学是一种打破学科知识之间的边界,以专题为教学单位,借助围绕专题的行动使学生掌握知识、技能的一种教学方法。

这两个要素揭示了项目教学的本质,我们对项目教学的本质认识不够深入,就是体现为对项目教学的这两个要素的认识不够深入,许多研究比较多地停留在学理层面,而没有深入到教学实践层面,深刻认识到这两个要素对教师的实质意义。就"行动"这个要素而言,长期以来我们一直把教学过程的本质理解为认知过程,而从来没有把教学过程的本质界定为行动过程的表述。瞿葆奎主编的《教育学文集·教学(中册)》共收录了9篇关于教学过程的性质的论文,这些论文无一例外地主张"教学是一种认识过程"。[2]这就产生了一个重要问题,项目教学如何才能真正

---

[1] 杨文明. 项目教学的内涵与分类 [J]. 语文学科(外语教育教学), 2010 (7).
[2] 瞿葆奎. 教育学文集·教学(中册)[M]. 北京:人民教育出版社, 1988:122.

具有教学的功能？在教学功能的产生过程中，它与其他教学方法有什么本质区别？就"专题"这个要素而言，专题并非课程内容本身，那么什么样的专题才是符合要求的？专题与课程内容之间的具体关系是什么？这些问题恐怕都是教师所不熟悉的，而如果这些问题不明晰，教师不仅不可能实施好项目教学，甚至有可能给教学带来严重问题。

一、项目教学的概念

在系统探讨项目教学的本质之前，有必要先界定项目教学这个概念的边界，因为在实践中，人们对这个概念的理解往往会因情境而异。

(一) 项目教学是一种教学模式

教学论中有许多教学方法，比如讲授法、问答法、技能训练法、小组教学法、发现教学法、尝试教学法等，然而这些教学法并不是处于同一层面。有的教学法只是针对教学的某一局部环节，比如如何帮助学生理解概念，如何训练学生技能，如何培养学生对问题的兴趣等；有的教学法则是针对整个教学设计的基本思想，它要回答按照什么逻辑思路展开教学这一根本性问题。为了区分这两个层面的教学法，可以把前者理解为狭义的教学法，把后者理解为教学模式。

在以上所列举的教学法中，技能训练法、小组教学法属于狭义的教学法，因为应用这些教学法时不会涉及教学展开思路这一根本问题。然而许多教学法，如讲授法、问答法、发现教学法，其具体含义就要视语境而定。它们可以是一种教学模式，比如彻底的讲授法要求完全按照教师的概念阐释与理论推理展开教学，这个过程中学生的活动只是记录、理解与记忆知识；彻底的问答法主张完全通过对问题的一系列追问让学生自己获得对知识的理解；彻底的发现法则主张完全按照科学发现的过程展开教学。但它们也可以是一种狭义的教学方法，即它们可以是存在于其他教学模式中的，用于知识讲解、思维启发、问题解决能力训练等教学环节的一种具体方法。

按照这一分类框架，项目教学既可以是一种教学模式，也可以是一种教学方法。比如在运用讲授法的教学中，教师完全可能安排项目练习让学生巩固知识。这里我们把项目教学法界定为一种教学模式，当我们实施项目教学时，意味着整个教学思路与学习模式的根本性变革，实施项目教学法的教师应充分意识到这一点。

(二) 项目教学是一种依托项目实施过程展开的教学模式

项目教学要成为一种教学模式，它就必须有自己特有的教学展开逻辑，这一逻辑就是项目实施过程。因此，我们可以把项目教学定义为一种依托完整的项目实施过程来展开教学过程的教学模式。项目实施通常是按照明确项目、按步骤完成项目、项目评价这一过程展开的，项目教学过程的展开通常也是遵循这一逻辑。很显然，这种教学展开过程既不同于讲授法按照层层概念与理论阐释展开教学的过程，不同于问答法通过逐层追问展开教学的过程，也不同于发现法按自己提出问题、自己解决问题展开教学的过程。项目教学法特殊的教学展开逻辑，使它成为一种独具特色的教学模式。

一种教学要成为项目教学，关键在于是否有真正的项目，否则项目教学就会流于形式。判断一个项目是否是真正的项目有时并不容易。首先，职业教育项目教学中的项目不是工程意义上的项目，而是技术、工艺意义上的项目。工程意义上的项目更多地具有管理的含义，并且比较庞大；而技术、工艺意义上的项目更多地具有制作的含义，且比较微小。其次，项目不是一件抽象的工作任务，而是一件有明确工作成果要求的具体工作，这个工作成果可以是制作的一件产品，也可以是提供的一项服务，还可以是排除的一个故障等。工作成果的形式可因职业的不同而不同，但工作成果必须是所对应职业中明确存在的、具有相对独立性的"产品"，至少应当与实际职业中的"产品"具有相同性质。比如组装一台收音机是个项目，但焊接一块电路板就不是一个项目，它只是组装收音机的一个步骤，因为它本身并不是一个独立的产品。使用焊接工具就更不是项目了，它只是制作收音机的一项技能。有时教师也可以根据需要开发一些产品，这些产品可能在市场上是不存在的，但它与实际产品的性质一致，且便于教学，这种产品的开发也可认定为项目。

作为项目的产品必须是职业中明确存在的，但这并不意味着教学中使用的项目必须直接来自企业。项目从何而来并不是至关重要的。如果项目直接来自企业，当然教学效果可能更好，因为该产品本身以及产品的质量要求能够让学生更加强烈地体验到生产或服务的真实感。然而在教学实施中，要保证这一点几乎不可能，对拥有庞大学生群体的我国来说更是如此。

二、项目教学的特征

根据以上对项目教学的界定，显然它具有不同于其他教学模式的典型特征。

（一）项目教学基于行动逻辑

讲授法、问答法、发现教学法这些教学模式尽管在教学理念与操作模式上存在很大差异，这种差异有时甚至是根本性的，比如讲授法属于直接教学模式，而问答法、发现教学法属于间接教学模式，但这些教学模式有一点是相同的，即它们都是基于认知逻辑的，其目的也只是获得对知识的认知与理解。项目教学则与之完全相反。如上所述，完全意义上的项目教学不是学习完理论知识之后的一个练习环节，而是直接依据项目实施过程来展开教学过程的教学方法，这意味着项目教学过程是基于行动逻辑的，这是一个按"做事"的过程组织并固定学习要素的逻辑，按行动的效果来评价过程执行情况的逻辑，而不是按认知过程组织并固定学习要素的逻辑。

行动逻辑对于实际经验丰富的一线技术专家来说是极易理解的，比如传统学徒制中的工匠均不自觉地使用了项目教学法训练学徒，即使是今天的企业技术专家也很容易接受并实施项目教学法。对行动逻辑理解困难的现象存在于习惯了知识体系的教师当中，因为行动逻辑是与认知逻辑完全不同的另外一种逻辑过程。当然，传统学徒制中的项目教学是一种不自觉的、非结构化的项目教学，而这里探讨的是一种结构化的项目教学。这就要求进一步明确项目教学中行动逻辑的实质内涵。

（二）项目教学对学习要素的综合度最高

在学习结果这一维度上，项目教学相对其他教学模式有着明显优势，那就是几乎所有的学习结果均可在项目教学中发生。其他教学模式，比如讲授法、问答法、发现教学法等，往往只能产生部分学习结果，如知识理解、推理能力、问题解决能力等，且这些学习结果主要集中在认知领域。当然，在这些教学模式中也可努力促使情感学习结果的发生，但效果不是很好。至于要在这些教学模式中产生职业行动能力等学习结果，就更困难了。而在项目教学中，只要教师操作得当，以上这些学习结果均可有效地产生，因此项目教学是一种对学习要素综合度最高的教学模式。

任何一种教学模式都不是万能的。当一种教学模式在发挥某一方面优势的同时，其弱势往往也会产生。项目教学的弱势主要体现在：(1) 不适合系统理论知识的学习。项目教学并非不适合所有系统知识的学习，传统课程中的许多系统知识，其实是可以分散到项目中进行学习的。然而职业教育课程中还有许多系统的理论知识，这些知识如果分散到项目中学习会严重影响知识之间的内在逻辑关系，因而不适合用项目教学法进行教学，更为适合的还是讲授法、问答法等教学模式。(2) 比较难以控制学习的发生过程。讲授法、问答法等教学模式都是直接刺激学习发生的教学模式，而项目教学法完全不同，它的学习行为是寓居于项目活动中的，在项目完成过程中如果没有主动对学习过程进行刺激，很可能不能产生自觉的学习行为，而如果要对学习行为进行刺激，又存在对项目活动中的哪个环节进行刺激才比较合适的问题。(3) 讲授法、问答法、发现教学法等教学模式的学习结果比较单一，且主要指向知识与认知能力，而项目教学模式的学习结果要多样得多，这同时也要求教师具有高超的综合教学能力。

第三节　项目教学中的学习模型

既然项目教学过程不是直接基于认知过程，并且项目本身也不是知识与技能，而只是知识与技能组织的载体，那么要执行好项目教学，就必须首先确定项目实施与学习之间的关联模式。

一、项目教学中的学习结果类型

项目教学中的学习结果主要包括职业行动能力、对知识本身的记忆与理解、对知识的行动意义的理解、综合职业素养四个方面。相对于讲授法、问答法等基于认知逻辑的教学模式,项目教学在这些学习结果方面独具优势。

(一)职业行动能力

这是项目教学在教学目标上的首要追求,即培养学生做事的能力、胜任工作任务的能力。职业行动能力不仅仅指操作技能,会操作的人并不一定就是一个会工作的人。除了操作技能外,职业行动能力还包括计划工作的能力、利用资源做事的能力、运用知识解决问题的能力等。对于项目教学法来说,后者更能体现其优势,因为操作技能通过一般的技能训练教学就可有效获得,而且集中训练对操作技能的掌握来说效果更好,而要发展学生计划工作、利用资源做事等能力则必须通过项目教学。

(二)对知识本身的记忆与理解

这种学习不是项目教学的优势。的确,对于系统化的理论知识而言,讲授法等传统教学模式更具优势。但项目教学在知识记忆与理解的某些方面还是有着不可替代的价值。首先,对于实践知识,如安全规范、工艺要求、操作方法、设备材料名称等,不适合采用基于认知逻辑的教学模式来进行学习,项目教学法是其首要选择。在项目实践过程中,这些知识的记忆与理解会比较容易,而在讲授教学中,这些知识的学习则会变得极度无聊和难懂。其次,对于有些理论知识,例如工作中需要运用的复杂原理,如能用项目教学法进行教学,给学生提供学习这些原理的经验基础,其记忆与理解也会容易得多。有研究发现,"66.7%的受访学生认为,通过参与项目,他们加深了对理论的理解"[①]。

[①] 苗学玲. 项目学习模式的学生感知收益研究[J]. 科教文汇,2012(9).

(三) 对知识的行动意义的理解

知识要在行动中发挥作用，学习者必须构建这些知识在行动中的意义，即学习者应当清晰地知道：当遇到什么情境时可运用什么知识，以及如何运用这些知识，否则知识对学习者来说就只是一个符号。杜威曾说过："一盎司经验所以胜过一吨的理论，只是因为只有在经验中，任何理论才具有充满活力和可以证实的意义。"[①] 杜威强调经验的价值，不是要我们把学习局限于经验本身，而是要我们学会借助经验这个中间要素构建知识在行动中的意义。获得经验的唯一途径是行动，因而项目教学是可能产生这一学习结果的唯一教学模式。

(四) 综合职业素养

职业素养是职业教育中备受重视的教学内容，其重要性有时超过了专业知识与技能，这是因为它不仅包括了使工作进行得更好的内容，如敬业爱岗意识、团队合作意识，还包括了使产品或服务质量得到保证的内容，如对生产规程的遵守、严谨认真的工作态度等，甚至还包括了使工作安全地进行，避免事故发生的内容，如对安全规范的遵守等。有些职业院校倾向于针对综合职业素养的培养单独设立课程，然而最为有效地发展职业素养并检验其学习效果的教学模式是项目教学。

二、项目教学中的学习分析模型

以上学习结果在项目教学过程中如何才能形成？首先要注意的是，无论项目教学在理论上如何具有吸引力，所有学习的基本心理过程是一样的，任何教学方法要使学习发生，均不能逾越这一过程。这一过程包括感知、记忆、理解、思维等具体活动。不同学习的差异只在于这些心理过程发生的条件，以及由于条件不同而导致的学习结果的不同。比如同样是感知，让学生感知教材上的内容与让学生感知具体的行动过程，其产生的学习结果是完全不同的。因此在项目教学中，不能忽视对这些基本的学习心理过程的应用。我们不能简单地认为，学生只要执行了项目，学习

---

① 杜威. 民主主义与教育 [M]. 北京：人民教育出版社，1990：153.

就会自动发生。项目教学如果没有把项目实施过程与学习过程主动结合起来，这种项目就成了游戏。这是当前项目教学改革中比较常见的问题。

其次，还要注意对项目教学中学习过程的分析，不能把学习者的项目实施过程简单地等同于实际项目实施过程。"在实施项目教学过程中，有的老师为了凸显'项目'存在，就简单地将企业的实例直接照搬到课堂上，或者完全按照企业培训员工的模式进行教学"[1]，这种观念其实是错误的。项目教学设计应当根据学习规律对实际项目实施过程进行调整，设计出符合学习者的项目实施过程。

因此，项目教学设计与实施的关键是要处理好三个过程之间的关系，即实际项目实施过程、学习者项目实施过程与伴随项目实施过程的学习过程（见图9-1）。

实际项目实施过程，指一个项目在真实工作情境中完成的步骤，它是项目教学设计的基础。项目教学过程中，学习者项目实施过程不能等同于实际项目实施过程，这主要基于两方面的考虑。

一是学习者尚不具备完成项目的能力，教师要在项目实施的一般程序的基础上，根据学习者项目完成的能力，对项目实施过程进行一次再设计，使之成为适合学习者的项目实施过程。再设计的内容可能包括：（1）改变项目实施的顺序。教学中的项目实施过程可以不一定完全与真实工作中的项目实施过程一致，而是可以从关键的或是适合学习者的环节开始，然后依次进行，只要最终能把整个项目完成就可。（2）增加过渡性项目。如果教师认为即将教授的项目对学生来说过于困难，可以先用一点课时让学生完成一个较为简单的项目或是体现局部环节的项目，然后正式进入到计划教授的项目。（3）细化实施环节。真实工作中的项目实施环节对熟练的工作者来说可能轻而易举，对学习者来说则可能是非常困难的，遇到这种情况教师就需要对这些实施环节根据学习者的实际情况进行细化，实施小步子教学。

二是学习者实施项目的目的是为了学习，因此在实际项目实施步骤的基础上，很可能需要增加一些教学性步骤，比如对项目的整体说明、项目完成后的总结等。这些步骤可以增加在项目完成程序之前或之后，也可以是中间，比如有的项目教学进行到中间阶段时，可能停止一段时间进行集中的理论知识学习。

---

[1] 潘春胜，刘聃. 职业教育"项目教学热"的理性思考[J]. 中国高教研究，2011（5）.

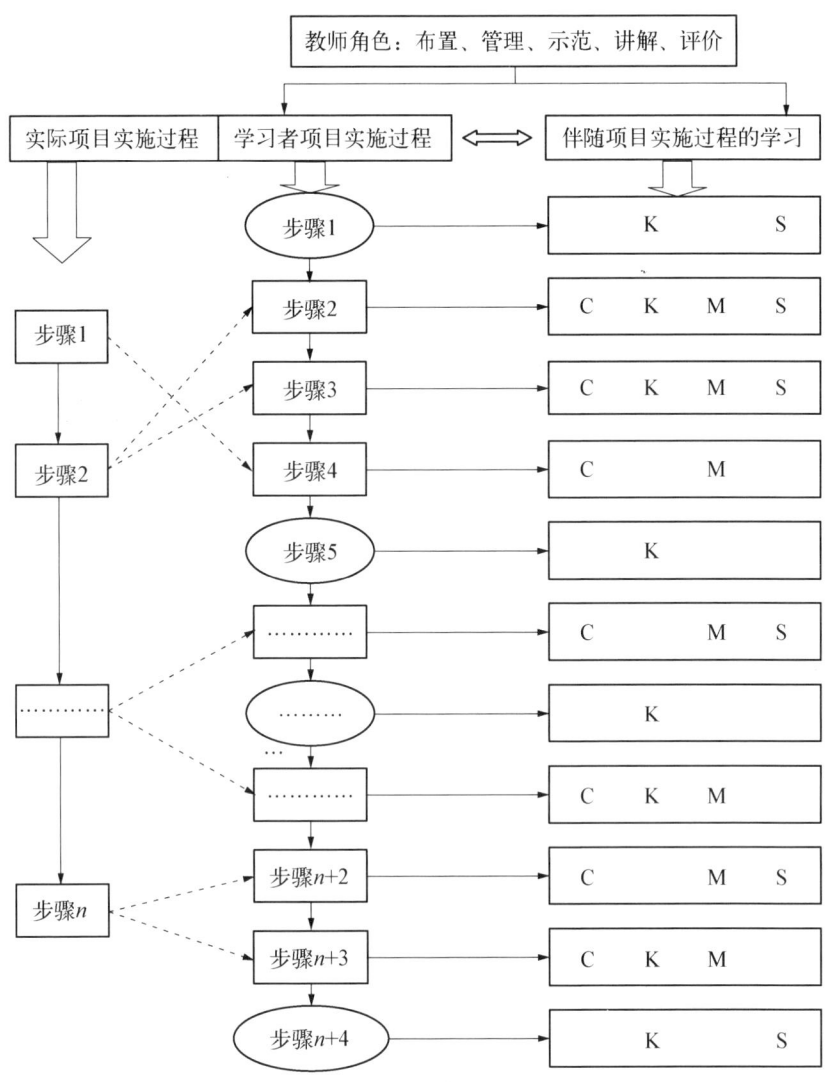

（注：C代表职业行动能力；K代表对知识本身的记忆与理解；M代表对知识的行动意义的理解；S代表综合职业素养）

图9-1 项目教学中的学习分析模型

图9-1对从第一列"实际项目实施过程"转换到第二列"学习者项目实施过程"的上述几种情况均做了示意。"□"表示根据学习者的能力特点直接从实际项目实施过程分析出来的步骤，"○"表示根据教学需要添加的步骤。在实际项目实

施过程的基础上设计出学习者项目实施过程,是使项目实施过程中学习行为得以发生的第一个重要环节。只有顺利地实现了这个环节的转换,项目才可能在教学过程中得到实施,项目也才真正具备了教学性质。这一转换不仅要求教师具备丰富的实际工作经验,而且要求教师具备丰富的通过项目进行教学的经验。

对项目教学来说,"做"不是目的,"学"才是目的。所谓的"做中学","做"了一定要"学",并坚信只有"做"了才能"学"。"做"的过程中,有些学习会自动发生,比如做了一遍,所经历的步骤至少在学生头脑中会留下印象,他们"做"的技能也会在一定程度上得到提高,但还有大量的学习是不会自动发生的,需要教师根据行动过程有意识地促使学习的发生。前面分析了项目教学中可能产生的四种学习结果,即职业行动能力、对知识本身的记忆与理解、对知识的行动意义的理解、综合职业素养。广义地说,这四种学习结果在项目实施过程的每个步骤均可能发生,比如项目实施的每个环节均可能伴随着对知识本身的记忆与理解。但从狭义的角度看,即从有意识地学习的角度看,每个环节的学习应有所侧重。项目教学是项目实施过程与教学过程的统一,这里其实存在一个比较重要的问题,即必须合理地安排依附于项目实施过程的教学活动的时间,否则就会破坏项目实施过程的统一性,这将导致项目教学效果的崩溃。图9-1只是列举了项目实施各个步骤可能安排的学习行为,教学设计中教师要敏锐地意识到项目实施每个步骤可能展开的学习内容,并深入对其进行学习开发,使项目实施成为项目教学。这是项目教学设计中非常重要的环节。

第四节 项目教学设计的基本模式

一、项目教学程序设计

要促使图9-1中学习行为的发生,需要有计划地执行一系列学与教的活动;而要清晰地设计项目教学中学与教的活动,就需要确定项目教学的一般程序。这是目前关于项目教学的文献中研究最多的问题,大多数文献都会涉及这一问题,但观点各异。"克伯屈把项目教学法划分为目标、计划、实施、检查四个环节；弗瑞的模型中项目教学法由创意、目标、计划、实施、检查、总结几个阶段构成；维曼的模型则包括了创意、目标、计划、决策、实施和评价六个阶段。"① 目前国内职业教育界流行的项目教学法步骤是近年来由德国引进的，包括六个步骤，即"咨询、计划、决策、实施、检查和评价。"② 尽管划分的具体步骤不完全相同，但基本框架是一致的，且均强调计划与实施这两个环节。

项目教学的这些程序设计有许多需要完善的地方：

（1）关于明确项目。这的确是一个重要环节，而且应该作为一个独立环节，但如何才能明确项目？这些程序没有具体说明。其实这个环节的实施是很复杂的，实施过项目教学的教师对此会有深刻体会，因为这个环节不仅要给学生说清楚项目的内容，而且要给学生讲解清楚完成项目所必需的基本知识和整个工作程序，更为重要的是要给每位学习者进行任务定位，并使他们进入工作角色。因此在程序设计时有必要深化对这一环节的研究。

（2）关于制定计划。这几乎是所有项目教学程序的核心环节。然而计划制定在项目教学中真的如此重要吗？由于"项目教学法强调项目完全由学生设计和实施，实施难度较高"③，有研究者认为项目教学并不适合日常的课堂教学，而只能是完成所有知识、技能学习后的一个总体训练。如果这样定位项目教学，那么项目教学的实践价值将大为降低。其实，项目教学中的计划不一定要由学习者来制定，整个教学进程完全可以由非常有经验的教师来把握。项目教学的核心应该是实施计划的过程，而不是制定计划。

（3）关于实施计划。实施计划是项目教学最重要、最具实质意义的环节，也是最为复杂的环节。一个项目的大多数教学时间正是花在这个环节的。然而在以上项目教学的程序中，实施只是作为与计划、评估等环节相并列的一个环节而被大大弱化了。对项目教学法的研究如期望能有效指导教学实践，就必须对项目实施的步骤进行细分，并深入研究和设计其中的教学活动，否则项目教学就不会在人才培养中

---

① 徐朔. 项目教学法的内涵、教育追求和教学特征 [J]. 职业技术教育，2008（28）.
② 姜大源，吴全全. 当代德国职业教育主流教学思想研究 [M]. 北京：清华大学出版社，2007：257.
③ 吴静. 项目教学法与任务驱动教学法的异同比较 [J]. 北京工业职业技术学院学报，2011（3）.

真正发挥实效。

（4）关于成果展示和评估总结。项目教学实践中，这两个环节是不可分的，展示与评估总结应同时进行。从突出强调项目的学习功能的角度出发，还有必要增加项目学习小结这个环节，因为它有利于刺激学生依托项目主动进行学习的意识。

因此，项目教学过程应划分为三个阶段，即项目引入、项目实施与项目总结，见表9-1。项目引入阶段应包含项目描述、知识准备、任务定位三个环节，项目实施应当根据学习者项目实施过程进行细分，而项目总结阶段至少应包括项目展示与总体评价、项目学习小结这两个重要环节。把这个环节的评价定位为总体评价，是因为项目教学中还有贯穿项目实施过程的过程性评价。

二、项目教学中的活动结构

项目教学过程中促使学习行为发生的重要前提是学与教活动的设计。表9-1是在行动研究基础上归纳出的项目教学各阶段典型的"学的活动"与"教的活动"。

表9-1　项目教学中的活动结构

阶段	项目教学过程		学生学的活动	教师教的活动
1	项目引入	项目描述	A. 理解项目的整体内容，建立工作场所中该项目的实际概念。 B. 理解该项目要达到的学习目标。	A. 展示项目范例。 B. 描述性讲解项目内容、结果形态与质量要求。 C. 解释性讲解该项目要达到的学习目标。
		知识准备	识记并理解与该项目相关的基本概念与工作程序。	解释性讲解项目实施所涉及的基本概念与整体工作程序。
		任务定位（可结合"步骤1"进行）	A. 观察并理解尝试任务完成的程序、方法与质量要求。 B. 通过尝试完成任务，准确理解自己要完成的项目中的具体任务，并进入工作角色。	A. 展示尝试任务的范例。 B. 描述性讲解尝试任务的内容、质量要求与工作方法。 C. 示范尝试任务的完成过程与操作方法。 D. 逐一指导学生完成尝试任务，判断其任务完成质量，严格纠正存在的错误。

续 表

阶段	项目教学过程		学生学的活动	教师教的活动
1	项目引入	任务定位（可结合"步骤1"进行）		E. 归纳性讲解尝试任务完成过程中存在的共性问题。 F. 确认所有学生均在行动层面理解了任务，并进入了工作者角色。
2	项目实施	项目实施：步骤1	A. 观察、识记与理解完成该步骤的程序、方法与质量要求。 B. 按照任务指导书，运用工具、设备、材料等，按质量要求完成该步骤的任务，获得工作成果，形成操作能力。 C. 在任务实施的基础上进一步理解该步骤的操作方法与质量要求。 D. 理解与该任务相关的复杂概念与工作原理。 E. 结合任务，自觉发展团队合作意识、质量意识、成本意识、效率意识、安全意识等职业素养。	A. 展示该步骤要完成的任务的范例。 B. 描述性讲解该任务的内容、工作方法与诀窍。 C. 示范该步骤的完成过程与操作方法。 D. 逐一指导学生完成任务，判断其质量，严格纠正存在的错误。 E. 归纳性讲解任务完成过程中存在的共性问题。 F. 在任务完成基础上，规定性讲解要求学生发展的团队合作意识、质量意识、成本意识、效率意识、安全意识等职业素养，通过对任务完成过程的观察，判断学生职业素养的发展状态。 G. 在任务完成基础上，解释性讲解与该任务相关的复杂概念与工作原理。 H. 展示与评价阶段成果，激发学生进一步完成任务的愿望。
		项目实施：步骤2		
		…………		
		项目实施：步骤n		
3	项目总结	项目展示与总体评价	A. 协助教师完成最终作品展示。 B. 通过对他人最终作品的优点与不足的评价，提高对作品质量的理解。	A. 组织学生展示各组或各人的最终作品。 B. 组织学生对最终作品进行互评，通过发现他人的问题提高学生对质量的理解。
		项目学习小结	积极归纳通过该项目所取得的学习成果。	引导学生自我归纳通过该项目所取得的新的学习。

典型学习活动不仅包括了"任务完成"这一基本的操作性学习活动，更是突出了"理解""识记""观察"等认知学习活动，针对这些认知活动的教学设计可大大提高项目的教学价值。典型教学活动的分类，则在"展示""指导""纠正""确认""组织"与"评价"等项目常规教学活动的基础上，特别突出了"讲解"活动，并把"讲解"活动细分成了"描述性讲解""解释性讲解""归纳性讲解""规定性讲解"等更为具体的讲解活动。尽管项目教学更强调展示、指导等教学活动，但讲解仍然是其中非常重要的教学活动；并且由于项目教学法中讲解的形式较为多样，因此在执行项目教学法时，教师遇到的困难往往并不是展示、指导等活动，而恰恰是讲解活动。对讲解活动的细分有利于更好地指导教学。巴班斯基（Y. K. Babansky）在《教学过程最优化：一般教学论方面》中也曾进行过类似研究，他把讲授划分成了"主要目的在于组织学生再现活动的讲授""主要目的在于组织学生探究活动的讲授"等形式①。

本 章 小 结

项目教学是一种既熟悉又陌生的教学方法。说熟悉，是因为这个概念我们早已耳熟能详；说陌生，是因为许多教师并不熟悉这种教学方法的教学逻辑，而理论上的研究也未必透彻。与传统教学模式不同，项目教学主张以典型产品或服务为载体进行教学。因为只有有了这种载体，学习过程才能产生工作成果；有了工作成果，才能真正形成职业能力。任何以知识积累为特征的课程模式，都只是帮助学生获得形成能力所需要的条件，而没有形成能力本身。但"以典型产品或服务为载体"只是项目课程的表现形式，在理解项目教学的本质时，更要充分理解作为其理论基础的"做中学"，否则很可能"做"了却没有"学"。"做中学"的"做"也不仅仅是为了训练学生技能，它更是期望通过"做"发展学生具有综合性质的职业能力，包括实际

---

① 尤·克·巴班斯基. 教学过程最优化：一般教学论方面 [M]. 北京：人民教育出版社，2007：16.

的操作能力、运用资源完成操作任务的能力、对知识的理解与记忆、对工作问题的思考能力以及相关职业素养。依托项目实施过程的教学活动也不会自动发生，它需要教师主动设计。因此，在确定项目的基础上，要深入地进行项目的学与教的活动设计。在进行项目教学设计时，教师要清晰地知道，借助项目实施过程的哪个环节可以进行相关概念与原理的讲解，借助哪个环节可以组织学生进行讨论，深化对知识的内涵及其应用方式的理解，借助哪个环节可以进行相关职业素养的教育等。只有当项目实施过程中产生了丰富的学与教的活动，项目才具备完整的教学功能，这种教学才是项目教学。

第十章
职业教育教师培养的国际经验：美国的体系与模式

探索我国职业教育的教师培养体系及培养模式，需要深入研究和借鉴西方发达国家中比较成熟的职业教育教师培养体系及培养模式。在这些国家中，美国的职业教育[①]教师培养体系及培养模式值得分析，尤其是俄亥俄州。在职业教育教师培养的制度、模式和内容等方面，俄亥俄州的体系完善，独具特色。它以大学课程与教师在所工作的学校进行的实际教学能力训练协同并进为突出特征，因此可称为双元制。下面以俄亥俄州为例，分别从制度基础、培养模式和培养内容三个维度对美国的职业教育教师培养体系进行描述、分析和借鉴。

---

① 职业教育目前在美国称为生涯和技术教育，为了简化表达，这里还是采用"职业教育"一词。本章的讨论限于中等职业教育，事实上在社区学院层面，美国并不存在统一的教师职业资格证书制度。

第一节　美国职业教育教师培养的制度基础

美国的双元制职业教育教师培养体系之所以能够顺畅运行，是因为有教师资格证书制度的保障。职业资格证书制度是一种确定个体是否具备某专业领域从业能力的制度设计，它在专业人员的招聘、晋升与能力发展中有着重要作用。职业教育教师资格证书制度历来是职业教育理论与实践关注的重要课题，我国虽然已有相应制度，但尚处于极不完善的状态，有时甚至对师资队伍建设产生阻碍作用。如，目前在我国获得职业教育教师资格证书的重要条件是必须具备本科以上学历，这就使得许多具有丰富实践经验的能工巧匠难以到职业学校入职任教，而有学历的教师往往缺乏技能。相比之下，美国职业教育教师资格证书制度设计得更为科学、严密、细致，非常值得我们借鉴。

美国这一制度的确立可追溯到1917年的《史密斯—休斯法案》，该法案第一次对职业教育教师资格做出了界定。为了体现职业教育的特殊要求，建立能传授实际工作能力的教师队伍，美国职业教育教师资格证书制度采取了与普通教育不同的模式。证书制度包括两个基本问题，即获得证书的程序与所要求的标准。其他问题如测试方法和内容等，则可看作附属问题。下面，笔者将分别从程序和标准两个维度对美国的这一制度进行描述与分析。由于美国的教育管理权在州政府，因而各州职业教育教师资格证书制度虽然在大多数方面表现一致，但仍然存在不少差异。

一、美国职业教育教师资格证书的获取程序设计

获取程序是把握某种职业资格证书整体框架的基本切入点。在美国，人们可以通过两种路径获得职业教育教师资格证书，即传统路径和替代路径（alternative pathway），传统路径是指通过接受学院或大学教育获得证书的程序，替代路径是指通过积累工作经验获得证书的程序，这两种路径已共存了近100年。在俄亥俄州，

传统路径又称为路径 A，替代路径又称为路径 B。要说明的是，虽然这里所描绘的是俄亥俄州的职业教育教师资格证书获取程序，但在程序上，美国各州其实非常接近，只是具体要求存在差别而已。①

(一) 路径 B 的过程与内涵

1. 路径 B 的过程

路径 B 是获取职业教育教师资格证书最为完整的路径，其过程可以用图 10-1 至图 10-4②来表示，它们分别描绘了路径 B 四个任务非常明确的阶段：(1) 做出聘用决定；(2) 完成申请证书需要学习的课程，获得临时证书；(3) 完成申请证书需要的测试，获得专业证书；(4) 更新和维护证书。

这套复杂体系中的以下几个概念有必要解释清楚：(1) CTE-36 (B2) 和 CTE-37 (B10)。指对申请者的教育学知识、技能和相应专业领域的知识、技能进行审核的过程。(2) 证书获取计划 (B8、B13)。指证明申请者专业能力发展水平的档案，只有当专家委员会认为申请者的工作能力没有完全达到所设定的标准时才会提出这一要求。③ (3) 学期制学分 (B11、B13、B25、B27)。这是对学分的一种非常严格的表述，因为美国高校有的实行的是学期制，有的实行的是学季制，而不同体系中单位学分与学习时间的换算值是不一样的。一个学期制学分通常等于 30 小时的学习量。 (4) 基本技能测试 (B11)、带教和实践Ⅲ (B15)。都是指这套教师资格证书制度所设计的测试。基本技能测试（通常称实践Ⅰ）是考核阅读、数学和写作技能；带教是指申请者所在学校的带教教师对其教学实践的指导和教学能力的评价；实践Ⅲ则是针对申请者实际教学能力所设计的一套非常规范、严密的测试体系，它要通过对申请者的实际教学过程的观察来完成。此外还有实践Ⅱ，它包括"测试申请者对专业知

---

① Zirkle C J, Martin L. & McCaslin, N L. Study of state certification/licensure requirements for secondary career and technical education teachers [R]. Project title: National research center for career and technical education, 2007: 5.

② Ohio Department of Education, Office of Career-Technical Education. Ohio career-technical teacher licensure overview [R]. Columbus: Ohio Department of Education, 2010.

③ Ohio Department of Education, Office of Career-Technical Education. Guide for licensing candidates for career-technical education in Ohio (revised) [S]. Columbus: Ohio Department of Education, 2009: 45.

识和学与教基本原理的掌握情况"①。(5) CEUs。指继续教育学分，1 个学期制学分等于 3 个继续教育学分。

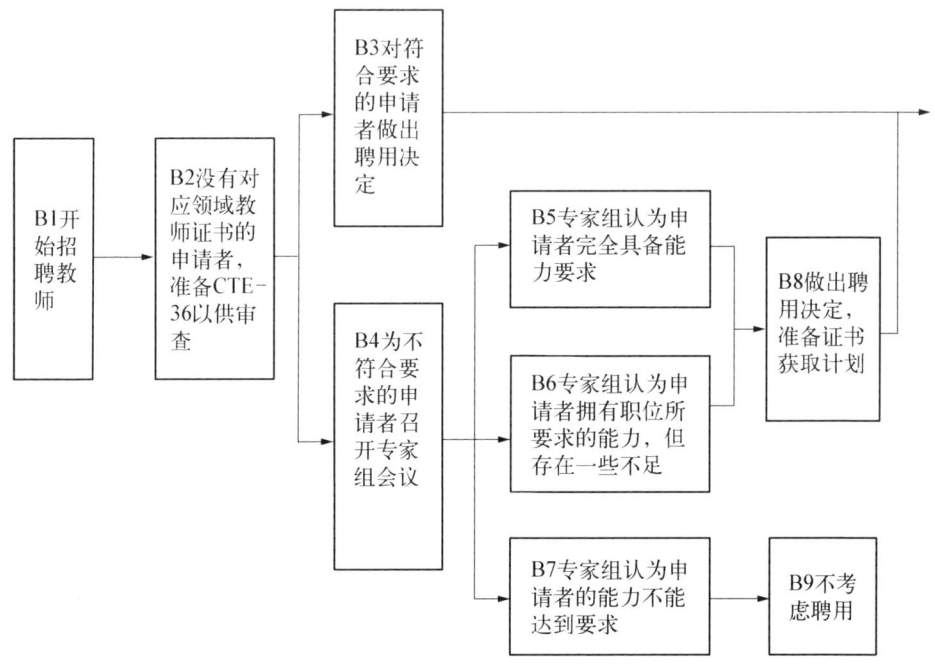

图 10-1　美国俄亥俄州职业教育教师资格证书颁发（路径 B 阶段一）

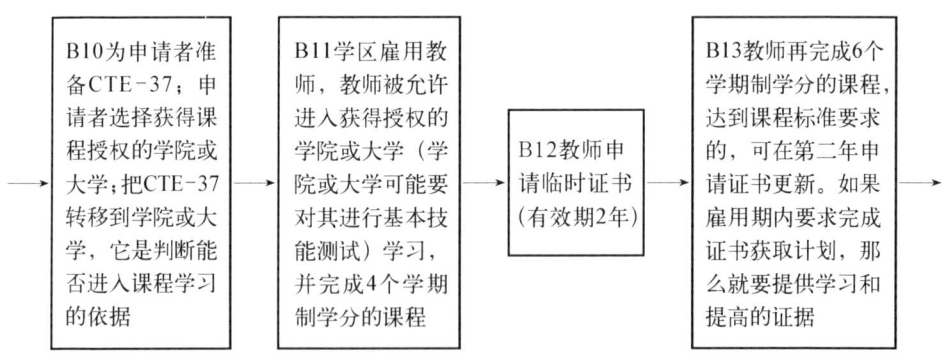

图 10-2　美国俄亥俄州职业教育教师资格证书颁发（路径 B 阶段二）

---

① Davis A P. Principles of learning and teaching test [M]. Research & Education Association, 2002: 4.

第十章 职业教育教师培养的国际经验：美国的体系与模式

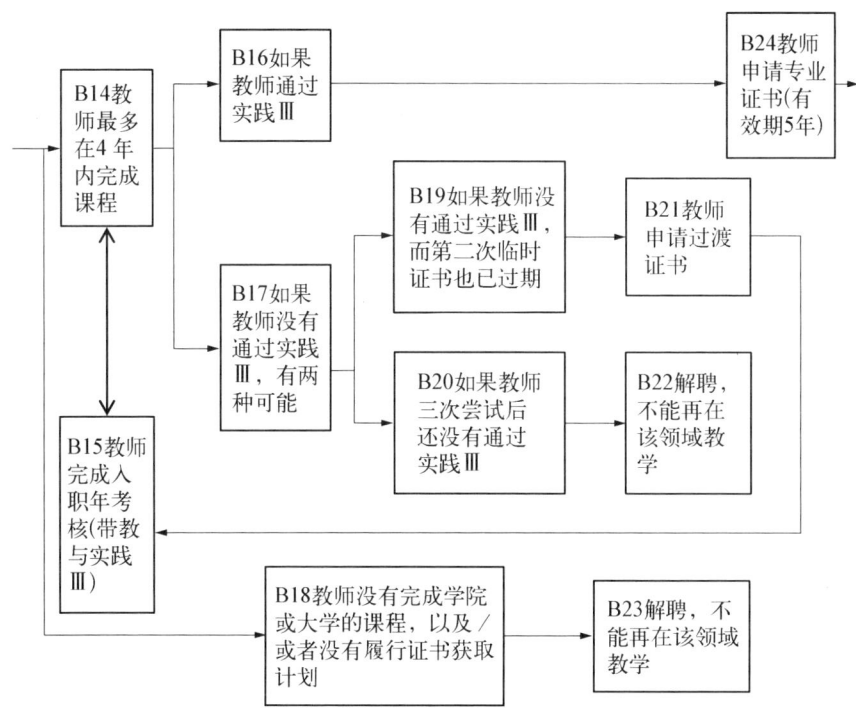

图 10-3 美国俄亥俄州职业教育教师资格证书颁发（路径 B 阶段三）

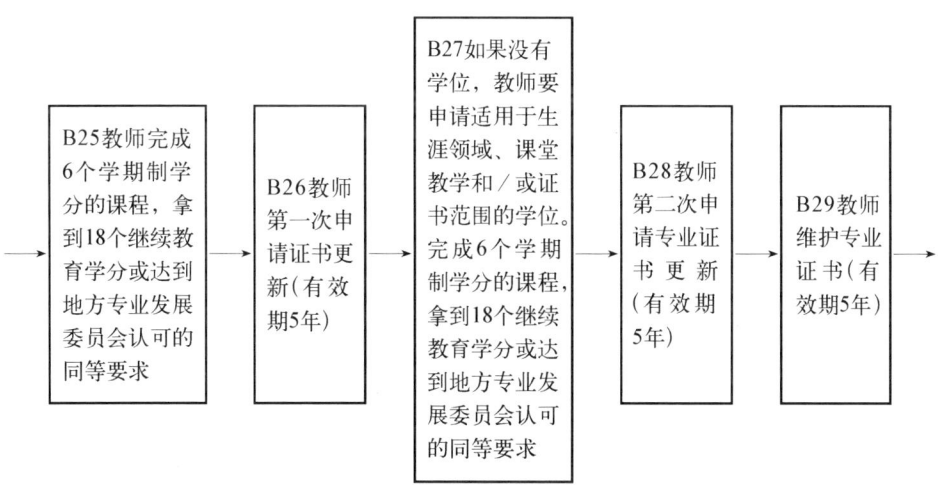

图 10-4 美国俄亥俄州职业教育教师资格证书颁发（路径 B 阶段四）

191

2. 路径 B 的内涵

从图 10-1 到图 10-4，我们可以看到，路径 B 的基本内涵是：先让申请者获得临时证书，然后逐步过渡到专业证书。只要拥有高中以上文凭，证明有 5 年的全时工作经验或同等价值的职业活动，完成了 4 个学期制学分以上的职前准备课程，就可获得临时职业教育教师资格证书。在此基础上再完成 6 个学期制学分的职前准备课程，就可以对前面获得的临时教师资格证书更新一次。如果共完成了 24 个学期制学分的职前准备课程、一年的入职年课程，并获得师资培训授权机构领导的推荐，就可获得特定职业领域的专业教师资格证书。在美国，教师资格证书的颁发是针对特定领域的，而且不能跨领域使用。其职业教育教师资格证书包括七个职业领域，即农业、健康、商务、家庭与消费科学、技术教育、市场营销以及工业与贸易。

可见，美国职业教育教师资格证书的获取并不是一次性的终身行为，而是一个从获取到更新和维护的递进过程。事实上除了教师资格证书外，美国其他行业的资格证书也都不是终身制的，均有一定的有效期。路径 B 设计的目的，是为了让有丰富工作经验却没有学士学位的申请者能成为职业教育教师，因此它设计了临时教师资格证书这个过渡阶段，并为难以快速取得专业教师资格证书的申请者设计了充分的缓冲阶段，这就能最大限度地把工作经验丰富的能工巧匠吸引到学校担任教师。

(二) 路径 A 的过程与内涵

路径 A 的对象是拥有学士及以上学位的申请者。申请者要求成功通过州教育委员组织的考试（主要针对实践），获得师资培训授权机构领导的推荐，并能证明拥有两年的相关工作经验或相同价值的职业活动。路径 A 申请者最初获得的也是临时教师资格证书，然后获得专业教师资格证书，再进入证书的更新和维护阶段。该路径的证书颁发同样也要针对以上七个领域进行。从程序上看，路径 A 实为路径 B 的后一部分，即从 B15 至 B29，因此为了节约篇幅，就不再专门绘制路径 A 的框架图。

虽然在证书获取程序上，路径 A 即是路径 B 从 B15 至 B29 这一段，但其每个环节的具体要求是不相同的，表 10-1 对两者的差异进行了比较。其差别主要是：

路径 A 强调学与教原理测试和专业知识测试,路径 B 则强调基本技能测试,这与各自所面向的对象特点是相一致的。对路径 B 申请者的理论知识测试要求不高,可能是考虑到这类申请者的年龄普遍比较大,离开学校的时间比较长,且一般不具备学士学位①,但确保其具备阅读、数学等基本技能是必需的。采取路径 A 的申请者,在基本技能方面不会存在什么缺陷,而要求其掌握更多理论知识以弥补其工作经验的不足也在情理之中。

表 10-1　路径 A 和路径 B 测试要求比较

	实践Ⅰ:学术与基本技能测试	实践Ⅱ:学与教原理测试	实践Ⅱ:专业知识测试	实践Ⅲ:课堂教学水平测试
路径 A	(1) 供学区招聘教师时选用 (2) 供大学培训教师时选用	获得两年期临时证书所必备	获得两年期临时证书所必备	为学习入职年课程的教师所必备
路径 B	(1) 鼓励学区招聘教师时使用 (2) 供大学培训教师时选用	供五年期专业证书颁发选用	不需要	为学习入职年课程的教师所必备(第二次临时教师资格证书前)

二、美国职业教育教师资格证书的标准要求

(一) 标准的基本取向

美国各州对职业教育教师职业资格标准的具体规定尽管存在许多差异,但其基本价值取向比较一致。

1. 强调工作经验

在美国职业教育教师资格证书的标准要求中,工作经验是首要考虑因素,这一要求最初由《史密斯—休斯法案》确立,它规定只有拥有实际工作经验的教师才能教授联邦财政支持的职业课程。当然,其对工作经验的突出要求因专业领域

---

① Gray K C. & Walter R A. Reforming career and technical education teacher licensure and preparation: A public policy synthesis [R]. NDCCTE Product Sales Office, Ohio State University, 2001: 14.

不同而不同，要求最高的是工业与贸易领域和健康领域，而在农业、商务、家庭与消费科学、营销领域，则更多地通过传统路径颁发教师资格证书。另外，对工作经验的具体年限要求还会因为州和申请者受教育背景的不同而不同。例如在俄亥俄州，要求拥有中学文凭的申请者具有五年相关领域的工作经验，而拥有副学位的申请者只需有三年工作经验就行，如果拥有学士学位则可把工作经验缩减至两年。各州一般是先聘用拥有工作经验的申请者，给他们颁发临时证书，然后要求他们学习一系列关于教学的知识与技能的课程，通过这些课程的考核后再颁发专业教师证。

2. 强调实际能力测试

在证书颁发过程中，无论是传统路径还是替代路径，对初次获得证书的申请者都需要进行由教育行政部门组织的考试。目前美国用于评价教师专业能力的最为普遍的测试，是由教育测试服务中心（ETS）开发的实践测试系列，即实践Ⅰ、实践Ⅱ和实践Ⅲ，这套测试已在44个州得到应用。如上所述，实践Ⅲ是对教师实际教学能力的测试，它要通过对教师教学过程的实际观察来进行，而这一测试是两种证书获取路径都需要的。实践Ⅱ虽然从表面看是理论知识测试，但其所包含的理论知识非常实用，对提高教师教学能力非常有帮助，因而也可看作是在突出实际能力。

3. 面向时代新特征的挑战

在今天的美国，职业教育教师除了要开发学生的技术技能，还要满足学生的生涯发展需要，提高学生的学术课程成绩，并开发学生的高水平思维技能，让他们能承担更大的责任，并不断改造课程内容，使之跟上日新月异的技术变化，这些新的要求已经引发了对职业教育教师要求的讨论。

（二）各州标准的差异

俄亥俄州立大学的泽科（C. J. Zirkle）博士等人于2007年完成了一个重要科研项目，对美国50个州和1个特区的职业教育教师资格证书获取的标准要求进行了调查，其结果见表10-2、表10-3。表10-2是初次获取证书的要求，表10-3则是证书更新和升级的要求。由于有些州的替代路径不止一条，因而其总数大于51。

表 10-2 初次获取证书的要求比较①

要　　求	传统路径（n=51）	替代路径（n=105）
中学文凭	0	22
学院文凭	0	4
副学位	1	3
学士学位	49	53
硕士学位	1	3
教师准备课程	49	32
其他课程	0	55
测试：		
实践Ⅰ	25	45
实践Ⅱ（专业知识）	28	44
实践Ⅱ（学与教的原理）	27	27
州测试	15	20
绩效测试	0	5
其他	0	10
工作经验	9	54
档案审查	1	0
必须被雇佣	1	37
经验与学位相结合	3	20
专业证书	2	15
带教	2	21
其他	2	27

（注：表中的数据指在所对应的路径总数中包含此项要求的路径数。如传统路径中，"中学文凭"和"学院文凭"两项均为零，说明没有哪条路径认可这两种文凭；而"学士学位"为 49，说明在 51 条传统路径中有 49 条规定必须拥有学士学位才可获得职业教育教师资格证书。而替代路径中"中学文凭"为 22，说明在 105 条替代路径中有 22 条规定必须拥有中学文凭才可获得职业教育教师资格证书。所有路径在不同要素上的分布效应，导致各列的数据总和会大于路径总数，但每个要素对应的数据应小于或等于路径总数。）

---

① Zirkle C J, Martin L & McCaslin N L. Study of state certification/licensure requirements for secondary career and technical education teachers [R]. Project title: National research center for career and technical education, 2007: 18.

表 10 - 3　证书更新与升级的要求①

要求	传统路径（n=51）		替代路径（n=105）	
	更新	升级	更新	升级
学院课程	26	4	15	3
专业发展	36	3	12	2
教学经验	2	27	0	8
更高级学位	1	21	1	3
联邦委员会证书	4	14	0	0
专业证书	0	0	0	0
与传统路径相似			84	82
完成专业发展计划	3	5	0	0
没有升级	0	0	0	5
达到最初要求	0	0	0	32
带教	0	10	0	2
教师准备课程	0	2	0	2
绩效测试	0	10	0	0
其他	4	8	0	7

（注：表中数据的含义同表 10 - 2）

1. 传统路径中的标准要求差异

在传统路径中，各州对教师的要求比较接近，而这些要求与对普通教育教师的要求也是基本一致的，即拥有学士学位并完成教师准备课程。但有时也会有些细小差异，其中包括对工作经验的要求、测试的要求和专业证书的要求等。在工作经验方面，9 个州要求拥有工作经验，有 3 个州对工作经验的要求因学位不同而不同，一般会降低拥有更高学位者的工作经验要求。在测试方面，一般要求申请者通过考试以获得教师资格证书，各州之间的差异体现为对测试内容的具体要求，25 个州

---

① Zirkle C J, Martin L & McCaslin N L. Study of state certification/licensure requirements for secondary career and technical education teachers [R]. Project title: National research center for career and technical education, 2007: 19.

育教师能力建设中发挥着极为重要的作用。

美国双元制职业教育教师培养模式的突出特点是，大学培养与教师在职工作、实践经验累积同时进行，两者紧密配合，按计划分阶段实施，以取得相应教师资格证书或学位为目标，实现教师实际工作能力的有效提升。这一模式不同于我国的职业教育教师在职教育，其最大区别在于，我国的职业教育教师在职教育只是为某些在职教师提供的教育，这种教育甚至可能与教师正在从事的工作毫不相干，至少它不是为从入职到成为合格教师而设计的完整培养体系，但美国的双元制职业教育教师培养体系是为培养合格的职业教育教师而建立的系统教育，每位从事职业教育工作的教师都必须接受。

二、美国双元制职业教育教师培养模式的实践框架

下面以俄亥俄州立大学为例，对美国双元制职业教育教师培养模式实施的主要环节进行分析，以期把握其实践框架。事实上，俄亥俄州立大学的职业教育教师教育在美国久负盛名，深入分析该校的职业教育教师培养过程，是把握美国职业教育教师培养模式精髓的捷径。

（一）被学区聘用是接受培训的前提

整个职业教育教师培养计划始于学员被学区聘用，只有获得聘用后才能到州教育厅授权的职业教育教师培训点接受培训，这些培训点一般属于某所学院或大学。也就是说接受培训的学员已经拥有了教师身份，这是美国双元制职业教育教师培养模式非常重要的方面，它是下面要描述的其他方面存在的前提。

学区招聘到的教师存在三种情况：（1）已经拥有专业教师资格证书（美国教师资格证书分三个阶段，即临时证书、专业证书和证书更新或升级）；（2）拥有教育学士学位，取得了临时教师证；（3）没有任何教师证。第一种情况下的教师只需根据每五年证书更新一次的要求接受相关培训即可。如果遇到第三种情况，学区将对申请者的材料进行严格审核，并为最终决定聘用的人员提供培训和测试，通过的人员可获得临时教师资格证书。比如在俄亥俄州，只有完成了4个学期制学分的课程才能获得临时教师证①。通过不同途径取得临时教师证的教师，由于其前期的学习与工作经历不同，因而培训的具体内容和证书考试内容会有些区别。

(二) 培训与工作同时进行

教师接受培训与其在学校承担的教学工作同时进行。即使是只持有临时教师证的教师也是被学区正式雇用的，他们拥有明确的职业身份，因此要承担学校的教学任务。事实上，除了还没取得专业教师证外，他们在其他方面与学校正式教师并无多少区别。与此同时，他们要到职业教育教师培训点接受培训，学习完整的教师培训课程。这些课程不是短期的讲座、报告，而是持续整个学期的完整课程。

为了方便教师来培训，培训点一般会把授课时间安排在傍晚或是暑假。美国畅通的公路交通与汽车的普及，保证了教师培训的顺利进行。对于距离过远的教师，大学会在其附近另外设立培训点，通过视频系统与中心培训点同时授课。这样，在未取得专业教师资格证书之前，培训课程学习与学校教学工作紧密交织，构成了教师职业生活的重要内容。

培训与工作同时进行，不仅意味着两者在时间上同步，更意味着两者在内容上紧密相关。在美国，职业教育教师的培训内容是完全针对工作的，往往具体而细致。以2010年暑期俄亥俄州立大学所进行的职业教育教师培训为例，其内容包括：理解贫穷、表现性目标设计、学习风格、教学咨询委员会的建立与运用、教案设计、教学中的表单设计、网络资源应用等。另外，培训中要交的许多作业往往就是教师日常要做的工作。

(三) 学校为教师能力发展安排带教教师

大学所提供的系统课程学习不是美国职业教育教师培训内容的全部。除了这些课程外，接受培训的教师所在的学校还要为其安排带教教师。带教教师的职责是指导受训教师的教学实践，提高其教学技能，帮助其通过实践Ⅲ考试。正如前文所述，在美国，职业教育教师取得专业教师证的考试被划分为实践Ⅰ、实践Ⅱ和实践

---

① Ohio Department of Education, Office of Career-Technical Education. Ohio career-technical teacher licensure overview [R]. Columbus: Ohio Department of Education, 2010.

Ⅲ。实践Ⅰ是基本技能测试，考核阅读、数学和写作技能；实践Ⅱ测试对专业知识和学与教基本原理的掌握情况；实践Ⅲ则是针对申请者实际教学能力所设计的一套非常规范、严密的测试体系，它要通过对申请者的实际教学过程的观察来完成。不能通过实践Ⅲ测试的教师将被解聘，不能在该领域从事教学工作。

可见，美国职业教育教师培训非常注重实际教学能力的培养，而带教教师就是要在这一方面为受训教师提供指导。这样，这个教师培养体系的课程内容就包含了两个基本方面，即大学的理论课程学习和学校的教学实践指导，前者重点培养教师正确的教学观念和教学理论与方法，后者重点培养教师的实际教学技能，两者相辅相成，能有效地促进教师教学能力发展。

（四）大学教授深入学员课堂检查和指导教学

大学的教师教育课程也不仅仅停留在理论层面，而是同样要向实践渗透，它体现在两个方面。一方面，大学的理论课程事实上也是围绕教师工作实践展开的，比如，如何设计教案在这部分课程中就占了很大比重，只不过它要围绕这些工作提供内容更为丰富的理论知识，以使教师能在深刻的理论层面理解其工作。另一方面，大学所提供的教师培训课程也不是仅仅停留于大学内部，事实上，在授课过程中教授要深入每位学员的课堂对其进行现场指导。这是美国职业教育教师教育非常具有特色的方面。

这个过程的指导内容通常包括：（1）教师资格证书获取计划与学习进展。它可以帮助教师进一步明确其获取专业教师证的时间安排，督促其下一步学习。（2）教学实践。通过实地观察受训教师的一堂课，帮助其把所学教育理论知识应用于实践，提高其教学技能。（3）作业完成情况。检查受训教师完成课程作业的情况并回答问题。受训教师会把所有作业装订在一个文件夹内并放在讲台上供教授检查。州教育管理部门会为教授深入教师的课堂提供经费支持。这一培训环节的设计，大大促进了大学课程学习与教师实际工作的衔接，对于提高教师实际教学能力极有帮助。

（五）基于教师终身专业发展设计培训内容

我国职业教育教师培训多数是为期比较短的讲座形式，比如几天、几周，最多只有几个月，这是我们比较熟悉的职业教育教师教育形式。然而美国的双元制职业教育教师培训计划至少要持续2年，长则5年，时间差异取决于参加训练的教师获得专业教师资格证书的快慢。即使是获得了专业教师资格证书的教师，每5年也必须对证书进行一次更新，而证书更新伴随相应培训课程的学习。比如俄亥俄州规定教师要完成6个学期制学分课程，18个继续教育学分课程，或达到地方专业发展委员会认可的同等要求，方可对证书进行更新①。

由此可见，美国双元制职业教育教师培训计划是对教师终身专业发展的整体设计。伴随这个计划，一位初入职的教师将逐步发展成为在其所教领域有相当专业水准的教师。这就是美国开发职业教育教师能力的最主要的途径，正是这条途径的有效运行，确保了美国职业教育拥有高水平的教师。

(六) 教师资格证书制度是整个培训系统良好运行的保障

双元制职业教育教师教育是个比较复杂的体系，从横向上看涉及大学学习与校本学习的协调，从纵向上看涉及为期很长、由浅入深的课程内容的协调。另外，教师参与内容如此庞大的培训还需要很强的动力，所有这些环节在实践中都是比较复杂的问题，而解决这些问题的策略可以归纳为一个，那就是教师资格证书体系，它是整个培训系统运行良好的重要保障。

在美国，教师资格证书的取得不是一次性的，也不是一劳永逸的。美国把教师资格证书从临时教师证到专业教师证再到教师资格证书的升级或更新，设计成了一个非常严密的系统，这个系统对每个阶段教师的学习内容与要求进行了详细规定。这就确保了课程内容的衔接，而取得教师资格证书是教师学习相关课程的重要动力来源。在美国，教师资格证书的颁发是针对特定领域的，不能跨领域使用，这进一步增强了其权威性。因此在培训课上经常有年龄较大、已有多年教龄的教师，其参加培训的主要原因是转换了授课领域。

(七) 培训学分可作为获取学位的学分

在美国，尽管各州对职业教育教师的起点学历要求不高，但教师要在岗位上有

---

① Ohio Department of Education, Office of Career-Technical Education. Ohio career-technical teacher licensure overview [R]. Columbus: Ohio Department of Education, 2010.

进一步发展，还是需要取得较高学位，比如硕士学位。教师所获得的培训课程的学分可以作为其进一步申请更高学位的学分。这就进一步完善了职业教育教师的终身教育体系。通常，教师进入大学学习的第一天，教授便会询问教师的进一步学习计划，对于希望取得硕士学位的教师，教授将为其提供课程学习指导。

三、美国双元制职业教育教师培养模式的特点及启示

根据以上描述，可以把美国双元制职业教育教师培养模式的特点归纳为以下几个方面，它们对于我国职业教育教师培养模式改革有重要启示。

（一）主要针对在职教师进行培养

与其他领域的人才培养一样，教师教学能力的发展也有两条基本途径，即大学教育与工作实践。所谓大学教育，即在大学内以全日制学生为教育对象培养教师；工作实践指初任职的教师通过反思性教学实践、观摩教学、教育理论培训及经验丰富的教师带教来发展成为成熟的教师。一般地说，大学教育的功能是提供系统的理论学习，而工作实践的功能是把所学理论与实践相结合，形成现实的职业能力。这两种途径有机结合，可以有效地培养出实践型人才。那么，职业教育教师培养应当采取什么途径？是否也是把这两条途径结合起来？事实上，这是当前我国职业教育教师队伍建设面临的重大问题，而由于长期以来对这一问题缺乏明确思路与清晰选择，我们并没有建立起完善、系统的职业教育教师培养系统。

在这一问题上，显然美国没有轻易地选择哪一种途径，或者机械地把这两种途径相结合，而是采取了把这两种途径并列、双元地加以实施的方式，并且把实施的对象定位于在职教师，而不是在校大学生。这是美国双元制职业教育教师培养模式的重要特点之一。这一特点可以有效地解决职业教育教师培养中普遍面临的问题：(1) 职业教育专业门类繁多，且其专业设置往往与大学专业设置不相对应，因而难以通过系统的大学教育壮大职业教育教师队伍。我国曾举办过一些职业技术师范学院，迄今的实践证明这一尝试并不成功。只有广阔的社会领域才可能为专业繁多的职业教育源源不断地输送所需要的教师。因此，先聘用、后培训应当是职业教育教

师培养体系的一个基本选择。(2)教学工作表面简单,其实非常复杂,很难把握其规律。在校大学生缺乏实际教学工作经验,因而教学效果往往不是很好,这是所有师范教育所面临的共同问题。如果我们把教师培养对象转换为在职教师,则可以很好地解决这一问题。

(二)形成基于教师实际工作的培训内容体系

既然我们做出了这个基本判断,即职业教育教师培养的基本途径应当在职后而不是职前,那么为了发展职业教育教师完整的教学能力,就必须紧紧围绕教师工作实际,对培训课程进行系统设计。这是美国双元制职业教育教师培养模式的另一突出特点。其系统性不仅体现在大学课程设计包括了教学能力的所有方面,而且体现在大学课程与实践发展之间的相互配合与协调。而这种双元形式的存在,还促进了大学课程与教师实际工作的联系。

这一特点彻底改变了我们对教师在职培训的基本功能定位的观念,即在职培训的功能不再仅仅是推广新的课程、教学模式或技术,也不再仅仅是修补教师教学能力中某些方面的普遍不足,而是可以成为教师教学能力系统培养的一条基本途径。既然是基本途径,那就必须对其运行体系和培训内容进行系统规划与设计,而这正是当前我国职业教育教师培养中最为缺乏的方面,由此导致了大量人力、物力、财力的浪费,也严重影响了职业教育教师整体水平的提升。在某一时期,这种模式或许有利于使更多教师享受有限的教师培训资源,但从长远发展来看,其弊端显而易见。

(三)以教师资格证书为保障

培训必须有动力,对于时间跨度大、面向在职人员的培训来说更是如此。另外,双元制培训模式还必须为大学课程与实践发展之间培训内容的协调提供有效保障。如何解决这些问题?美国的经验是充分利用教师资格证书。教师资格证书不是终身制的,而是递进式的,新任教师只能获得临时教师资格证书,只有花2~5年时间,完成了需要学习的所有课程后,才能获得专业教师资格证书,此后每5年还必须对教师资格证书进行更新,这就使教师有持续参与培训并最终达到培训目标的基本动力。大学虽然能提供教师培训课程,却不能决定教师资格证书的颁发,其颁发的决定权在州教育管理部门，这又有利于促进大学不断提高培训质量。教师资格证书对课程内容的详细规定，则为课程内容在双元之间的协调提供了有力的制度保障。

相比之下，教师资格证书在我国教师教学能力发展中所发挥的作用远远不够，因为我国的教师资格证书不仅是终身制的，而且也没有对教师的教学能力要求与培训内容进行认真研究并做出明确规定，这就使得它往往只是一种符号，而非促进教师教学能力发展的有效手段。另外，虽然在我国职业教育中还有职称制度这条促进教师能力发展的途径，但由于其功能只是决定教师职业生涯的进一步发展，而不是决定教师是否能被继续聘用，因而其作用也比较有限。当我们并没有在职称与培训之间建立清晰关系时，其作用则被进一步削弱了。在未来我国职业教育教师资格证书制度的发展和完善过程中，如果能借鉴美国的一些做法，显然会极为有利地促进职业教育教师队伍的建设。

（四）以教师教学能力的彻底培训为目标

所谓教学能力的彻底培训，不仅指所培训的教学能力涵盖了教学实际工作需要的方方面面，更重要的是它还指培训结果达到了教学能力的彻底状态，即教师能依据所培训的教学理论和方法设计并实施教学。这也是美国双元制职业教育教师培养模式的突出特点。当然，这一特点本身就是这种以双元制为实施框架的教师培训模式的终极追求。比如俄亥俄州立大学的教授在为学员授完课后，还要对每一位学员的课堂进行观察并记录，以核实其是否把所学的教学理论应用到了实际工作中，教授记录的材料是这位教师能否最终获得专业教师资格证书的重要依据之一。

这项工作非常费时，意义却非常重大。在俄亥俄州，我们可以看到，虽然该州职业教育教师总数并不少，但俄亥俄州立大学的职业教育教师培训工作并不繁重。对于这一现象，该州教授的回答是："我们会花4～5年时间培训一位教师，但培训以后我们就可以用30年。"多么从容的回答！相比之下，我们每年都在进行大量的职业教育教师培训工作，然而这种培训往往只是低水平重复，教师既没有真正掌握所培训的内容，也没有把培训中学到的教学理论真正应用到课堂中。要摆脱这种状态，不妨借鉴美国经验，系统规划，分批进行，真正有效地培养和提高教师的教学能力，使教师培训真正成为促进职业教育发展的关键力量。

第三节　美国职业教育教师培养的内容

美国职业教育教师培养体系的成功不仅体现在其相应的制度、政策、运行机制中，而且体现在其职业教育教师培养的内容中。关于职业教育教师的培养内容，我们很容易联想到一些重要方面，比如，要与教师的实际工作相结合，要突出教育的实践知识，要突出专业的操作技能等。然而除此以外，美国职业教育教师培训还有其他许多富有特色的方面，这些方面我们很容易忽视，却是教师知识能力结构中非常重要的成分。下面仍以俄亥俄州立大学职业教育教师培养内容为例，对美国职业教育教师培训内容中富有特色的方面做一分析。

一、理解贫穷：让职业教育教师更好地了解教育对象

在俄亥俄州的职业教育新教师培训中有一项重要的培训内容，即理解贫穷，目的是让新教师理解贫穷阶层的生活状态、心理与行为特征等。虽然在高中阶段美国实施的是全民职业教育，所有学生均接受过一门以上的职业课程[1]，但接受职业课程的学生多数是家庭社会经济条件比较差的学生，这一点与其他国家，包括我国的情况是类似的。而研究发现，贫穷阶层在语言方式、思维模式、行为习惯等方面与中产阶级和富裕阶层存在很大差别。

这一认识来自一本自1996年首版以来在美国非常流行的书，题为《贫穷的理解框架》，作者是佩恩（R. K. Payne）博士。她选择从"资源"这一角度来研究贫穷，认为贫穷就是资源的匮乏，但她不是把贫穷仅仅理解为经济上的资源匮乏，而是主张从八个方面进行理解，否则我们就不能理解许多人难以摆脱贫穷的真正原

---

[1] Scott J L & Sarkees-Wircenski M. Overview of career and technical education [M]. Homewood: American Technical Publisher, Inc., 2008: 4.

因。这八个方面分别是：(1) 经济，有钱购买物品和服务；(2) 情感，能够选择和控制情感；(3) 心智，拥有心智能力，并获得了处理日常生活的技能；(4) 精神，相信神的目的和所给予的指导；(5) 身体，指身体健康；(6) 支持系统，包括朋友、家庭和其他背景资源；(7) 角色模式，指能接触到行为合理的成人；(8) 暗示性知识，指关于一个群体内非言语的暗示和习惯的知识。①

她发现来自贫困家庭的学生在这八个方面的表现和来自中产阶层与富裕阶层的学生相比存在很大差异，因此建议学校采取针对来自贫困家庭学生的特殊教学方法，以使他们取得更好的学业成绩，并能够成功地从心理上脱贫。比如在关于学习策略的研究中，以往的教学都是假设只要教了学生就能学，但她发现对来自贫困家庭的学生来说并非如此，因为他们并没有建立起学校所需要的学习策略。因此，教师应当首先帮助他们建立这些学习策略。而在情感的忍耐与理性处理方面，她认为来自贫困家庭的学生也是非常欠缺的，这不仅会影响到学生对学校生活的适应，也会影响到他们在心理上向中产阶级发展。

佩恩博士的这一研究成果在美国学校中产生了广泛影响，使人们深刻认识到，职业教育的教师必须了解贫困阶层的生活状况，要研究来自贫困阶层的学生的心理与行为特征，这是他们作为一位合格的职业教育教师必须具备的基本素质。事实上，在美国教育测试服务中心开发的教师能力标准中，"熟悉学生背景知识或经验"② 是一条重要的能力要求。为此，"理解贫穷"被纳入职业教育新教师培训中。培训活动主要包括两个方面：一是观看实录的贫困家庭的生活、工作视频以及不同群体的评论；二是学习佩恩的这部著作。效果是显而易见的。

美国职业教育教师的这一培训内容对我们有重要启示。我国职业教育也正面临着生源质量低的严峻问题，所谓的"低素质"学生多数来自社会经济处境不利的家庭。面对这些学生，教师抱怨重重，有的甚至采取了完全放弃的态度。师生关系处于互相鄙视的紧张状态。而根据佩恩的研究成果，这是因为教师不能站在学生生活背景的角度去理解他们所致。如果我们把"理解贫穷"的相关内容也纳入职业教育

---

① Payne R K. A framework for understanding poverty [M]. Highlands: Aha! Process, Inc, 2005: 7.
② Educational Testing Service. Praxis III, Teacher performance assessments: Orientation guide [S]. USA: Educational Testing Service, 2008: 13.

教师培训，那么职业教育教师对学生的种种表现就能有更为合理的理解，他们将更加知道如何与自己的学生相处，并知道该采取什么教学方法，这对提高职业教育的质量是非常重要的。

二、劳动法：让职业教育教师合法地组织学生的工作本位学习

与普通教育不同，职业教育必须有工作本位学习；与高等教育不同，职业教育的学生，尤其是中等教育阶段的学生，很多是未成年人。美国1994年的《学校到工作过渡多途径法案》（School-to-Work Opportunities Act of 1994）规定，"应该遵守联邦、州和地方的法律，给参与这类课程的学生提供充足和安全的设备，以及健康和安全的场所"，另外"不得以任何借口修改或影响联邦和州政府所禁止的种族、宗教、肤色、人种、国家、性别、年龄或残疾歧视"。这样，如何组织未成年的职业教育学生进行工作本位学习，就成了非常严肃的法律事件，而劳动法培训也就成了美国职业教育教师培训的重要内容，教师要熟记里面的条款并通过考核。

但是，在美国并没有专门针对未成年人劳动保护与反歧视的法律，其条款是散见在联邦、州和地方的法律中的，如联邦劳动部工资与工时司（U. S. Department of Labor, Wage and Hour Division）的《公平劳动标准法案》（FLSA）、俄亥俄州更新条款（ORC）等。其中，1994年的《学校到工作过渡多途径法案》可能是影响和工作本位学习相关的法律问题及未成年人劳动法律规定的最重要的联邦立法。[1]为了帮助教师系统地掌握工作本位学习中对学生参与工作的法律要求，俄亥俄州教育部（Ohio Department of Education）以问答形式编制了一份劳动法学习材料。这是一本非常实用的学习材料，内容翔实完整，基本上汇聚了所有的相关法律规定。

美国职业教育教师要学习的劳动法主要内容包括：（1）雇佣关系。主要内容包括：如果学生没有得到报酬，他们是否算是雇员；"工作投射"课程的学生是否能为雇主工作；志愿者是否属于雇员；可否要求学生做志愿者；学生可否在任何地方

---

[1] Ohio Department of Education. Labor laws and issues: A guide for planning and implementing work-based learning opportunities of minors [R]. Columbus: Ohio Department of Education, 2009: 62.

做志愿者；什么情况下学生是受训者而不是雇员；学生在学校工作是否应被视为雇员；是否应付学生最低工资和加班工资；如果学生是通过就业代理机构而实习的，那么谁是雇主，等等。（2）童工法。主要内容包括：① 未成年人就业规定，如学生为了积累经验而工作是否要获得工作许可，如何获得许可。② 就业时间规定，如14岁、15岁或16岁、17岁的学生可以在哪些时间工作，对14岁、15岁的学生有什么岗位限制；14岁以下的少年可否从事农业工作；对所有未成年人均限制的岗位是什么，等等。（3）最低工资与加班。主要内容包括：联邦法律和州法律对最低工资规定有无不同；雇主符合什么资格才能付"次最低工资"（《公平劳动标准法案》所允许的针对某些特定个体所付的低于法定最低工资的工资，如实习生、学徒及零售与服务行业的学生）；符合什么条件算实习生；符合什么条件算学徒；雇主能否给残疾人少付工资，等等。（4）失业补偿。主要内容包括：工作本位学习中雇主是否应给学生付失业补偿金；哪些情况下不用为实习生付失业补偿金。（5）责任。主要内容包括：三个主要的责任方是谁；父母的权利与义务是什么；工伤保险能涵盖哪些内容；在不付工资的情况下，雇主是否可以免责；志愿者是否能获得与工作者一样的赔偿金；谁承担学生往返工作地点的交通费，等等。

相比之下，我国职业教育教师培训中还没有劳动法培训的内容。但这并不是说我国职业教育中不存在法律问题。相反，近些年来随着顶岗实习的全面开展，职业学校侵害学生权益的现象也随之大量发生。就暴露出来的一些案例来看，对学生权益的损害已经到了非常严重的程度，如以实习为名让学生充当廉价劳动力。面对这些问题，劳动法需要继续完善，对职业教育教师的劳动法培训更是显得极为迫切。

三、建立企业专家委员会：让职业教育教师学会充分利用企业资源

美国职业教育教师培训又一项富有特色的内容是关于如何建立和利用企业专家委员会。美国的课程与教学理念非常强调对社区资源的利用，对职业教育来说，就是要利用好企业的技术专家。因为职业教育课程的一个基本要求是课程内容必须与岗位的实际工作内容相吻合，而要做到这一点，学校教师就必须始终与企业专家保持密切互动，向他们了解工作内容与技术变化。虽然美国的职业教育教师通常都有五年以上的工作经验，但培训设计者认为长期的学校教学工作仍然会使教师对实际工作内容逐渐陌生，因此必须培训他们建立并利用好企业专家委员会的能力。

以俄亥俄州立大学 2010 年暑期进行的新教师岗前培训内容为例，这项培训的内容包括：(1) 企业专家委员会的有关概念。如什么是企业专家委员会，建立企业专家委员会的法律依据是什么，企业专家委员会有哪些类型与功能。其功能一般强调学生就业、课程开发、教师发展、设备资助、资金支持、公共关系等。(2) 如何建立企业专家委员会。主要内容包括好的企业专家的特征是什么，如何找到你所需要的企业专家，企业专家委员会建立的过程是什么等。这部分内容比较细，因为它要教给教师具体的方法，如企业专家的特征包括对青年人感兴趣、了解社区需要、愿意探索新思路、善于合作与沟通等。(3) 如何用好企业专家委员会。如每次讨论要列出需要讨论的内容并做好记录，年终要给专家写感谢信，并对企业专家应用情况进行反思等。这项培训内容是邀请有丰富相关经验的学校教师来完成的。

企业专家委员会对我国职业院校来说并不陌生，在我国的职业院校中，几乎每个专业都有企业专家委员会。但我们通常认为这只是专业的工作，而不是具体课程的工作，因而与教师无关。因此在我们的职业教育教师培训中，从不培训这项内容。然而无论专业建设得如何，学校的教学都是以课程为单位展开的，专家委员会的建立只有深入到具体课程层面，才能更为有效地发挥功能。当然，这对我国职业院校来说是个很大的挑战，因为它既意味着更多教学资源的投入，也意味着教师工作方式的转变。无论实践中有哪些困难，至少我们应该先准备教师的能力。

四、表单设计：让职业教育教师有能力使课堂更加活泼有效

如果观察美国教师授课，会发现他们上课所使用的各种表单非常多，上课形式非常活泼，能有效地引导和控制教学，提高教学质量。这些表单通常都是教师自己设计的。与之相比，我国教师这方面的能力差距非常明显。这一差距的形成和美国职业教育教师培训中重视教学表单的设计能力培养有很大关系。与我国职业教育教师培训只侧重总体层面的课程与教学原理或原则性应用不同，美国职业教育教师培训中，有专门的环节培养教师设计各种教学表单的能力。

以俄亥俄州立大学2010年暑期进行的新教师岗前培训的该项内容为例，其教学表单根据运用地点不同分为课堂用的表单和实训中心用的表单。课堂用的表单侧重理论方面，相对比较简单，主要包括信息单和作业单。在以下几种情况下，教师需要制作信息单：(1)只有一份材料，需要复制；(2)需要对基本教学内容进行补充；(3)需要压缩过长的材料；(4)需要整理从不同地方查找到的资料。常见例子有汽车发动机构造、转换器工作原理等。美国强调活动教学，因此其作业单中通常会包含许多需要学生完成的活动。实训中心用的表单要复杂得多，包括技能操作表单、工作程序表单和工作计划表单。技能操作表单的功能是告诉学生如何操作，它要训练的是一个过程中某个环节的技能，通常用于指导某台设备的操作，如磨尖钻头。工作步骤表单是用于指导学生执行一项完整的工作的表单，其中可能包含好几个操作步骤，如汽车刹车系统调试。工作计划表单是帮助已经获得了足够技能的学生计划其工作的表单，它需要老师来准备并检查执行情况，如要求学生：(1)准备材料清单，包括要使用材料的数量、类型与规格；(2)估计完成工作需要的时间；(3)准备必要的数学计算；(4)列出工具和需要的设备。教师设计这些表单的能力是通过大量实际练习获得的，培训者会给教师参考模板。

专门探讨美国对教师教学表单设计能力的培训，不是因为这些表单丰富多彩、实用而有系统，而是试图借此揭示美国职业教育教师培训是如何体现实用技能训练的。我们一直在呼吁要增强教师培训的实用性，实际情形也的确有所改观，然而类似教学表单设计这类教学工艺层面的能力培训，始终没有进入我们的培训范围。这不仅是因为我们缺乏相关培训模块的内容，更是因为我们缺乏相应的培训理念。要真正提高教师培训的效果，我们必须把教师培训推进到教学工艺层面。

五、信息化资源使用：让职业教育教师学会获取丰富的信息化资源

美国是个高度信息化的国家，其职业教育也一样。这不只是体现在学校有多少电脑、有没有校园网、网速能达到多少等方面，更重要的是已建立起非常丰富的网络资源体系。因此在美国的职业教育教师培训中有一项很重要的内容，即培训者要给职业教育教师提供重要网络资源的网址，以及使用这些资源的方法。利用这些网站,教师可以很轻松地获得教育政策信息、个人生涯发展需要的资料、学生生涯发展的测评与指导工具以及丰富的教学资源,从而能够很快地提升教师工作的专业化水平。

以 2010 年暑期俄亥俄州立大学职业教育教师培训为例。培训要求教师知道的网络资源包括四个层面:(1) 联邦和州政府教育管理部门网站,即联邦政府职业与成人教育办公室(Office of Vocational and Adult Education)和俄亥俄州生涯与技术教育办公室网站;(2) 国家和州的协会网站,主要是美国生涯与技术教育协会(Association for Career and Technical Education)网站和俄亥俄州生涯与技术教育协会网站; (3) 教材、杂志、文档资料网站,如古哈特-威尔考克斯出版社(Goodheart-Willcox Publisher)网站(http://www.goodheartwillcox.com)、美国技术出版集团(American Technical Publishers, Inc.)网站(http://www.go2atp.com)、技术指导杂志(Techdirections)网站(http://techdirections.com)和国家生涯与技术教育研究中心(National Research Center for Career and Technical Education)网站(http://nrccte.org)等;(4) 学生组织网站。如技能美国(Skills USA)网站(http://www.skillsusa.org)、国家 FFA 组织(National FFA Organization)网站(http://www.ffa.org)等。在这些资源的培训中,州学生生涯管理信息系统的使用、学生生涯发展测评与指导工具(如库德导航系统)的使用和出版社所开发的教学资源的使用是核心,各公司会派专人到培训现场指导教师如何使用其资源。

与信息化相关的培训当然也是我国职业教育教师培训的重要内容,然而我们只是培训教师如何使用信息软件,如办公软件、网页制作软件等,而没有培训教师如何获得和应用大量的网络资源,致使教师往往信息量非常少,教学时所使用的资源非常有限。我国的教师信息化培训还只有技术观念,没有资源观念。这意味着在信息化时代,我们只是让教师抓住了冰山一角。要让教师拥有整座冰山,在信息化社会中做到游刃有余,必须大幅度推进我国网络资源的开发。

本 章 小 结

  我国正面临建设更高水平职业教育师资队伍的艰巨任务。建设现代职业教育目标的提出使这一任务显得更为迫切。要建立有效的职业教育教师培养体系，必须把教师培养与教师资格证书的获取结合起来。这就要求建立更加科学、合理的教师资格证书制度，美国的职业教育教师资格证书制度，无疑为我们实现这一目标提供了丰富的思想源泉。以教师资格证书为基础，美国形成了双元制职业教育教师培养体系，这一体系特点突出、实践框架严密，能满足职业教育教师培养的特殊需要，是一种比较理想的职业教育教师培养模式，非常值得借鉴。本章只是对其基本框架做了描述，而事实上该模式是一个比较复杂的运行体系，仅指导职业教育教师获得教师资格证书的手册就有厚厚的一本，今后的研究有必要进一步深入到这些细节。培养模式的运行又必须以合理的培养内容为基础，本章描述了俄亥俄州立大学职业教育教师培养内容中富有特色的五大方面，这五个方面是我国职业教育教师培训中或者缺失，或者针对性、实用性远远不够的方面。这种状况的形成，一方面受我国缺少相关社会内容所制约，另一方面是因为我们的教师培训理念存在局限，即突出教育理论培训，却忽视了从教师实际工作出发的完整教师培训。因此，有必要借鉴美国经验，进一步完善我国职业教育教师培训的内容。

第十一章
我国职业教育教师培养体系设计：从项目化到制度化

职业教育教师教育是目前我国职业教育中投入最多、最为活跃的领域之一，各级各类师资培训计划层出不穷，其运作主要采取项目化形式。对职业教育教师培养的重视，源于社会对职业教育质量现状的担忧，而教师水平是影响教育质量的关键因素。的确，现有师资队伍总体水平离应有的要求有较大差距。问题是：师资队伍存在的这些问题是如何形成的？仅仅通过目前的项目化培训能否彻底解决所存在的问题？需要建立什么样的教师培养体系，才能使得培训在教师专业发展中真正有效？事实上，大规模的项目化培训已产生了许多突出问题，这些问题要求我们对职业教育教师培养体系进行系统反思。职业教育要实现现代化，对教师的培养就不能满足于目前的项目化培训体系，而必须建立规范化、制度化的培养体系。

第一节 我国职业教育教师培养体系的项目化特征及其问题

一、我国职业教育教师培养体系的总体发展状态

目前是我国职业教育教师培养体系发展的重要时期。56个全国职业教育师资培训重点建设基地的成立，以及2006年和2011年教育部推出的两个重要师资培训计划，把我国职业教育教师培养推到了前所未有的重要地位。2006年《教育部财政部关于实施中等职业学校教师素质提高计划的意见》（教职成［2006］13号）提出："中央财政重点支持3万名中职专业骨干教师参加国家级培训，并从中遴选1 000名中职教师到国外进修。"2011年的《教育部财政部关于实施职业院校教师素质提高计划的意见》（教职成［2011］14号）提出："中央财政共支持5万名中职专业骨干教师、2.25万名高职专业骨干教师参加国家级培训，并从中遴选2 000名中职教师、2 500名高职教师到国外进修，同时还支持2万名中职教师、2.5万名高职教师到企业实践。"紧跟教育部，地方绝大多数省市也随即推出了自己的师资培训计划，使我国职业教育教师培养无论在规模上、资金支持上还是制度完善上均达到了历史最高水平。

这次大规模的职业教育师资培训有着极为重要的历史意义：（1）它使大量教师有机会接受高水平的职业教育师资培训，许多教师甚至获得机会到发达国家接受培训。由于除了教育部推出的培训项目外，还有许多由地方推出的培训项目，以及依托示范院校建设而进行的培训项目，因而很难准确统计出接受了国内外培训的教师总人数，但从我们参与师资培训的实际经验看，接受培训的教师比例应该会在1/2以上。而在这些计划推出以前，有许多职业院校的教师，尤其是中西部地区的职业院校教师，从未走出其所工作的院校接受过任何形式的外部培训。（2）它有力地支持了职业教育课程改革与内涵建设。这一时期正是我国职业教育课程改革与内涵建设的关键时期，新课程理念正是借助大规模师资培训得到广泛宣传，进而转化成

院校的行动的。（3）更为重要的意义在于，它使我国的职业教育教师培养进入了职业教育事业发展的核心，使人们在更深层面认识到了职业教育教师培养的重要意义，尤其是56个基地的建立，奠定了未来我国职业教育教师培养体系的实体框架基础。经过这次大规模师资培训的实施，教师培养必将成为未来职业教育发展的常态行为。

二、我国职业教育教师培养体系的项目化特征

这次的职业教育师资培训行动尽管规模大，相对于我国职业教育教师长期以来"无培训"的状态来说是个极大的突破，但它只是我国职业教育教师培养体系发展的一个过渡阶段，而不是终极形式，因为我们在看到其巨大成就的同时，还必须深刻认识到其所存在的根本缺陷，那就是这次师资培训是以项目化为基本特征进行运作的。

所谓的项目化培训，是指以教育行政部门发布的项目为依据而实施的培训，其特征是：（1）培训是依托政府发布的项目进行的，有项目才有培训，无项目则无培训，项目结束，培训也就结束，如果还要开展培训，必须重新设置培训项目。（2）培训过程的所有要素是依据项目要求预先设置的，如培训时间、培训内容、培训形式、培训经费等，基本上不能根据培训过程中产生的需要对这些要素进行调整。比如，培训项目确定后，如果有新的老师希望参与培训，他们只能等待下一个培训项目。（3）培训是以各个项目为单位独立进行管理的，包括培训项目发布、人员匹配、经费管理、学员管理、质量评估等环节。

职业教育师资培训曾采取过两种项目运作形式，即固定项目制与弹性项目制。前者的特征是先确定培训项目，后确定培训学员，即教育行政部门先把培训项目下达到职教师资培训基地，然后由职业院校负责落实师资培训名额，组织教师参加培训。后者的特征是先确定培训学员后确定培训项目，即先由各职教师资培训基地依据假定的培训项目进行学员招聘，当学员名额达到允许开班要求时，培训项目也就相应地成立了。后一种项目运作形式更多地具有了市场化特征，能有效地激发师资培训基地的服务意识，有利于提升培训质量，是目前职业教育师资培训项目的主要运作形式。但在实践中，许多师资培训基地为了吸引学员，往往不是努力提升培训课程的质量，而是努力提升学员的生活质量，这在一定程度上违背了制度设计的初衷。

三、项目化职业教育教师培养体系的根本问题

项目是目前我国各个领域教育经费投入的主要形式之一，但和其他领域相比，项目化职业教育师资培训有着不同的出发点，即主要不是出于培训经费有效使用的管理需要，而是为了突破现有职业教育教师培养体系的障碍，使职教师资培训可以短时间内在全国范围内开展起来，快速解决我国职教师资水平普遍不高的问题。如果不实行项目化培训，而是坐等职业教育教师培养体系完全建立起来后再进行师资培训，那么我国的职教教师全面培养工作很可能到现在还未能大范围地开展起来。但是，项目化培训进行到今天，当一半以上的教师接受过项目化培训后，这种运作形式的问题也就凸显出来了，这些问题要求我们对我国职业教育教师培养的体系建设问题进行深入反思。

项目化培训最大的问题是不稳定。教师培养是一项长期的、持续的工程：（1）从教师个体的角度看，其能力的形成不是一蹴而就的，而是一个持续的、稳定的、前后之间有连续性关系的过程。比如，我们可以把教师能力发展划分为新入职阶段、骨干教师阶段和专家型教师阶段，教师能力发展要跨越这几个阶段，需要相当长的时间。（2）从教师群体的角度看，教师培养的全覆盖性要求师资培训必须是一项持续性工作。我国之所以要实施全国性大规模职业教育师资培训项目，是因为存在职业教育教师能力水平普遍不高的问题，而造成这一问题的原因在于我国缺乏稳定的职业教育师资培训体系。即使通过这次培训，现有教师的能力水平普遍得到了较大改善，但职业教育未来还要招聘新教师，如果项目不能延续，必将重复前面所发生的问题。然而，项目化培训具有不稳定性，因为项目是教育行政部门根据现实需要和财政状况来规划的，而项目决策的这两个依据都是始终处于变化中的。另外，职业教育师资培训项目的发布本身还没有达到科研项目发布那样的常规化水平，职业教育师资培训项目的临时性色彩非常浓，这就

使得培训项目更加无法得到制度保障。项目化培训的不稳定性,决定了它不可能成为我国职业教育教师培养的根本途径。

项目化培训在实际运行中还存在一些严重问题,这些问题也决定了它难以长期存在下去:(1)培训项目与培训需求之间难以真正匹配。从逻辑上看,项目化师资培训是一种供给式培训,即由教育行政部门提出项目,经由培训基地把培训服务落实到职业院校。这就很可能出现一个问题,即有项目时无培训需求,有培训需求时无项目。虽然后期职业教育师资培训项目发布采取了弹性项目制,可在一定程度上解决培训项目与培训需求之间的矛盾,但它并没有根本性地改变项目化培训的逻辑,因而不可能从根本上解决其所面临的问题。事实上,在目前的项目化培训中,重复培训已是非常严重的问题。师资培训很多时候不再是学校的需求,而是必须落实的"任务",有时由于任务难以安排,造成有的教师多次参加相同内容培训的情况。(2)严重干扰学校的日常工作安排。由于项目化培训是一种供给式培训,培训项目发布与执行只能主要考虑项目管理的需要,教师没有选择机会,他们只能调整自己的工作安排去适应培训时间,而无法根据自己的工作安排来选择培训时间,这就造成培训时间与学校工作安排之间的矛盾,严重干扰学校的日常工作,影响教学质量。事实上,这一问题也是这些年来全国性大规模教师培训中所表现出来的突出问题。

第二节 制度化职业教育教师培养体系的设计思路

项目化培训只能是我国职业教育教师培养的一种过渡模式,它在特定的历史时期有其存在价值,并发挥了重要作用,但面对职业教育的现代化发展需求,职业教育的教师培养体系必须从项目化走向制度化。职业教育教师培养只有实现了制度化,才能从根本上解决教师能力发展问题。

一、制度化职业教育教师培养体系的内涵

制度的通常含义是规则，而规则通常意味着约束。制度化的职业教育教师培养体系的确有约束的一面。职业教育培养体系要规范运行，必然要对其主体的行为有所约束，主要包括教育行政部门的财政投入等支持行为、教师培养机构的教育提供行为、教师的教育接受行为等。稳定的财政支持是建立制度化职业教育教师培养体系的前提。

但是职业教育教师培养体系的制度化更意味着体系稳定、持续、系统地运行，摆脱临时性、突击式、片段式、暂时性运行状态。这是实现教师能力全员、全面、全程发展的基础，是稳定地获得高素质教师的建制前提。这种运行状态的形成既需要以相关规则为基础，同时也需要其他一些重要条件，比如健全的教师培训机构网络、丰富的培训专家队伍、完整的培训内容体系等。其中，更为重要的条件是对这个培养体系的模式的选择。

然而，这样一种体系正是当前我国职业教育教师培养所缺乏的。事实上，我国自大力发展职业教育以来，从来没有真正成功建立过这样一个体系。这一问题在今天表现得尤为突出。这一方面是由于基于职业师范学院的传统职业教育教师培养体系的主体作用已基本丧失，新的职业教育教师培养体系尚未形成，另一方面是由于近年来职业教育体系的快速发展对教师培养产生了大量新的需求。我国现代职业教育体系要成功建立，必须以制度化的职业教育教师培养体系为支持。

二、制度化职业教育教师培养体系设计的模式选择

制度化职业教育教师培养体系的核心要素是什么？要进行这一体系的设计，必须对其运行的基本模式做出选择，因为任何教师培养体系都是基于特定模式的，只有确定了基本模式，才能对该模式的特征做进一步探索。

教师培养可划分为职前师范教育、职后教师教育与校本教师培训三种模式，这三种模式也可视为教师能力的三个重要来源。职前师范教育是指由大学采取学历教育形式，在大学设置教师教育课程对大学生进行培养，使其具备成为教师所需要的基本能力的培养模式；职后教师教育是由教育行政部门或学校委托有资质的教师培训机构，对已经招聘的教师进行培训，使其达到合格教师能力水平的培养模式；校本教师培训则是由学校通过听、说、评课等形式实施的，旨在有针对性地根据学校需要提升其教师某些特定能力的培养模式。第三种模式与前两种模式是不相冲突的，虽然这种培养模式很重要且富有学校特色，但由于难以使教师获得系统的教育理论知识与能力，因而不会是教师培养的主要模式，而只能作为前两种模式的补充。但不同国家在前两种模式的选择上各有侧重。

德国职业教育教师培养采取的主要是职前师范教育模式。1973年，德国各州教育与文化事务部长联席会议同意为职业教育教师教育与考核建立一个国家框架，旨在为职业教育教师教育建立共同的国家基础及最低标准。这一框架在1995年进行过一次调整，并要求各州的教师教育课程必须遵照这一框架进行。在这一框架中，教师培养包括两个基本阶段：第一个阶段是在大学持续9个学期的课程学习，第二个阶段是教育实践训练，在公立教师培训学院或培训学校采取实习的方式进行。[1] "英国传统上是招聘拥有对应技术证书和工作经验的人员为教师，然后采取教师资格证书或教育研究生证书形式，给他们提供在职而不是职前的教学能力培训。"[2] 美国的职业教育教师培养采取的是职前师范教育与职后教师教育相结合的模式。仍然保留从大学招聘学习过教育课程的毕业生担任生涯教育课程教师的传统，这条路径称为传统路径。与此同时，几乎所有州都建立了直接招聘拥有5年以上工作经验的技术人员为教师的替代路径[3]，并配套建立了为之提供系统培训的教

---

[1] Grollmann P. & Rauner F. International perspectives on teachers and lecturers in technical and vocational education [M]. The Netherlands: Springer, 2007: 140-141.
[2] Dyke M. Models of collaboration between university, employers and governance: A case study in the training of teachers of technical and vocational education [R]. Keynote speech: Ningbo, China, 25-5-2013.
[3] Ohio Department of Education, Office of Career-Technical Education. Ohio career-technical teacher licensure overview [R]. Columbus: Ohio Department of Education, 2010.

师培养体系——这是一种职后教师教育模式。

那么我国的职业教育教师培养应该选择哪种模式？从理论上看，两种模式可以并重，既可以通过系统的大学教育培养职业教育教师，又可以对没有受过相关教育的教师进行在职培养，使其达到同等能力水平。但实践表明，职前师范教育在我国的发展非常艰难，其规模一直在萎缩，所培养的教师在职业教育教师中所占的比例已到了无足轻重的地步。截至 2012 年，我国共有 8 所独立设置的职业技术师范学院（大学），全日制在校生约 11 万人。即便在这些学生中，师范生所占的比例也很低，有的院校甚至不足 10%。[①] 针对这种状况，有些研究者提出了一系列旨在大力发展职前师范教育的策略。然而，职前师范教育萎缩的现状恰恰是在提醒我们，职前师范教育不适合我国国情。在我国目前的高等教育发展态势下，不可能兴建一大批以职业教育教师培养为基本功能定位的大学，而通过对现有大学的功能进行改造，使其承担大量职前师范教育的任务也几乎不可能。更为重要的原因是，职业教育与普通教育不同，普通教育学科门类少，大学专业设置容易与其对接，而职业教育专业种类繁多，要设立能满足如此多样化师资需求的专业是非常困难的。有统计显示，8 所职业技术师范学院（大学）对中职学校专业目录的覆盖率只有 23.7%。[②] 同时还有许多专业是不适合在大学开设的，如美容美发、烹饪等，但这些专业同样也需要教师。既然职前师范教育不能为职业教育提供足够的师资来源，那么职业教育就只能从各类大学或各行各业进行教师招聘，而对这些教师的教育学知识培养也就只能放在职后进行了。因此，职后教师教育模式是我国职业教育教师培养体系建设模式最为理想的选择。

比较德国与美国的职业教育教师培养模式可以发现，两者既有不同之处，也有相同之处（见图 11-1）。相同之处是，两种模式均由三个基本要素构成，即大学教育课程、教师能力训练和教师岗位工作；不同之处是三个要素之间关系的处理。德国模式是把三个要素作直线式排列，美国模式则是对三个要素进行并列式排列。德国模式的优点是可以对"准教师"进行集中教育，但这种模式的代价非常大，需要建立庞大的教师培养机构。美国模式把三个要素并列起来，充分利用教师工作学校

[①] 孙翠香. 职教师资培养：一个亟待关注的问题 [J]. 职教论坛，2013 (25): 63.
[②] 曹晔. 我国职业技术教育师资培养的历史和现实选择 [J]. 教育与职业，2010 (6).

的资源对其进行培养,不仅可以大大节约教育成本,而且有助于提高培养对象的学习兴趣以及培养内容的针对性。事实上拥有德国那样完整的职前师范教育的国家是极少的,其他国家采取的通常都是职后教师教育模式。

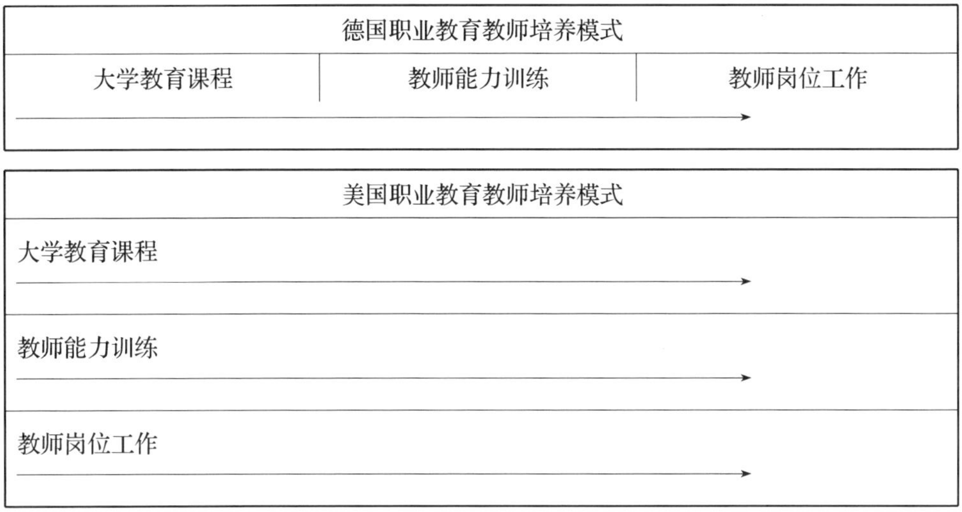

德国职业教育教师培养模式		
大学教育课程	教师能力训练	教师岗位工作

美国职业教育教师培养模式
大学教育课程
教师能力训练
教师岗位工作

图 11-1　德国与美国职业教育教师培养模式比较

相对于职前师范教育模式,职后教师教育模式还有其他优点:(1)培养效果好。职后教师教育模式的对象是在职教师,他们已有一些实际教学工作经验,并正在承担学校的教学任务,因而容易理解教育学知识并对其产生兴趣。(2)不会造成教育浪费。职后教师教育模式以已经在职的教师为对象,其针对性很强,培养效果容易体现,而职前师范教育如果不能保证经过培养的学生一定能够到达教师岗位,那么这种教育就是浪费了。

采取职后教师教育模式在我国也有现实条件,这次全国性的大规模职业教育师资培训得以顺利开展,便说明我们的社会是具备大规模职业教育教师培养能力的。这次的师资培训规模如此之大,是因为它必须解决多年来所积压的大量教师没有经过任何培训的问题;当职业教育教师培养进入正常轨道后,需要培训的只有新教师和按规定需要更新知识的老教师,那时的教师培训规模应当比现在要小得多,我们的社会完全有能力承担。

当然,选择职后教师教育作为我国职业教育教师培养的基本模式,并非意味着要完全取消现有的职前师范教育。作为职业教育大国，我们应该保留多样化的职业教育教师培养模式。但有一点是确定的，职后教师教育将是我国职业教育教师培养的主要路径选择，这是进行职业教育教师培养体系设计的前提。

三、我国制度化职业教育教师培养体系的设计要求

我国职业教育教师培养选择职后教师教育模式，但这并非意味着只能采取短期培训的形式进行教师培养，更不意味着一定要采取项目化培训的方式来进行教师培养。之前，笔者已对项目化培训的弊端做了深入分析，这些分析充分说明项目化培训不能是我国未来职业教育教师培养体系的主导运行方式，我们急需建立的，是一个能保证全体教师均按要求接受培养，并能实现教师能力持续性发展的培养体系，这一体系应当具备图11-2所示的三个基本特征。

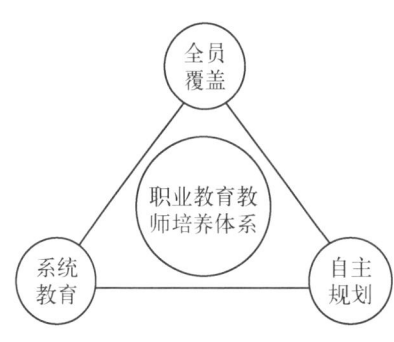

图11-2 职业教育教师培养体系应具备的基本特征

（一）全员覆盖

全员覆盖是指所有教师既必须也有条件接受依据教师能力标准所确定的全部模块的培训并达到同等要求。教师之间的能力差距应该随着教师培训的全员覆盖而迅速缩小。教师职业是一种专业性非常强的职业，且因为承担着国家、社会所托付的人才培养任务而责任重大。一个现代化的教育体系，应当要求其所有教师均接受过同等要求的专业教育，因为每位学生均有接受同样质量教育的权利，而这就要求所设计的教师培养体系应当有能力保证这一要求的实现。因此，教师培养不能满足于每年培训了多少教师这种数字上的辉煌，而是要反思如何才能通过教师教育实现教师能力水平的整体提升。对职业教育来说尤其如此，因为职业教育的教师来源复杂，一部分教师来自大学，还有相当部分的教师来自各行各业。如何使不同来源的教师在教育学的训练上达到同样的教师专业要求，是师资培养体系设计中必须认真思考的问题。

(二) 系统教育

系统教育是指教师教育有一个完整的周期，使教师通过持续的学习，全面彻底地掌握所需要的教育学知识。教师能力发展不是一蹴而就的，一个短期培训，即使持续 2~3 个月，也不能使教师能力真正达标。发达国家职业教育教师的教学能力训练通常都要持续 2 年以上。比如德国的职业教育教师培养，在教师培训学院或培训学校的学习要持续 2 年时间，而在这之前的大学阶段学生还学习了大量教师教育的理论课程，如职业教育学、心理学、劳动心理学、组织心理学、劳动教育、工厂教育等。美国各州对教师教育的要求不一，在俄亥俄州，从培训开始要经过持续 2~5 年的教师教育才能取得正式教师资格证书[1]。

系统教育还有另一层含义，即当教师完成一个周期的教师教育课程后，就不会再进行重复性学习，不会出现对同一教师多次进行同一内容培训的现象，这一要求不能仅仅理解为一种意愿，而是必须以制度基础为保障。

(三) 自主规划

自主规划是指教师可以根据自己的工作安排，较大程度地自主选择接受教师教育的时间。教师培养要成为一种持续性的工作，成为一种系统教育，就必须给教师一定的时间选择自由度，以避免与其工作时间发生冲突。如果教师为了参与培训不得不中断教学工作，那么这种培训对他们来说就不一定是好事了，对学校教学质量的负面影响更是不可低估。如果一所学校有过多教师因为参加培训而中断了教学工作，那么这种培训对学校教学质量的影响就是灾难性的，因为它必然是不可持续的。

---

[1] Zirkle C J, Martin L. & McCaslin N L. Study of state certification/licensure requirements for secondary career and technical education teachers [R]. Project title: National research center for career and technical education, 2007: 168 - 169.

第三节　制度化职业教育教师培养体系的基本框架

按照以上设计思路，我国职业教育教师培养体系建立过程中应把握好以下三个关键环节。

一、以地市为单位建立职业教育教师培养机构网络

谁有能力承担如此大规模的职业教育教师培养任务？谁有能力让教师最为方便地接受教师教育？这是设计职业教育教师培养体系时必须解决的问题。如果教师培养体系不能解决这两个问题，就不可能满足上面所提出的设计要求。比如，如果教师不能方便地接受教师教育，那么这一体系就无法做到"自主规划"，做不到"自主规划"，也就做不到"全员覆盖"。在传统观念中，人们往往把建立国家级师资培训基地作为职业教育教师培养体系发展的重要成就，这种思维习惯性地认为重要问题只有放到了国家层面才能很好地解决。然而国家级职教师资培训基地不仅能力有限，不可能承担我国如此大规模的职业教育教师培养任务，而且往往离绝大多数教师的居住地很远，难以解决教师工作与学习之间的空间与时间矛盾。要从根本上按照以上三个要求建立起我国职业教育教师培养体系，必须把教师培养的责任下移，最好能下移到地市级。只有当我国在地市级层面广泛地建立起职业教育师资培养基地网络，我国的职业教育教师培养体系才算是具备了雏形，否则，无论是国家级培训还是省市级培训，所实施的都只能是项目化培训，不具有可持续性。

这是否意味着要取消国家级或省市级职业教育教师培养功能？并非如此。无论是国家与省市层面还是学校层面，在职业教育教师培养中同样都应发挥着重要功能，只不过三个层面的功能定位应有所不同。国家与省市层面的培训应定位于国家重要职业教育改革思想宣传与专家型教师的培养。这个层面的培训覆盖面不会很大，但专业水准要高，所培养的专家型教师将在地市级教师培养与学校课

程、教学改革中发挥重要作用。地市层面的培训应定位于教师的基本教育教学能力培养。这是规模最大、覆盖全员的培训，也是最为重要的培训，它必须使每位教师达到教师能力标准要求。学校层面的培训（校本培训）应定位于学校对教师的特色化培养，是结合学校的特色化办学进行的培训。

国家与省市层面的培训只需在已有师资培训基地的基础上稳定发展，校本培训应由学校去自主发展，目前需要全面进行建设的是地市层面的培训。地市层面培训功能的建立其实是有基础的，那就是大量地市层面的教研机构正在发挥着重要的师资培训功能。在此基础上有规划地对其基础能力进行投资，对其功能进行规范，发展起遍布于各地的职业教育师资培训网络，应是建设我国职业教育教师培养体系的现实途径。教研机构可自己设计并实施教师培训，也可委托国内著名职业教育教师培训机构进行教师培训。

二、依托教师能力标准开发职业教育教师培养内容

有了教师培养的机构网络，接下来就要着力解决培养内容的问题，即要通过教师能力标准开发建立职业教育教师培养内容体系。教师能力标准是教师培养体系中不可缺少的要素，它既可起到规范教师培养内容、统一教师培养质量的作用，也可以起到指导各培训机构开发培训课程、确立培训方法的作用。我国要整体性地提升职业教育教师的能力水平，就必须开发职业教育教师的能力标准。目前这项工作已经进入教育部的视野，但我们要意识到的是，职业教育教师能力标准的成熟恐怕需要一个较长的历史过程。

"系统教育"要求职业教育教师能力标准的开发必须突破目前快餐式教师培训的局限，确立教师专业化的视野。如上所述，发达国家的职业教育教师之所以专业，是因为他们的教师所学习的教育学知识无论是在深度还是广度上均远强于我国的教师。我国职业教育教师专业化的问题，更多的还是教育学知识方面存在基础性缺乏的问题。

要实现专业化，职业教育教师能力标准不仅要进一步提高对教育学、心理学、社会学等学科的理论知识的要求，更要提高对教育学实践知识的要求。我们的教师

的确缺乏足够的教育学相关理论知识，但更为缺乏的恐怕还是对各个教育教学工作环节的实践知识的细化掌握。

三、改革教师资格证书制度

要达到"全员覆盖""系统教育""自主规划"这三个要求，必须有教师资格证书制度作保障。如果没有与之适应的教师资格证书制度，以上所有设计都只是空中楼阁。这是美国职业教育教师培养体系给我们的最为重要的启示。美国职业教育教师资格证书制度的重要特征是，它的获取不是一次性的，而是一个通过完成不同课程的学习逐步累积的过程。已经拥有专业教师资格证书的教师也不能一劳永逸，而是每五年必须更新或维护一次[1]。只有有了这样的教师资格证书制度：（1）才能保证所有教师有持续的动力为了获取这一证书而自觉地接受教师教育；（2）才能通过教师资格证书中的培训模块记录避免重复性培训；（3）才能通过对取得教师资格证书的时间的宽泛性设定，让教师自主地规划接受教师教育的时间。

显然，这就涉及对我国职业教育教师资格证书的深化改革：（1）必须改变目前教师资格证书与教师教育课程相脱节的现象。现有的教师资格证书是在没有完善的教师能力标准的前提下制定的，它只是对教师基本从业资格的认定，相当于美国的临时教师资格证书，不能对教师专业化起到有效的推动作用。（2）必须改变目前通过一次性考试便可获得教师资格证书的现象，应把教师资格证书的获取变为一个累积的过程，因为一次性考试是无法真正鉴别出一位教师的能力水平的，教师能力的成熟与表现需要一个过程。（3）必须革除教师资格证书的终身制，既然我们认为不断更新是教师知识结构的基本特征，那么就应该为了激发教师持续更新知识的动力，建立教师资格证书的更新制度。

---

[1] 徐国庆. 美国职业教育教师职业资格证书制度研究——以俄亥俄州为例［J］. 外国教育研究，2011（1）.

本 章 小 结

我国职业教育教师培养体系正处于从项目化过渡到制度化的关键时期。全国性的大规模项目化培训在我国职业教育教师培养中发挥了重大作用,但这种培养体系只能是特定时期的产物,无法适应我国职业教育教师培养工作的长远要求。目前这种培养体系在实践中的问题也已非常明显。要解决这些问题,必须从根本上调整职业教育教师培养体系的建设思路,立足职业教育现代化,充分借鉴发达国家职业教育教师培养体系建设的经验,对我国职业教育教师培养体系进行再设计,使我国职业教育教师培养工作走上制度化、常态化轨道。

职业教育教师培养体系从项目化向制度化转变是一个极其复杂的过程,既涉及许多基础性制度的进一步完善(如教师资格证书制度),又涉及职业教育教师培养机构的合理布局与建设,甚至涉及教师培养经费划拨制度的改革与统筹使用,它的实现有赖于整个职业教育治理能力的提升。

第十二章
我国职业教育教师培养模式改革：能力取向

职业教育教师培养的重要性毋庸置疑。在一所学校，与学生接触最多的是教师，直接对学生展开教育教学活动的也是教师，"因此提高教师质量是提升职业教育质量的重要手段，这一点已被许多国际组织和国家认识到"。[①]我国绝大多数职业教育教师的能力能基本胜任工作要求，但是，职业教育教师的整体能力水平离专业化还存在较大差距，这是我国职业教育教师队伍建设的关键问题，也是教师培养要解决的主要问题。在迫切需要提升教师能力水平的形势下，目前的培训难免带有功利色彩，绝大多数培训项目中有"教师能力提升"这一关键词，"无论怎么设计现代大学的教师教育课程，还是制定怎样的教师专业标准，都回

---

① Grollmann P. & Rauner F. International perspectives on teachers and lecturers in technical and vocational education [M]. The Netherlands: Springer, 2007: 2.

避不了教师的教育教学能力培养"。①问题是如何才能有效提升教师能力？该用什么方法对教师进行培训？目前流行的培训模式是否有效地提升了教师的能力？这可能是个大大的问号。更多时候我们可能只是关注对教师进行了什么培训，培训中做了什么，而对培训实际效果的追问和检测远远不够。要使培训在教师能力发展中产生实效，需要对现有培养模式进行根本性改革。

第一节 当前职业教育教师培养模式的困境

当前的职业教育教师培训，是一种以专家讲座为主要形式的培训，我们可以把它称为讲座式培训。其核心特征是：整个培训计划的主体由在某一领域有突出研究成果的专家承担的讲座构成。为了突出与实践的联系，培训计划中也会包含现场考察、问题研讨等模块，但培训计划的主体是专家讲座。我们对这种培养模式已经习以为常，几乎把培训等同于讲座。讲座式培训最明显的优势是有利于教师接触到相关领域一流的专家与最前沿的理论知识，并通过来自不同领域专家的合理组合，大大扩充教师理论认知的范围。但这种培训的弊端也是十分明显的，如果不对培养模式做根本性改革，不仅不能有效地提升教师能力，就是第十一章所构建的职业教育教师培养体系也难以运转。我国当前这种以讲座为主要形式的职业教育教师培养模式主要存在以下困境。

一、培训内容难以贴近教师实际工作需要

培训取得效果的前提是培训内容与培训对象的需求相吻合。当然，培训对象的需求应界定为培训对象的实际工作需求，而不是培训对象的个人主观需求。比如有的教师可能会希望培训内容简单些，因为他不愿意学习复杂的教育理论知识，他也

---

① 朱旭东. 论我国教师教育体系的重建[J]. 教师教育研究，2009（6）.

希望只是简单地应付教学工作。这种需求显然是不合理的，培训内容的复杂程度只能根据教师岗位的实际需要以及教师能力发展阶段综合确定。

讲座式培训的首要问题是无法确保培训内容真正贴近教师岗位需要，因为讲座式培训本质上是一种供给导向的培训，而不是需求导向的培训。任何培训计划的制订当然都会考虑培训对象的需求这一维度，制订讲座式培训计划时，培训组织者会对培训对象的需求进行分析，甚至培训计划还会征求培训对象的意见，这已是当前培训计划开发的基本要求。然而这种需求分析，所分析的往往只是培训内容需要的几个主要方面，而没法对培训的具体内容提出详细要求，具体的培训内容则是由专家根据其擅长的研究领域、研究问题来确定的，而专家的研究其实是很难与教师的需要完全吻合的，培训组织者更没法要求专家根据教师岗位的实际工作需要设计培训内容，这就使得在这种培训模式中，培训内容与教师需求之间的矛盾非常突出。当培训内容与培训专家擅长的领域相冲突时，往往只能前者屈从于后者。由于专家的不确定性，因此这种培训模式还暗含培训内容存在不确定性的风险，如果培训组织者对培训专家的讲座内容缺乏充分了解，培训内容不恰当的风险就会大大提高。

这并非是否定专家在教师培训中的重要作用，更无意否定专家本身的价值，而是期望探讨教师培训应当采取什么样的模式。需要定位清楚的是，我们目前的职业教育教师培训要解决的问题是培养专家型教师，进一步提升教师的教育理论水平，还是整体、全面地提升教师基础性的教育教学能力？这是关键问题。显然，我们要解决的问题是后者而不是前者，而讲座式培训模式适合的是前者。这就是问题所在。事实上，我们是在继续用教师培训资源极度短缺时期形成的培训模式解决今天的教师培养问题，而这种模式在目前的不适应性已非常突出了。

二、理论知识难以有效地转化为教师的实际能力

"讲座"这种培训形式还决定了它能传授的主要是理论知识，即使讲座专家努力把理论与实践相结合，他传递给教师的也只能是语言层面的实践知识。其实这种培训模式本身在理念上就主张教师培训的根本目的是提升教师的教育教学理论水平，转变教师的教育教学理念，并认为当教师的理念转变后，他们的教育教学工作模式也就会改变。因此，讲座式培训模式主张教师培训的主要任务是给教师补充新的教育理论知识，扩充教师对当前信息的了解。这种理念在我们的思维中是极为牢固的，以致许多研究者一方面极力强调教师教育要紧贴教师的工作实践，另一方面又主张"在教育实践中，教师需要的主要是教育理论，而非那些应该如何面对学生开展教育活动的教育实践知识"。①

问题是，当教师获得相关理论知识或信息后，他们真的知道如何在实践中运用吗？他们会自觉地把这些知识或信息运用到他们的教学中吗？恐怕情况很不乐观。实际情况可能是，极少数教师会去尝试运用所获得的理论和信息，且通常不会取得太大成功，其他教师则基本上保持原来的教学状态。大多数培训结束后，培训内容只是教师交流的谈资、写论文的依据，却很少真正把培训内容转变为他们的教育教学行动。这里包含两个层面的问题。

第一个层面，教师是否有能力在实践中运用所获得的教育理论知识？从我们所接触的培训案例看，答案是很难！众所皆知，知道一条原理和能用原理做事是有很大区别的，这是实践知识论的基本主张，本书的前半部分有很多篇幅都在讨论这一问题。这一区别在教育理论的培训中似乎表现得更加突出。比如，在一些培训中，培训者向教师清楚地讲解课程目标的编制要求，并向他们展示优秀的课程标准编写案例，然而在理论学习的基础上，教师要编制出自己课程的目标，至少需要半天的训练，而且这个过程中，教师会出现许多错误需要纠正。例如，在"根据工作任务设计课程体系"的培训中，培训者专门指出了课程体系的错误设计方法，但教师在完成自己的任务时，这些错误仍然会出现。诸如此类的案例还有很多。

这是为什么？假设可能存在障碍1和障碍2，这两个障碍分别发生在从教育理论到教育教学行为的两个转换环节（见图12-1）。

图12-1 教育理论到教育教学行为的转换过程

---

① 樊香兰，孟旭. 逻辑与走向：当代教师教育道路的演变 [J]. 教育研究，2009 (10).

障碍 1 是从教育理论到教育教学方法转换的障碍。教育理论到教育教学方法的转换，需要根据实践对教育理论的应用方法进行创造性设计，这其实是个非常复杂的过程。大多数教育理论在逻辑上非常合理，我们却往往不知道如何在实践中运用它。教育理论如何顺利转化为教育教学方法？教育理论家尚且不一定能很好地回答这一问题，何况教师？正是基于这一问题，有学者提出教育学研究中要重视对教育工艺的研究，这是符合实际的观点，然而我们在教育工艺研究中的进展却十分缓慢。

障碍 2 是从教育教学方法到教师教育教学行为转换的障碍。教师需要把所理解的教育教学方法正确地运用到教育教学实践中，使之成为教育教学行为。然而这也是个比较困难的过程。我们通常认为，只要掌握了方法便能产生实践，然而教师在运用这些方法时，不仅要面临如何与其具体的教育教学情境相结合的问题，还要面临放弃他已经习惯了的方法，适应新方法的问题。教师的工作习惯阻碍教育新理论在实践中的应用是研究者们早就观察到的现象。

第二个层面，教师现有的工作模式是否能够容纳教育的新理论？阻碍教育新理论在实践中应用的除了上述原因外，当然还有其他一些复杂得多的原因，比如有些教师可能对新方法没有足够的信心，不敢冒风险使用新方法。然而更重要的原因可能是，新方法的应用通常都是在挑战教师已经习惯的工作模式。除非我们成功改变了教师的工作模式，否则他们就不会去运用新方法。下面以教师的教学能力发展为例做一分析，图 12-2 描述的是教师教学能力发展机制。

图 12-2 把课堂看作一个由教师、课程与学生三个要素构成的教学场。教师的教学能力水平可以根据教学场中处于中心位置的要素进行确定。初级能力水平的教师，其教学场以教师自我为中心，教学过程中教师关注的主要是自己如何达到教学实施要求；中级水平的教师，其教学场以课程为中心，教学过程中教师关注的是课程目标如何得到有效实现；高级水平的教师，其教学场是以学生为中心，教学过程中教师关注的是学生的需求是否得到了满足，教学方法是否与学生学习风格相吻合，学生的能力与素质是否得到了发展。提升教师的教学能力，就是要把教学场的中心由教师自己转向课程，再逐步转向学生。用人才培养的视野看待教学，才是教师教学能力发展的最高境界。

现在的问题是：这一转换过程是如何实现的？仅仅通过给教师讲解教育教学理

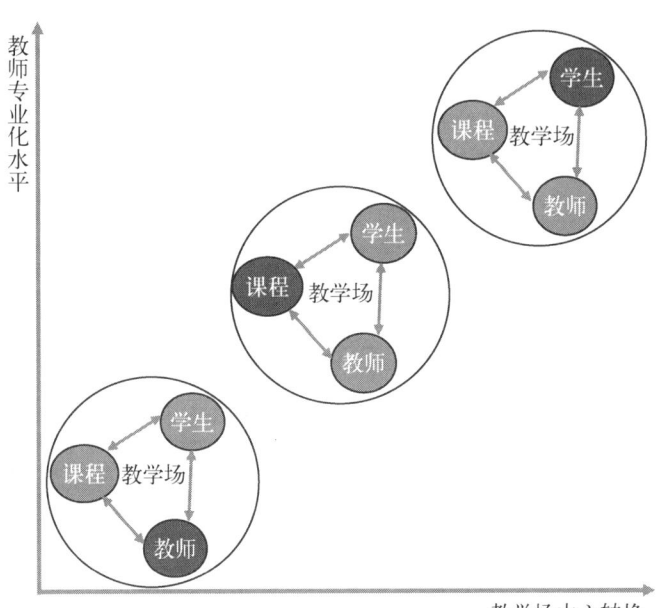

图 12-2 教师教学能力提升机制

论,甚至通过听、说、评课等方式给他们提供标准化的实践范例,这一目标就能实现吗?远没这么简单。"教师专业发展不是依赖外在的技术知识的灌输而'被塑造'的,而是一种'自我理解'的过程,即通过'反思性实践'变革自我、自主发展的过程。"① 在实践中,教师的工作模式往往容易固化在某种类型的教学场。一旦他们的教学工作模式被固化了,那么要实现他们教学能力的提升,就必须引导教师努力构建新的教学工作模式,否则给他们传授的任何教育新理论对他们来说都只是毫不相关的外在物。从教师自我中心的教学场向课程中心的教学场转换的关键,就是要通过系列课程开发活动使教师深刻理解课程的本质,让他们在课程层面审视教学;从课程中心的教学场向学生中心的教学场转换的关键,就是要通过一系列对学生的研究活动使教师深刻理解人才培养的本质,让他们在人才培养层面审视教学。

因此,提升教师教学能力的关键方法是设计各种各样旨在帮助教师构建新的教学工作模式的活动,当教师的教学工作模式转换了,他们就会积极主动地学习教育

---

① 钟启泉. 我国教师教育制度创新的课题 [J]. 北京大学教育评论, 2008 (3).

新理论，实现能力的提升。这就是为什么有些教师对教育理论如饥似渴，有些教师则极为漠然。教师其他方面的培训内容中也存在这一机制，比如我们常常会倡导研究型教师的培养，但事实上如果教师的工作模式不改变，他们就不会去关注研究型教师的能力要求。

三、培养模式难以成为促进教师能力整体持续提升的基础模式

我国职业教育教师培训模式必须逐步由项目化走向制度化，使培训由少数教师的权利转变为对所有教师的要求。在培训资源紧缺时代，我们只能集中资源对精英教师进行培训，为了使紧缺的培训资源惠及尽量多的教师，我们不得不采取专家讲座的培训形式。然而，今天我们面临的培训任务是实现教师能力的整体持续提升。讲座式培训在重大教育理念的宣传，以及精英教师培养中的确有很大应用空间，然而在教师能力的整体持续提升培训中的作用则非常有限。

这种不适应首先表现在培训的形式上。讲座式培训对培训内容进行了高度的压缩，讲座者往往要在单位时间内给教师讲解大量理论知识。这种培训形式要求教师在相关领域已有了相当积累，否则他们很难从中受益，因此它也只是适合精英教师的培训模式。对于教师能力的整体、持续提升来说，这种培训模式就是极不适合的。要整体、持续地提升教师能力，我们还是需要采取课程式培训，根据教师能力构建的需要，小步子、系统性地展开课程内容。当然，对于这种培训任务而言，讲座式培训还会面临专家数量不足的问题，因为专家总是稀缺资源，而我们要培训的教师数量是如此庞大。

第二节 职业教育教师的能力结构

讲座式培训在当前职业教育教师培训体系中的不适应已体现得较为明显。浏览一下一些培训机构的培训计划就可发现，尽管每个讲座的内容都很吸引人，并且都是由业内名家承担的，然而这些讲座都是碎片化的，讲座与讲座之间的内在逻辑联系不强，并不构成系统的课程，甚至讲座之间的内容往往相互交叉重复，讲座的内容更是高深莫测、难以把握。整个培训内容正如飘在教师头上的朵朵白云，它和站在地面的教师当然有关，但它又是那么遥远，或许偶尔有点滴小雨落在教师头上，大多数云朵则要随风飘走。面对教师能力整体性、持续性提升的需求，要构建适合现代职业教育的专业型教师队伍，我们就需要对教师培养模式进行根本性改革，即由讲座式培训向课程式培训转变；整个培训课程的设计要采取能力取向的思路，即以教师岗位的能力要求决定培训内容，而不是把专家擅长的研究领域作为设计教师培训内容的依据。

以能力为取向设计职业教育教师培训课程，并非意味着教师培养模式回归工匠化、技能化，这正如教师培训课程学科化不能等同于教师培养模式的专业化。根据教师实际工作开发的课程同样需要包含大量教育理论知识，而且它也是可以包含充分的理论知识的，只不过其中的理论知识与教师工作更贴近，因而更加实用，对于教师能力发展的作用更加直接和明显。按照这种思路开发出来的教师培训课程，就是一部教师的教育学。要建立能力取向的培训课程体系，就必须对培训所面向的岗位或岗位群的工作任务与职业能力进行系统、深入的分析。这是能力取向课程开发的关键技术，如不使用这一技术，或者说没有很好地使用这一技术，就谈不上能力培养。表12-1是我们对中等职业教育教师岗位的工作任务与职业能力进行分析所得到的结果。该表的编制过程是，首先由三批中等职业学校资深教师分别在分析专家的引导下完成初稿，然后合并三次分析的内容，最后由分析专家修改定稿。当然，教师能力的内涵是十分丰富的，表12-1中的能力只是一个框架，要深入理解中等职业教育教师能力的内涵，还需要对每条职业能力进行深入解读。

表12-1 中等职业教育教师岗位任务与能力分析（含教学岗位与班主任岗位）

工作领域	工作任务	职 业 能 力
1. 教学设计	1-1 课程标准研读	● 能正确解读课程标准的各项要求。 ● 能从课程标准中分析提取教学任务。
	1-2 教材选择与分析	● 能正确选择适合课程的教材。 ● 能根据课程需要对教材内容编排做出适当的调整和改编。

续 表

工作领域	工作任务	职 业 能 力
1. 教学设计	1-3 教学内容分析	● 能深入理解各部分教学内容之间的逻辑联系。 ● 能合理安排各部分教学内容的学时数,制订授课计划。 ● 能准确理解教学内容并建立教学内容的要点关系。
	1-4 学情分析	● 能准确把握学生的学习兴趣点与学习能力。 ● 能通过分析把握学生文化背景、学习兴趣与学习能力的差异。
	1-5 目标定位	● 能根据课程标准、教材及学情分析准确定位教学目标和重点、难点。
	1-6 方法应用设计	● 能依据教学目标选择有效的教学方法。 ● 能对教学方法进行应用性设计,确定运用的策略。
	1-7 教学组织设计	● 能根据教学目标设计适宜的组织活动形式。
	1-8 过程设计	● 能设计与教学目标相一致的完整的教学流程。 ● 能预设教学过程的实施情况。
	1-9 教学辅助手段制作	● 能熟悉各种常用的教学辅助手段。 ● 能熟练运用各种常用的教学辅助手段。
	1-10 资源选用	● 能根据教学需求选用适当的图片、视频等教学资源。 ● 能根据教学内容准备合适的教学场所和环境。
	1-11 作业设计	● 能依据教学的重点、难点设计有效的作业。 ● 能根据学生的学习情况设计后续作业。
2. 课堂教学	2-1 教学目标沟通	● 能正确把握教学目标。 ● 能选用恰当的方式向学生传递目标。
	2-2 课堂氛围营造	● 能营造平等、民主、和谐的师生关系。 ● 能始终向学生表达积极的学习期望,鼓励学生取得学习的成功。 ● 能通过模拟演示、多媒体播放、案例分析等方式营造积极的学习氛围。
	2-3 教学组织	● 能根据授课内容选取教学场地,布置空间环境。 ● 能实施班级教学、小组教学、个别化教学、讲授式教学、实训中心活动教学、户外活动教学等不同组织形式的教学。

续 表

工作领域	工作任务	职 业 能 力
2. 课堂教学	2-4 知识教学	● 能深入理解所教知识的内涵以及与其他知识的关系。 ● 能深入理解所教知识在实际工作中的应用方式。 ● 能运用语言等信息传递手段准确地阐述和解释知识点。 ● 能运用比较、比喻、案例、活动等方式帮助学生深入理解所教知识点。 ● 能根据学生知识学习情况灵活地调整知识教学的方法。 ● 能在知识教学中根据学生的差异选择有针对性的教学方法。
	2-5 技能教学	● 能说明所教技能在实际工作中的应用情境。 ● 能合理划分技能教学的步骤。 ● 能准确、规范地演示技能操作过程。 ● 能结合技能演示过程讲解技能操作的要点。 ● 能合理地安排学生的技能训练活动。 ● 能及时发现并纠正学生技能训练中存在的问题。 ● 能设计特定的训练方法，解决技能训练中的难点。 ● 能做好技能操作中的安全防护工作。
	2-6 思维教学	● 能根据所教的知识技能提出能激发学生学习兴趣、求知欲望和思辨能力的问题。 ● 能把问题分解为适合学生能力的小问题。 ● 能通过引导学生对问题的深入思考提升学生的思维能力。 ● 能引导学生自主发现问题并分析问题。
	2-7 情感态度教学	● 能通过演示操作，培养学生细致观察习惯。 ● 能通过小组合作方式培养学生团队精神和爱岗敬业的态度。
	2-8 特殊教学情况处理	● 能预见并判断课堂上的突发事件。 ● 能灵活处理课堂突发事件。 ● 能按规定程序处理严重突发事件。
	2-9 教学评价与反馈	● 能根据不同评价目的，选择合适的评价模式，对学生的知识、技能、态度、学习结果做出准确评价。 ● 能设置多种反馈渠道与学生沟通学习情况。 ● 能发现教育教学中的实际问题，及时调整实施计划。

续　表

工作领域	工作任务	职　业　能　力
2. 课堂教学	2-10 作业布置	● 能按照适量、适度的原则布置与教学内容相关的作业。 ● 能通过面批或讲解进行作业检测与反馈。
3. 班级管理	3-1 学生情况分析	● 能制定科学合理的表格，采集学生的基本信息。 ● 能准确了解学生的需求，制定学生的发展规划。
	3-2 学生信息管理	● 能及时掌握学生的动态变化，及时更新学生的信息。 ● 能做好学生信息的归档工作。
	3-3 班级制度建立与执行	● 能根据学校要求及培养目标，结合学生信息情况，通过师生沟通，制定班级常规制度及奖惩方法。 ● 能根据公正、公平的原则建立班级制度，并严格贯彻执行。 ● 能就执行中出现的问题，组织学生讨论并修改班级制度。
	3-4 班干部队伍建设	● 能设计科学、合理的班干部选拔制度、任用制度、评价制度。 ● 能准确识别学生的管理能力，合理组建班干部队伍。 ● 能对班干部予以岗前培训、岗中指导。 ● 能通过师生沟通，讨论建立有效的班干部监督机制。
	3-5 班团活动组织	● 能指导学生明确活动目的，根据活动要求制定活动计划，并做好活动准备。 ● 能在活动实施中对班团活动给予及时的指导。
	3-6 家校联系	● 能准确掌握家长联系方式、家庭所在地、家庭基本情况。 ● 能在学期初做好和家长的沟通工作，了解学生的特点及家长的期许。 ● 能组织召开家长会，并正确地与家长进行常规沟通。
	3-7 任课教师沟通	● 能与任课教师沟通了解学生各门课程的学习情况。 ● 能将学生对任课老师的希望和要求及时反馈给老师。 ● 能及时处理、化解学生与任课教师之间的矛盾冲突，形成良好的师生关系。
	3-8 学校部门衔接与沟通	● 能配合各部门的要求，及时完成各部门布置的工作任务。 ● 能向学生正确解释各部门的相关管理细则与活动。

续　表

工作领域	工作任务	职　业　能　力
3. 班级管理	3-9 班级文化建设	● 能根据班级特点，确立班级文化建设目标。 ● 能根据建设目标，确立班级学风、班风，特色建设计划，并组织实施。 ● 能根据建设计划，着手实施。
	3-10 学生隐性问题排查	● 能锁定班级里存在隐性问题的学生，并与存在隐性问题的学生正确进行沟通。 ● 能将隐性问题可能带来的危害化解或降低。
	3-11 学生顶岗实习追踪	● 能认真了解学生实习的企业及工作岗位的基本情况。 ● 能按时与学生联系沟通实习情况，并帮助解决实习中遇到的困难。
4. 课外活动组织	4-1 社会活动组织	● 能确定活动的主题，制定活动的方案。 ● 能通过活动培养学生的团队精神，提高学生思想品行。 ● 能执行学生安全管理，正确处理突发事件。
	4-2 体育活动组织	● 能根据活动内容合理布置活动场地和器材。 ● 能根据活动中可能出现的意外情况制定预案，采取相应预防措施。 ● 能正确处理体育活动中的突发意外伤害。
	4-3 文艺活动组织	● 能充分利用学校现有师资和教学资源组织开展适合学生的文艺活动。 ● 能通过文艺活动有意识地培养学生的艺术情操。
	4-4 社团活动组织	● 能根据学生兴趣爱好合理设置社团活动内容。 ● 能根据社团活动内容充分挖掘可用的活动资源。 ● 能处理社团活动中的意外伤害。
	4-5 比赛活动组织	● 能根据比赛要求制定比赛规则。 ● 能根据比赛规模确定比赛组织机构。 ● 能根据场地和学生情况设计适宜的比赛形式。 ● 能合理设置比赛奖项。 ● 能根据比赛要求合理安排比赛器材、设备。 ● 能正确处理活动中的应急事件。
5. 竞赛辅导	5-1 竞赛文件研究	● 能根据竞赛赛程安排制定训练进程表。 ● 能根据竞赛技术要求制定训练内容列表。 ● 能根据竞赛设备与环境要求制定实训室建设方案。

续　表

工作领域	工作任务	职　业　能　力
5. 竞赛辅导	5-2 竞赛环境搭建	● 能提出赛项具体软硬件需求，填写采购申请单。 ● 能与采购部门有效沟通，配合完成设备采购与验收。 ● 能合理布置竞赛训练环境，满足训练需求。
	5-3 竞赛学生选拔	● 能准确表述竞赛项目，开展竞赛项目推介。 ● 能制定选拔标准，实施竞赛人员选拔。 ● 能与班主任做好交流沟通，组织优质生源。 ● 能与学生做好交流沟通，使之融入竞赛团队。
	5-4 竞赛资源（资料）组织	● 能收集、整理、开发竞赛试题，完善竞赛试题库。 ● 能与竞赛专家做有效沟通，构建技术支撑团队。 ● 能收集、分析竞赛信息，及时调整训练计划。
	5-5 竞赛辅导计划制定	● 能制定竞赛总体计划，合理安排训练进程。 ● 能制定阶段训练计划，把握训练进程。 ● 能制定专项训练计划，提高专项技能。 ● 能制定临赛训练计划，提高赛场应变能力。
	5-6 竞赛辅导实施	● 能根据训练计划安排训练内容。 ● 能编制训练成果监控表检测学生训练成效。 ● 能根据学生训练情况合理调整辅导方案。 ● 能与竞赛学生进行有效沟通，提升训练质量。 ● 能及时解决竞赛学生训练中碰到的各种问题。
	5-7 竞赛学生管理	● 能明确并执行学校竞赛生管理制度。 ● 能处理竞赛生各种突发情况。 ● 能做好竞赛生训练安全教育。 ● 能与竞赛生进行有效沟通，做好竞赛生思想和心理的辅导。
	5-8 竞赛成绩评价	● 能根据竞赛项目情况制定竞赛生评价方案。 ● 能根据训练测试情况评定测试成绩。 ● 能根据测试过程记录总结分析竞赛训练情况。
6. 课程建设	6-1 课程标准制定	● 能明确课程在人才培养中的地位与课程开设时间。 ● 能精炼地描述课程目标，明确课程要达到的教学效果。 ● 能确定课程内容，明确知识、能力、素养等教学要求与课时分配。 ● 能提出课程实施建议，包括教学组织要求、教学条件要求、评价要求等。

续　表

工作领域	工作任务	职　业　能　力
6. 课程建设	6-2 课程教材选定	● 能分析课程标准对教材的要求,如教材的编排体系、知识呈现方式等。 ● 能区分不同版本教材的优缺点,选定合适教材。
	6-3 辅助教材开发	● 能根据课程主教材确定所需开发的辅助教材种类,如教案集、学案集、习题集、拓展教材等。 ● 能根据主教材特色与课改精神确定辅助教材编写体例与样章。 ● 能组织并撰写辅助教材的内容。
	6-4 课程资源积累	● 能根据教学需要搜集各种课程资源,如图片、视频、动画等。 ● 能根据教学需要开发常用课程资源。如微课、课件。 ● 能将已搜集或开发的资源进行合理分类与存档。
	6-5 实践环境建设	● 能根据教学需要提出所需的校内实训条件要求。 ● 能根据实训条件要求撰写实训室建设方案。 ● 能与各方沟通,建设校内实训室。 ● 能根据已建实训室条件,提出应用、维护、管理方案。 ● 能根据人才培养要求,拓展校外实训条件,能与合作企业、实习企业签订合作意向书等。 ● 能根据教学需要保持与校外企业的沟通与联系,完善校外实训条件。
7. 学生教育	7-1 心理健康教育	● 能帮助学生认识自我,培养自身学习、适应和情绪管理的能力。 ● 能对职业学校的学生进行性心理、恋爱心理的辅导。 ● 能帮助塑造学生积极向上的心理品质,与他人、社会和谐发展。
	7-2 就业指导教育	● 能指导学生了解就业信息、求职技能与方法、就业政策法规等知识与技能。 ● 能培养学生就业、创业的意识与能力。 ● 能引导学生树立正确的就业观念、科学定位个人求职方向。
	7-3 人际关系协调	● 能帮助学生认识人际交往的重要性。 ● 能帮助学生学会正确处理各种外部关系,如亲属关系、师生关系、朋友关系、雇佣关系、上下级关系。

续　表

工作领域	工作任务	职　业　能　力
7. 学生教育	7-4 思想品德教育	● 能指导学生在不同阶段、不同社会环境下形成正确的道德认识和道德情感、意志和行为。 ● 能引导学生树立正确的人生观、价值观、世界观，形成完善的人格。
	7-5 职业素养教育	● 能指导学生从职业态度和职业道德、职业形象等方面提升自身的职业素养。 ● 能指导学生从职业技能规范、个人职业能力等方面完善自我。
	7-6 行为规范教育	● 能帮助学生在文明礼仪、卫生习惯、安全习惯、学习习惯等方面规范自身的行为，养成良好的习惯。 ● 能帮助学生增强纪律和法制意识，做知法、守法的公民。
8. 教育教学研究	8-1 教学反思与案例整理	● 能正确进行教学前反思、教学中反思、教学后反思，并根据反思结果对教学进行适当的修改和调整。 ● 能撰写教育案例、教育故事或教育心得等，从而提高教学反思的质量。 ● 能正确对教学案例进行分类、归档，建立教学案例资源库。
	8-2 说课	● 能科学地进行教学设计，明确设计的理论依据。 ● 能对教学设计的思路及其理论依据进行准确的描述。
	8-3 评课	● 能正确把握一堂好课的标准。 ● 能对执教老师课堂教学的得失成败进行评议。 ● 能根据课堂教学情况提出有针对性的改进建议。
	8-4 论文撰写	● 能根据自己的教育教学工作实践选定论文题目。 ● 能通过理论阅读、数据与案例收集、实践反思，形成论文的核心思想，并撰写出合乎学术规范的论文。
	8-5 课题设计	● 能根据教育教学过程中的问题，有针对性地确定研究课题。 ● 能根据课题完成要求组织课题组成员。 ● 能明确研究思路、方法，分析研究条件、完成时间，预算课题经费，规划课题研究成果，编制高质量的课题申请书。

续 表

工作领域	工作任务	职 业 能 力
8. 教育教学研究	8-6 课题实施	● 能根据课题申请书制定课题研究实施方案。 ● 能确定课题组成员的任务分工，组织课题组成员按研究计划实施研究，并控制研究进度。 ● 能用科学的研究方法展开资料收集、实证资料采集、理论提炼等活动，形成课题研究成果。 ● 能对各子课题的成果进行整合，提炼课题总报告，并完成课题结题所需要的其他材料。 ● 能按照课题管理要求对课题研究过程进行规范管理。
9. 实验实训室管理	9-1 实验实训费用预算、决算	● 能按照实验实训任务书所列举的材料种类和数量，依据市场价格编制经费预算表。 ● 能对按照实验实训任务书所采购的材料按种类、数量和单价进行汇总，编制经费预算表。
	9-2 实验实训材料的采购、入库、保管	● 能根据实验实训任务书的要求、市场情况及经费情况进行材料的采购。 ● 能对金额大的材料（1万元以上）进行招投标方式采购。 ● 能对采购的材料进行验收、清点，填写验收单，建立入库台账进行登记。 ● 能将材料交仓库保管员，进行分类保管。
	9-3 实验实训材料的领用	● 能制作材料领用台账。 ● 能正确使用材料的相应计量用具。 ● 能熟悉材料取拿、储存以及搬运的相关规范和安全注意事项。
	9-4 实验实训设备日常管理与维护	● 能按要求对实验实训室定期进行卫生清洁规范管理。 ● 能按要求对实验实训室设备进行日常管理，建立设备使用登记表。 ● 能对实验实训设备进行定期维修、维护，建立设备维修保养登记表。
	9-5 实验实训室的布置美化及企业文化建设	● 能设计、编排实训室内宣传图文。 ● 能与外部设计公司沟通，制作宣传板报。 ● 能与关联企业沟通协商，收集企业文化相关资料。
	9-6 实验实训室管理制度的制定	● 能制定实验实训室使用规则。 ● 能制定实验人员进入实训室的管理规定。 ● 能制定规范的实验实训室安全管理制度。

表 12-1 确定了中等职业教育教师的九大工作领域,即教学设计、课堂教学、班级管理、课外活动组织、竞赛辅导、课程建设、学生教育、教育教学研究、实验实训室管理。其工作任务与职业能力明显地具有职业教育特色。这九大工作领域包含了教学岗位的工作和班主任岗位的工作。之所以没有把这两个岗位分开进行分析,是因为这两个岗位之间的工作领域虽然有较大差别,比如课程建设肯定是教学岗位的工作,班级管理基本上是班主任的工作,但它们在很多工作领域上也存在交叉关系,比如学生教育既是班主任的工作,也是教师的工作。因此,把这两个岗位合并在一起进行分析更为合适,但在根据这份表格的要求制订培训方案时,需要针对培训对象的不同而在培训内容上有所侧重。

要注意的是,表 12-1 中的工作任务,有些是常态的,有些不是常态的。比如教学设计、课堂教学是每位教师都要承担的工作任务,而竞赛辅导、实验实训室管理就只是特定教师承担的工作任务。为了提高分析结果在培训课程设计中的适应性,一般要求对工作岗位做较为全面的分析,但是在根据这份表格的要求设计培训课程时,应针对培训对象的不同而对培训内容做出选择。当然这里也只是分析了教师的部分工作内容,其目的只是在于说明能力取向的职业教育教师培训模式的设计思路,至于教师更为复杂的工作内容,比如专业负责人的工作任务,这里并没有涉及。尤其要注意的是,这一分析只是在平面上进行的,即没有区分不同生涯发展阶段的教师对这些能力要求的差异,而在教师培训方案的设计中,进一步做出这一区分是极有必要的,下节将对此作进一步探讨。

第三节 能力取向的职业教育教师培养方案设计

"培养和造就优秀教师和教育家,关键在于教师培养培训模式与内容的改革创新,与时俱进。"[①] 能力取向的职业教育教师培养模式,就是要以教师的工作实践

---

① 管培俊. 我国教师教育改革开发三十年的历程、成就与基本经验 [J]. 中国高教研究,2009 (2).

为中心构建职业教育教师培养模式,因为"教育的实践性决定了教师教育课程的实践品质"[①]。"然而传统的教师教育课程的最大弊端是轻视经验和反思,轻视教师的'反思性实践'"。[②]那么何为教师培养模式的实践性?它主要体现在两个方面:(1)培训课程体系设计要紧贴教师的工作实践;(2)培训应主要采取"做中学"的方式。

一、依据教师工作实践设计培训课程体系

(一)基于教师工作实践的培训课程体系设计思路

依据教师工作实践设计培训课程体系,不是意味着根据教师工作实践选择现有的教育理论知识,也不是意味着把现有的教育理论结合教师工作实践进行讲解,即所谓的理论与实践相结合。要有效地培养教师的能力,需要的是"实践与理论相结合"。

首先,整个培训课程的展开要依据教师工作实践进行设计。即把对教师岗位进行分析所获得的工作领域、工作任务直接作为教师培训课程设计的依据。唯有如此才能使教师培训课程真正贴近教师工作实际。如果培训内容的出发点还是已经高度结构化的教育理论体系,甚至只是专家个人的研究领域,那么我们就很难真正做到使培训课程与教师工作实践完美结合。比如表12-1中,有教学设计这个工作领域,其中包含了课程标准研读、教材选择与分析、教学内容分析等工作任务,那么我们应该设置的培训课程就是教学设计,而不是教学论,教学设计这门培训课程的内容也应直接依据工作任务展开,而不是先给教师讲授系统的教学理论,然后再要求他们用这些理论进行教学设计。

其次,整个培训计划应主要由培训课程构成。培训课程与讲座不同,讲座往往是经过培训专家高度压缩的培训内容,一个讲座的信息量可能很大,并且有许多亮点,但每个问题都不会深入,教师难以通过培训获得完整、系统的原理和方法。许多讲座让人"听得激动,回去不动",主要原因之一就是教师并没有深入、完整地

[①] 《教师教育课程标准》专家组. 关于我国教师教育课程现状的研究 [J]. 全球教育展望,2008 (9).
[②] 钟启泉. 我国教师教育制度创新的课题 [J]. 北京大学教育评论,2008 (3).

理解培训内容。而培训课程是围绕某一能力模块的系统授课，它不仅要让培训对象掌握完整的原理和方法，而且还要让培训对象掌握如何使用这些方法。当前的培训，尤其是针对教师基本能力提升的培训，在培训形式的设计上应由以讲座为主转变为以课程为主。培训过程中可以适当地安排几个特别受教师欢迎的讲座，但教师基本能力的获得应由培训课程来保障。

再次，培训内容要依据职业能力有机地整合教育理论与实践知识。教师培训内容应完全抛弃过于学术化的理论知识，以围绕教师实际工作所开发的实践知识为培训内容的主体。即使是理论知识也应只选择与实践结合紧密的那部分，并采取与实践相结合的方式进行阐述。比如针对课程标准中的"课程目标制定"这条能力，我们首先要给教师培训的不是课程目标理论，而是什么是课程目标，如何制订课程目标。课程目标理论只需在教师课程目标制定活动的基础上适度了解即可，即使是了解，也只需突出课程目标理论与教师工作实践密切相关的方面。这对于教师教育工作者来说是个极大挑战，因为对于教师工作的实践知识，我们掌握得还很肤浅。教育学的研究正在朝越来越高深的理论发展，贴近教师工作实际的知识的研究似乎难登大雅之堂。教育学研究的这种取向不转变，所有关于教师教育模式的研究都只是空谈。为了提高培训内容的针对性和规范性，精心设计培训内容，应制订教师培训的课程标准。

（二）职业教育教师能力需求的层级化分析

在设计职业教育教师培训内容时，一些培训项目（可能是职业院校自己确定的，也可能是教育行政部门发布的）在探索对教师的分级培养。常见的是把教师划分为新入职教师、骨干教师、专业负责人几个层级，然后分别针对每个层级教师的问题与发展需求设计培训内容。新入职教师通常界定为职业院校新招聘的，在职业教育中拥有不足三年工作经验的教师，这类教师要重点培训的是课堂教学能力；骨干教师通常界定为教学能力强，能对所承担的课程进行开发的教师；专业负责人通常界定为对专业建设负有全面责任的教师。

这种培训方案设计思路是非常可取的，体现了教师培训的针对性与发展性原则，因为这几个层级的教师所面临的问题与发展需求很不相同，如果把他们组合在一起培训，培训的针对性就会弱化。然而要注意的是，这三个层级教师能力之间的关系不是简单的阶梯式。第六章提出了生涯发展阶段能力结构的碗形模式，这一模式同样适合对职业教育教师能力的分析，见图12-3。职业院校教师最为核心的能力是课堂教学、课程开发与专业建设。图12-3表示，课堂教学能力是这三个层级的教师共同的核心能力，且该能力的发展要贯穿教师生涯发展的始终；课程开发能力是骨干教师必须具备的核心能力，但专业负责人对课程建设能力还有着更高要求，而新入职教师也要具备参与课程建设的能力；专业建设能力是专业负责人的核心能力，但无论是骨干教师还是新入职教师，也都必须具备参与专业建设的能力，而且骨干教师在其中还要承担重要职责。

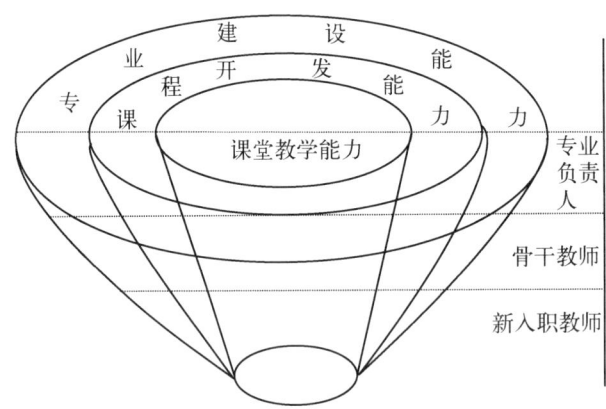

图12-3 职业教育教师课程、教学能力的结构模式

1. 职业教育教师课堂教学能力的问题分析

课堂教学能力是学科知识（泛指所教科目的内容）与教学方法有机结合的结果。要使课堂教学达到基本教学效果，教师首先必须熟悉教学内容，与此同时还必须钻研教学方法，两者不可偏废。舒尔曼说："单纯强调内容知识，与抛开学科内容而单纯强调教学技能一样，在教学法意义上可能都是毫无价值的。"[①] 然而无论是从专业知识与技能还是从课堂教学技能来看，职业教育教师的课堂教学能力均存在不少问题。

---

① 舒尔曼. 实践智慧：论教学、学习与学会教学[M]. 上海：华东师范大学出版社，2014：135.

从专业知识与技能的角度看，人们普遍认为职业教育教师专业能力中所欠缺的是实践能力，其实不然。职业教育教师的实践能力的确普遍不高，然而他们的专业理论知识同样缺乏，这给课堂教学带来了许多问题，比如不能把复杂的理论知识用学生能理解的方式进行表征。除此以外，职业教育教师的课堂教学技能也亟待提升，比如有针对高职教师的调查表明，"50%左右学生认为教师的教学观念陈旧、教学方法单一，未能根据职业岗位需求进行教学设计"[①]。

对课堂教学技能的评价可从四个方面进行：（1）教学的本体过程，主要评价教师在知识、技能、思维、素养等方面的教学能力，以及是否引导学生深入地进行了钻研，并有意识地帮助学生建构知识之间的联系等方面，它是评价的核心内容，应占较大权重；（2）教学的社会过程，主要评价融洽师生关系的构建、教师对学生的激励、班级公平环境的营造、班级秩序的构建与管理等方面，它是教学评价中不能忽视的重要内容，因为教学并不是一个独立的教与学的问题，有效教学必定发生在一个积极的社会环境中；（3）教学时间的有效利用，主要评价教学进程的合理把握、非教学时间最小化、教学时间的合理分配等内容；（4）教学的评价与反馈，主要评价教师在教学过程中对学生学习状态的持续观察和检查，并根据掌握的信息调整教学方法与进程。

在观察职业教育教师的课堂教学时发现，许多教师甚至缺乏对上述这些方面的基本理解与训练。比如在教学的本体过程中，许多教师只是复述教材内容，他们不明白自己在教学中的角色，即如何运用自己的专业知识将教材内容转化成学生可学习的内容。对于教学的社会过程，许多教师的能力表现得更弱，甚至没有这方面意识，他们往往把教学只是看成自己的独角戏，没有充分意识到班级这个社会的复杂性，并采取方法进行驾驭，发挥其教学效应。在时间的有效利用方面也经常存在问题，比如有些教师在教学快结束时还没有进入到教学的重点。教学评价与反馈同样也是职业教育教师常犯错误之处，有些教师只关注自己如何把课上完，很少通过观察、提问等方式积极关注学生的学习状态，使教学成为一个双向互动过程。这种情况如果发生，教学效果根本无法保证。为了进行课堂教学，教师还要进行教学设

---

① 李梦玲. 基于学生视域的高职教师胜任力现状调研与提升路径 [J]. 职教论坛，2014 (2).

计，然而分析职业教育教师的教学设计会发现，很少有教师能把教学目标设计到非常精准、具体的程度，所见到的往往是一些形式化的表述。以上这些问题虽然不是发生在所有职业教育教师身上，在职业院校中当然不乏对教学方法运用得极为娴熟的教学名师，但这些问题依然是有相当的普遍性。

对骨干教师和专业负责人来说，在课堂教学能力方面，还必须能娴熟地进行理论与实践一体化的教学。职业教育教学的逻辑核心是能力积累，而不是知识积累，因此在教学模式上，近年来职业教育一直在努力推进理论与实践一体化。所谓理论与实践一体化，不是简单地把理论知识与实践技能放在同一堂课中进行教学，而是要建立理论与实践的内在联系，使理论知识真正在学生能力形成中发挥实质性作用，同时通过与实践的联系提高学生对理论知识的学习效率，这是推行理论与实践一体化教学模式的真正目的。但这并不意味着这种教学模式存在两个逻辑中心，因此，它实质上是以实践为中心整合理论知识。从这个角度看，理论与实践一体化教学其实就是"做中学"，而且它才是我们真正追求的"做中学"（"做中学"不能仅仅成为技能训练的代名词）。而要实施"做中学"，就必须有项目载体，当年克伯屈提出项目课程概念，就是为了实现杜威"做中学"的课程思想。因此，职业教育教学中的理论与实践一体化最终必须是基于项目的。这里我们已经看到了实施好理论与实践一体化教学的两个关键点：精心设计的项目；在项目实践过程中建立起理论与实践的联系。而要做到第二点，必须做到：（1）颠倒"做"与"学"的关系，把理论学习建立在实践过程基础上，使"做"成为"学"的前提，而不是先为实践储备知识，然后再去应用知识；（2）在"做"的基础上充分开发项目的学习功能，使"学"成为"做"的结果。

用这一标准去衡量，目前职业教育有多少课堂教学真正做到了理论与实践一体化？恐怕谁也没有底气对此做出较高评估。大多数教师能根据教学需要选择合适的项目，但他们还只是把项目看作技能训练的载体，而没有把它看作为课程展开的逻辑纽带；大多数课堂教学还是理论与实践两张皮，有些公开课尽管在努力实施理论与实践一体化，但也只是把理论与实践机械地组合到一堂课中。其实职业教育并非完全没有条件实施理论与实践一体化。有些课堂教学，教师完全可以先呈现要完成的项目，然后通过项目完成的过程逐步引出概念和理论，这样教学效果就会好很多,但教师们总是习惯性地先陈述理论知识,然后以练习的方式呈现项目,以致教学过程枯燥乏味。从教学的硬件条件看,许多职业院校已不差于本科院校,甚至好于本科院校,他们的许多课堂教学已能放到实训中心进行。然而,实训中心对许多教师来说只是一片教学场地,一个可进行技能训练的场所,他们没有意识到如何运用这些条件去创建一种新的教学模式,实现教学逻辑的根本性变革。

2. 职业教育教师课程开发能力的问题分析

是否具备课程开发能力是从新入职教师到骨干教师发展的重要标志。骨干教师已具备了较为丰富的教学经验,但缺乏课程意识,视野不够开阔,进行课程开发有助于迅速提高其对课程的理解能力,从而在教学中做到得心应手。但是,这一过程对教师来说挑战较大。如果说在中职教育中只要求少数教师能进行课程开发,那么在高职教育中教师都应具备课程开发能力,进行课程开发是每位高职教师的基本工作职责,是高职教师的工作常态。职业教育教师只有具备了课程开发能力,才能把课程建设推到更高水准。

课程开发能力包括三个主要方面,即课程标准制订能力、教材开发能力与教学资源建设能力。这三条均是难度较大的能力,教师要付出较大努力才能掌握。对于课程标准制订能力,难点在于全面、透彻地理解本专业的人才培养目标与课程体系设计思路,明确其所教课程在整个课程体系中的地位,整体了解该门课程所涉及的知识体系,尤其是实践知识体系,进而准确把握课程定位与课程内容选取标准。对于教材开发能力,难点在于在课程标准指导下,对教材内容进行选取和开发,并把要编写的教材内容按照特定教材模式进行精心组织,进而用准确、清晰的文字和符号进行表述。对于教学资源建设能力,难点在于根据教学需要明晰要收集的资源库素材,从而在日常的教学与实践中敏锐地发现所需素材,并长期坚持积累。

职业教育中的确存在一些课程开发能力较强的教师,但客观地说,这类教师的数量极少,教师这三项能力的缺失现象还是非常普遍,否则就不会出现职业教育经典教材奇缺的现象,也不会出现教学资源库建设极为艰难的现象。在课程标准开发方面,许多教师缺乏课程意识,不愿意跳出教学的范围,在更高层面思考所教授的课程。如果说大多数教师经过有针对性的培训后可以较好地掌握课程标准开发能力,那么教师的教材开发能力总体上还处于比较弱的状态,且提升难度较大。这主要表现在：(1) 对教材编写模式缺乏深入研究与冷静判断，跟风现象比较严重，比如许多不适合采取项目化形式的教材，却都在以项目化形式编写；(2) 对教材可能涉及的知识体系缺乏整体的、宏观的理解，对新知识的开发更是能力不足，教材开发只是对现有教材的内容进行重组，使得教材内容在原地徘徊，没有实质性突破；(3) 教师自身的知识结构普遍还处于理论与实践的二元分离状态，理论与实践一体化教材编写得非常机械，往往只是把理论与实践生硬地进行组合；(4) 对能力培养许多时候还是停留在概念上，没有深刻理解职业能力的本质与形成规律，没有真正理解实践的意义，教材的学问化色彩仍然很重；(5) 文字表达能力总体不强，使本身就较难掌握的知识更加晦涩难懂。在教学资源建设方面，教师们所缺乏的是对资源素材价值的敏感，以及对素材的持久积累。

3. 职业教育教师专业建设能力的问题分析

课程开发是在专业建设的框架下进行的。如果专业建设的方向出现错误，那么课程开发就会出现南辕北辙的问题；如果专业建设的思路不清，对专业的内涵缺乏深刻理解，那么课程开发就缺少优秀的专业平台，要产生高质量的课程开发成果就要付出大得多的努力；如果一个专业的内部管理不顺，那就不能充分发挥专业资源的效益，课程开发与课堂教学均会受到严重影响。

职业教育教师的专业建设能力主要包括四个方面：(1) 对产业发展态势与人才需求的精准把握。要求通过各种信息获取途径，持续跟踪业态变化及其所引起的人才需求变化，在此基础上对专业的人才培养目标定位做出准确判断，并能在人才需求发生重大变化时及时、果断地调整人才培养目标；(2) 对人才能力要求与整体课程内容的深刻、系统理解。要求能熟练使用工作任务与职业能力分析技术，并通过该技术获得对人才能力要求与课程内容体系的准确、深入的理解，对该专业课程内容的取舍标准要理解得非常精准；(3) 对专业发展水平的准确判断与对未来发展路径的清晰描绘。要求清楚不同职业院校该专业的建设水平以及自己所处的位置，明晰该专业未来几年应有的发展状态，并明确达到这一目标的现实路径；(4) 对各种专业资源的均衡、高效使用并使其不断增长。要求能够消解矛盾，使各种专业资源发挥整体效益，实现专业建设目标，并能利用各种途径实现专业资源的持续增长。

对照一下这些要求，职业院校的多少专业负责人能完全具备这些能力？相比之下，职业院校专业负责人通过各种建设项目的申报与校企合作范围的积极拓展，第4条能力已掌握得较好；通过经常性的院校交流活动，第3条能力也普遍掌握得较好；但是第1条和第2条能力，恐怕没有多少职业院校专业负责人能够表现出色。具体表现在：(1) 行业调研报告做了很多，但很少有通过调研真正把握行业发展趋势与人才需求的案例，许多调研报告甚至反映出专业负责人缺乏基本的调研方法运用能力与调研报告撰写能力。(2) 在专业建设中，绝大多数职业院校的绝大多数专业都进行了工作任务与职业能力分析，但从结果看，这些分析只是流于表面，并没有通过分析真正提升对专业内涵的理解，其中的关键原因还是在于专业负责人并没有真正掌握工作任务与职业能力分析技术。正因为如此，极少有专业负责人对专业的课程内容体系有清晰、整体的把握，因而在课程体系规划中他们往往提不出有见解的思路，而只是追随一些流行的课程概念。

以上分析为职业院校教师分级分类培训方案设计确立了重要思路。从总体上看，新入职教师的主要培训内容是课堂教学能力，但他们应当拥有课程与专业的基本概念；骨干教师的主要培训内容是课程建设能力，但他们在课堂教学能力方面应有进一步提升，且对专业建设的内容有较为深入的理解；专业负责人的主要培训内容是专业建设能力，但他们在课堂教学能力方面同样需要进一步提升，达到教学名师的授课水平，同时在课程建设能力方面也应进一步提升，达到更高的专业水平。至于各级教师培训内容的设定，则应根据上述能力问题的分析结果来进行开发。

二、采用"做中学"的方法培养职业教育教师的能力

培养职业教育教师的能力，必须彻底转变教师培训方法，由理论讲授转变为"做中学"培训。这至少是基于三个方面的考虑：(1) 能力只能来源于实践，无论多么高质量的讲授，都无法替代实践在能力发展中的关键性作用，并且这种实践不能是表面的体验，而必须是深度的、高质量的实践。通过接受教育，我们每个人都掌握了基本的教育方法。而如果要使教育成为一种专业性活动，就必须打破对教育学知识的习惯认知，构建规范的专业性教育行为。要实现这一目标就必须对教师进行深度、严格的实践训练。(2) 对教育理论的深度理解需要以实践为基础。教育理

论有一个特点，那就是看似简单而实际上很难真正理解其精髓。许多教师在培训时对一些重要的教育理论也不感兴趣，而事实上他的教学正在违反这些教育理论，就是由于这个原因。如何促进教师对教育理论内涵与实用性的深度理解？最佳的方法是"做中学"。培训专家对教师所完成的作业的精准点评，是提升教师对教育教学活动的理论理解力的有效方法。（3）"做中学"培训是让教师掌握"做中学"教学方法的最为有效的途径。自杜威以来，"做中学"是教育学最为推崇的教学方法，对职业教育来说尤其如此。然而如何让教师掌握"做中学"教学方法的实施模式与理论实质？我们有一个悖论，那就是始终用讲授的方法给教师传授"做中学"理论，这种方法如何能够让教师真正领会到"做中学"在人的教育中的重要价值，并准确掌握其实施要领呢？唯一有效的方法就是用"做中学"的方法培训教师。

"做中学"培训方法的执行对培训组织者来说是个极大的挑战。它不仅意味着要开发全新的教师培训课程，要重新设计教师培训的空间布置，更为重要的是必须拥有一批能融教育理论知识与实践知识于一身，并娴熟地掌握了"做中学"培训方法的教师，他们是教师培训中的双师型教师。但这种培训方法是职业教育教师培养模式发展的基本方向。

本 章 小 结

职业教育教师对当前的讲座式培训的态度正由最初的普遍欢迎转向逐渐厌倦。培训更多地成为一项任务、一个必须执行的计划，而不是教师的内在需求。这种培养模式最根本的问题是，它与当前全面提升职业教育教师基础能力的培养定位不相吻合。因此，我们要用全新的视角、务实的态度重新构建职业教育教师的培养模式。新的培训模式首先要求以培训教师的实际能力为基本取向，完全依据教师的实际工作任务设计培训课程。我们总是担心这种课程会降低培训质量，其实不然，真正的成败关键是我们是否有能力去开发这种课程。基于教师工作任务的培训课程的开发过程，同时也是转变教育学研究范式，构建新的教育学理论体系的过程。在这种培训课程中，教育学理论将更加紧密地贴近实践，并充满鲜活的思想与深刻的智慧。其次，新的培训模式要求在培训方法上进行根本变革，由讲座式培训逐渐走向课程式培训和"做中学"培训。

参考文献

中文部分

1. 布鲁贝克. 高等教育哲学［J］. 杭州：浙江教育出版社，1998.

2. 董纯才，等. 中国大百科全书·教育［M］. 北京：中国大百科全书出版社，1985.

3. 曹晔. 我国职业技术教育师资培养的历史和现实选择［J］. 教育与职业，2010(6).

4. 约翰·杜威. 学校与社会·明日之学校［M］. 赵祥麟，等，译. 北京：人民教育出版社，1994.

5. 约翰·杜威. 民主主义与教育［M］. 北京：人民教育出版社，1990.

6. 樊香兰，孟旭. 逻辑与走向：当代教师教育道路的演变［J］. 教育研究，2009(10).

7. 国务院. 国务院关于加快发展现代职业教育的决定［S/OL］. http://www.moe.edu.cn.

8. 教育部专项研究课题组. 中等职业教育教材建设问题与对策分析［J］. 中国职业技术教育，2008(25).

9. 黄良永. 基于项目教学的高职课程教材设计研究［J］. 中国成人教育，2012(22).

10. 卡尔·波普尔. 猜想与反驳［M］. 上海：上海译文出版社，2001.

11. 夸美纽斯. 大教学论·教学法解析［M］. 任钟印，译. 北京：人民教育出版社，2006.

12. 联合国教科文组织国际教育发展委员会. 学会生存：教育世界的今天和明天［M］. 华东师范大学比较教育研究所，译. 北京：教育科学出版社，1996.

13. 李红宇. 职业教育分级制研究［M］. 北京：中国财富出版社，2012.

14. 林智中，陈健生，张爽. 课程组织［M］. 北京：教育科学出版社，2006.

15. 刘育东. 我国项目学习研究：问题与趋势［J］. 苏州大学学报（哲学社会科学版），2010(4).

16. 姜大源. 当代德国职业教育主流教学思想研究［M］. 北京：清华大学出版社，2007.

17. 姜大源. 关于工作过程系统化课程结构的理论基础［J］. 职教通讯，2006(1).

18. 姜大源. 学科体系的解构与行动体系的重构［J］. 教育研究，2005(8).

19. 李梦玲. 基于学生视域的高职教师胜任力现状调研与提升路径［J］. 职教论坛，2014(2).

20. 刘荣才，周丽. 职业教育教材改革问题探讨［J］. 职教通讯，2003(8).

21. 罗海林. 论职业教育教材策划中的七个关系［J］. 教育与职业，2010(11).

22. 苗学玲. 项目学习模式的学生感知收益研究［J］. 科教文汇，2012(9).

23. 欧阳育良，戴春桃. 论职业教育教材的区域性与适应性［J］. 职教论坛，2005(21).

24. 潘春胜，刘聘. 职业教育"项目教学热"的理性思考［J］. 中国高教研究，2011(5).

25. 彭聃龄. 普通心理学［M］. 北京：北京师范大学出版社，1988.

26. 瞿葆奎. 教育学文集·教学(中册)［M］. 北京：人民教育出版社，1988.

27. 舒尔曼. 实践智慧：论教学、学习与学会教学［M］. 上海：华东师范大学出版社，2014.

28. 斯腾伯格. 超越IQ：人类智力的三元理论［M］. 上海：华东师范大学出版社，2000.

29. 孙翠香. 职教师资培养：一个亟待关注的问题［J］. 职教论坛，2013(25).

30. 泰勒. 课程与教学的基本原理［M］. 罗康，张阅，译. 北京：中国轻工业出版社，2008.

31. 吴静. 项目教学法与任务驱动教学法的异同比较［J］. 北京工业职业技术学院学报，2011(3).

32. 肖化移，聂劲松. 从人才结构理论看高职人才培养规格［J］. 职业技术教育，2005，26(19).

33. 徐国庆，石伟平. 中高职衔接的课程论研究［J］. 教育研究，2012(5).

34. 徐国庆. 新职业主义时代职业知识的存在范式［J］. 职教论坛，2013(21).

35. 徐国庆. 职业教育课程论［M］. 上海：华东师范大学出版社，2008.

36. 徐国庆. 试论职业教育专业课程的展开顺序［J］. 职教论坛，2003(14).

37. 徐国庆. 职业教育项目课程开发指南［M］. 上海：华东师范大学出版社，2009.

38. 徐国庆. 实践导向职业教育课程研究：技术学范式［M］. 上海：上海教育出版社，2005.

39. 徐国庆. 美国职业教育教师职业资格证书制度研究——以俄亥俄州为例［J］. 外国教育研究，2011(1).

40. 徐朔. 项目教学法的内涵、教育追求和教学特征［J］. 职业技术教育，2008(28).

41. 杨龙立，潘丽珠. 课程组织：理论与实务［M］. 台北：高等教育文化事业有限公司，2005.

42. 杨岭. 关于高职院校教材建设的若干思考［J］. 江苏教育，2014(6).

43. 杨文明. 项目教学的内涵与分类［J］. 语文学科(外语教育教学)，2010(7).

44. 尤·克·巴班斯基. 教学过程最优化：一般教学论方面［M］. 北京：人民教育出版社，2007(16).

45. 张春兴. 现代心理学［M］. 上海：上海人民出版社，1994.

46. 张惠玲. 高等职业教育教材开发的现状、问题和对策［J］. 中国出版，2010(5下).

47. 钟启泉. 现代课程论［M］. 上海：上海教育出版社，1989.

48. 钟启泉. 我国教师教育制度创新的课题［J］. 北京大学教育评论，2008(3).

49. 中华人民共和国教育部. 国家中长期教育改革和发展规划纲要(2010—2020年)［S/OL］. ［2015—12—31］. http://www.moe.edu.cn.

50. 中华人民共和国教育部. 教育部关于推进中等和高等职业教育协调发展的指导意见(教职成〔2011〕9号)[S/OL]. [2015—12—31]. http://www.moe.edu.cn.

51. 中华人民共和国教育部. 教育部财政部关于实施中等职业学校教师素质提高计划的意见(教职成〔2006〕13号)[S/OL]. [2015—12—31]. http://www.moe.edu.cn.

52. 中华人民共和国教育部. 教育部财政部关于实施职业院校教师素质提高计划的意见(教职成〔2011〕14号)[S/OL]. [2015—12—31]. http://www.moe.edu.cn.

53. 中华职业教育社. 黄炎培教育文选[M]. 上海：上海教育出版社，1985.

54. 周建强，杨小琨，孙为民. 中澳高职教材建设对比分析[J]. 职业技术教育，2013(17).

55. 朱旭东. 论我国教师教育体系的重建[J]. 教师教育研究，2009(6).

56. 佐藤学. 学习的快乐：走向对话[M]. 钟启泉，译. 北京：教育科学出版社，2004.

外文部分

1. Bernstein R J. Praxis and action: Contemporary philosophies of human activity [M]. Philadelphia: University of Pennsylvania Press, 1971.

2. Billett S. Vocational curriculum and pedagogy: An activity theory perspective [J]. European Educational Research Journal, 2003: 2(1).

3. Billett S. Learning in the workplace: Strategies for effective practice [M]. Singapore: CMO Image Printing Enterprise, 2001.

4. Carl D. Perkins vocational and applied technology education amendments of 1998. [S/OL] http://www.gpo.gov/fdsys/pkg/PLAW-105publ332/html/PLAW-105publ332.htm.

5. Castellano M, Harrison L & Schneider S. State secondary career and technical education standards: Creating a framework from a patchwork of policies [J]. Career and Technical Education Research, 2008, 33(1).

6. Davis A P. Principles of learning and teaching test [M]. Research & Education Association, 2002.

7. Educational Testing Service. Praxis III, Teacher performance assessments: Orientation guide [S]. USA: Educational Testing Service, 2008.

8. Erekson T. Technology Education from the Academic Rationalist Theoretical Perspective [J]. Journal of Technology Education, 1992, 3(2).

9. Dyke M. Models of collaboration between university, employers and governance: A case study in the training of teachers of technical and vocational education [R/OL]. Keynote speech: Ningbo, China, 25－5－2013.

10. Gray K C. & Walter R A. Reforming career and technical education teacher licensure and preparation: A public policy synthesis [R]. NDCCTE Product Sales Office, Ohio State University, 2001.

11. Grollmann P, Rauner F. International perspectives on teachers and lecturers in technical and vocational education [M]. Netherlands: Springer, 2007.

12. Herschbach D R. Technology as Knowledge: Implications for Instruction [J]. Journal of Technology Education, 1995, 7(1).

13. Klauser F. Deklatives, prozedurales, strategisches Wissen und metakonition als Leitkategorien der Lernfeldgestaltung [M] // Bader R, Sloane P F E. (Hrsg). Lernen in Lernfeld. Eusl-Verlag, Markt Schwaben S.

14. Knoll M. The project method: Its vocational education origin and international development [J]. Journal of Industrial Teacher Education, 1997, 34(3).

15. Ohio Department of Education. Manufacturing technologies: Career field technical content standards document [S/OL]. Columbus: Ohio Department of Education, 2006. P. xxxv & xxxvii. http: //www. ode. state. oh. us.

16. Ohio Department of Education, Office of Career-Technical Education. Ohio career-technical teacher licensure overview [R]. Columbus: Ohio Department of Education, 2010.

17. Ohio Department of Education, Office of Career-Technical Education. Guide for licensing candidates for career-technical education in Ohio(revised) [S/OL]. Columbus: Ohio Department of Education, 2009.

18. Ohio Department of Education. Labor laws and issues: A guide for planning and implementing work-based learning opportunities of minors [R]. Columbus: Ohio Department of Education, 2009.

19. Payne R K. A framework for understanding poverty [M]. Highlands: Aha! Process, Inc, 2005.

20. Robert N. DACUM handbook [M]. Columbus: National Center for Research in Vocational Education, 1997.

21. Roy R. The Relationship of Technology to Science and the Teaching of Technology [J]. Journal of Technology Education, 1990, 1(2).

22. School-to-Work Opportunities Act of 1994 [S/OL]. [2016-02-29] https://www.govtrack.us/congress/bills/103/hr2884.

23. Scott J L. & Sarkees-Wircenski M. Overview of career and technical education [M]. Homewood: American Technical Publisher, Inc, 2008.

24. Smith B O. (etc) Fundamentals of curriculum development [M]. New York: Harcout, Brace & World, Inc, 1957.

25. Stewart B R. & Bristow D H. Tech prep programs: The role and essential elements [J]. Journal of Vocational and Technical Education, 1997, 13(2).

26. Waetjen W B. Technological Literacy Reconsidered [J]. Journal of Technology Education, 1993, 4(2).

27. Zirkle C J, Martin L. & McCaslin N L. Study of state certification/licensure requirements for secondary career and technical education teachers [R]. Project title: National research center for career and technical education, 2007.

图书在版编目（CIP）数据

职业教育课程、教学与教师 / 徐国庆著. —上海：上海教育出版社，2016.6（2025.11重印）
ISBN 978-7-5444-6899-2

Ⅰ.①职… Ⅱ.①徐… Ⅲ.①职业教育-教学研究
Ⅳ.①G712.0

中国版本图书馆CIP数据核字(2016)第141340号

责任编辑　周　晟　茶文琼
封面设计　陈　芸

职业教育与成人教育论丛
职业教育课程、教学与教师
徐国庆　著

出版发行	上海教育出版社有限公司
官　　网	www.seph.com.cn
地　　址	上海市闵行区号景路159弄C座
邮　　编	201101
印　　刷	上海普顺印刷包装有限公司
开　　本	700×1000　1/16　印张 17.5　插页 2
版　　次	2016年6月第1版
印　　次	2025年11月第6次印刷
书　　号	ISBN 978-7-5444-6899-2/G·5680
定　　价	68.00 元

如发现质量问题，读者可向本社调换　电话：021-64373213